Printed in the United States
By Bookmasters

الصحافة الالكترونية
في الوطن العربي

الصحافة الالكترونية
في الوطن العربي

تأليف

الدكتور عبد الأمير مويت الفيصل

2006

رقم الإيداع لدى دائرة المكتبة الوطنية
(2005/9/2325)

071

الفيصل، عبد الأمير
الصحافة الالكترونية في الوطن العربي / عبد الأمير
مويت الفيصل.- عمان: دار الشروق، 2005

(312) ص

ر.إ.: 2005/9/2325

الواصفات: الصحافة // البلدان العربية/

تم اعداد بيانات الفهرسة الأولية من قبل دائرة المكتبة الوطنية

ISBN 9957 - 00 - 234-1 (ردمك)

(رقم الإجازة المتسلسل 2309/9/2005)

* الصحافة الإلكترونية في الوطن العربي.
* الدكتور عبدالأمير مويت الفيصل.
* الطبعة العربية الأولى: الإصدار الأول 2006 .

* جميع الحقوق محفوظة)

دار الشروق للنشر والتوزيع
هاتف : 4618190 / 4618191 / 4624321 فاكس : 4610065
ص.ب : 926463 الرمز البريدي : 11110 عمان - الاردن
دار الشروق للنشر والتوزيع
رام الله: المنارة - شارع المنارة - مركز عقل التجاري هاتف 2961614/02
غزة: الرمال الجنوبي قرب جامعة الأزهر هاتف 2847003/07

* الاخراج الداخلي وتصميم الغلاف وفرز الألوان و الأفلام :
دائرة الإنتاج / دار الشروق للنشر والتوزيع
هاتف: 1/4618190 فاكس 4610065 / ص.ب. 926463 عمان (11110) الأردن
Email : shorokjo@nol.com.jo

الإهداء

الى...

والدي رحمه اللـه... أولاً... وأولاً... وأولاً

الذي عاش ورحل واقفاً كما عهدناه

والدتي... جزء من بصيص عينيك

عائلتي الجميلة.. وفاءاً لوفائكم

بسم اللـه الرحمن الرحيم

(قَالُوا سُبْحَانَكَ لَا عِلْمَ لَنَا إِلَّا مَا عَلَّمْتَنَا إِنَّكَ أَنْتَ الْعَلِيمُ الْحَكِيمُ)

صدق اللـه العظيم

(البقرة:32)

المحتويات

بسم الله الرحمن الرحيم

المقدمة

استطاعت تكنولوجيا الاتصال والمعلومات التي غزت العالم بتقنياتها المتطورة أن تؤثر على الاداء الصحفي والاعلامي لوسائل الاعلام المختلفة بما يؤدي الى تحسنها وتطور ادائها الفني والمهني بخاصة بعد أن شهد العالم ومايزال ثورة تكنولوجية شاملة احدثت تغييرات جذرية في نواحي الحياة كافة، وأن التطور والتغير أصبحا سمة من سمات عالمنا المعاصر وليصبحا تعبيراً عن الثورة التكنولوجية تلك.

إن كثيراً من الباحثين والمفكرين أمثال صاموئيل هانغتون في كتابه "صراع الحضارات"، ويوجيمو فوكوياما في كتابه "نهاية التاريخ"، الفن توفلر في كتابه "تحول السلطة"، ولتر ريستون في كتابه "افول السيادة" قد أكدوا جميعاً بشكل أو بآخر ان القوة أضحت تعود للعامل التكنولوجي والتقني، وقد جاء لسترثرو في كتابه "المتناطحون" ليقود المرء الى المعرفة التي تقول أن الفائز في القرن الحادي والعشرين هو من يمتلك مفاتيح القوة التكنولوجية والمعلوماتية.

ان تأثير تكنولوجيا الاعلام قد طال الصحافة شأنها بذلك شأن جميع وسائل الاعلام الاخرى، لتجد نفسها "الصحافة" داخل وسيط يحتمل ان يكون بديلاً للورق في نقل الصحيفة بيد القارئ ولتكون الشبكة العالمية للمعلومات "الانترنت" هي البيئة التي فضل الناشرون ان تكون الفضاء الجديد للصحافة العالمية، لتضيف (الانترنت) للصحافة مميزات وسمات وخصائص متعددة حبذها القراء واستغلها الناشرون لتبدأ مرحلة "الصحافة الالكترونية" التي غزت العالم منذ بداية التسعينيات من القرن الماضي ولتتسع هذه الظاهرة لتصل الى عالمنا العربي بخاصة بعد أن أصبحت أرقام استخدام الانترنت والكومبيوتر في ازدياد مضطرد.

إزاء ذلك كان لابد من دراسة تتناول هذه الظاهرة في الوطن العربي وتأثيرها على الصحافة المطبوعة، وهي دراسة رائدة في هذا المجال كونها من الدراسات الاولى في الوطن العربي التي تتناول الصحافة الالكترونية بمفهومها الحقيقي حسب علم المؤلف.

وتم تقسيم البحث إلى خمسة فصول جاء ألقى الفصل الأول الضوء على تطور التقنيات وتأثيرها على وسائل الاعلام من خلال ثلاثة مباحث تناولت التكنولوجيا ووسائل الاعلام واثر تطور التكنولوجيا على الصحافة والثورة المعلوماتية والصحافة.

في حين تناول الفصل الثاني مفهوم الصحافة الالكترونية ونشوءها وخصائصها ومزاياها واساليب تحريرها الفنية، فيما تناول الفصل الثالث تاريخ نشوء الصحافة الالكترونية في العالم، ومقروئية الصحافة الالكترونية من تغير في عادات القراء وتوزيع ورجع الصدى، ثم تسليط الضوء على العلاقة بين الصحافة المطبوعة والصحافة الالكترونية والاختلاف بينهما، والاساليب الفنية في تحرير الصحافة الالكترونية.

فيما سلط الفصل الرابع الضوء على الصحافة الالكترونية في الوطن العربي من خلال مباحث تناول الأول واقع التقنيات الحديثة في الوطن العربي، أما المبحث الثاني فقد تناول واقع الصحافة الالكترونية في الوطن العربي، وتناول المبحث الثالث الصحف الالكترونية عينة الدراسة بصفتها صحفاً ممثلة للصحافة الالكترونية العربية.

أما الفصل الخامس فقد تعرض الى الدراسة التطبيقية في جانبيها الشكلي وتحليل المضمون من خلال محاور متعددة.

ويبقى أن أشير الى القول المأثور: "لايكتب المرء كتاباً في يوم الاّ ويأتي في غده ليقول: لو أضيف هذا لكان أحسن ولو حذف ذاك لكان يستحسن".

فانني استلهم قول الباري عز وجل: بسم الله الرحمن الرحيم {**وماأوتيتم من العلم إلاّ قليلاً**} صدق الله العلي العظيم

و الله ولي التوفيق ...

تقـديـم

ان تاريخ الصحافة إذا ما نظرنا اليها بمعناها الجماهيري كوسيلة اعلام عامة، ليس طويلاً جداً بل يعود الى أواخر القرن السادس عشر وتحديداً في اوربا، بينما تأخرت الصحافة في الوطن العربي حتى اوائل القرن التاسع عشر. ولكن ونتيجة للتطور الكبير والمتسارع في تكنولوجيا الصحافة لاسيما في العقود الاخيرة من القرن العشرين، أصبحت الصحافة قوة سياسية واجتماعية واقتصادية فاعلة في المجتمعات.

وفي عام 1928 حدد العالم الالماني "اوترغردث" خمس خصائص يعدها خبراء الصحافة المعاصرون مقاييس مقبولة لتحديد الصحيفة الحقيقة، إذ يعد النشر بصورة دورية الخاصية الاولى ولفترة لاتقل عن اسبوع ويعد انتاجها ميكانيكياً الخاصية الثانية، أما الخاصية الثالثة "تتمثل بقدرة الناس على دفع ثمنها، أي يجب ان تكون متوفرة للجميع والخاصية الرابعة هي ان تكون محتوياتها متنوعة تلبي رغبات الجمهور المتنوعة، وأخيراً ان تكون مرتبطة بموعد صدور وتصدر عن مؤسسة على جانب من الاستمرارية.

ان هذه المقاييس لاتلتزم ان يكون الورق وسيطاً لنقل المعلومات الصحفية، إذ ربما سيكون هناك وسيطاً بديلاً للورق، وان تكنولوجيا المعلومات والاتصالات أوجدت مثل هذا البديل، فانضمت معظم الصحف الرئيسة الى الكومبيوتر لتقدم النصوص في صفحات الكترونية، بعد أن كانت هناك مجرد تكهنات بان الصحيفة كما نعرفها سوف تغيب عن الانظار، فالصحف الالكترونية بدأت بالظهور في انحاء متعددة من العالم، والوطن العربي لن يكون بمنأى عن هذه التطورات، فظهر عدد من الصحف الالكترونية العربية

خصوصاً بعد ان اصبحت اعداد المستخدمين للحاسوب والانترنيت في الوطن العربي في تزايد مستمر.

ولكن لابد من الاقرار بحقية أن الاعلام لن يحيا بالأقمار الصناعية وشبكة المعلومات واحدث المطابع والقنوات الفضائية وحدها، فقد أضحى الاعلام العربي مكبلاً بقيود السلطة، تائهاً بين التبعية الفنية والتنافس السلبي في سوق اعلامية محدودة.

إذن على الاعلام العربي وحتى يأخذ دوره الفاعل في المجتمع ويصمد امام التحديات الاعلامية العالمية التي استثمرت احدث التطورات في تكنولوجيا الاعلام والمعلومات، ان يتوفر على الحرية فضلاً عن توفرها على هذه التكنولوجيا المتطورة.

وتتضح اهمية هذا الكتاب بالنظر الى مايفهم من معلومات فضلاً عن المعالجات العلمية على صعيد التطورات التكنولوجية العديدة والمتلاحقة في مجال صناعة الصحافة.

وجاء هذا الكتاب بالاساس لتناول واقع التقنيات الحديثة في الوطن العربي ومدى استفادة الاعلام العربي منها في التعامل مع الجمهور العربي على مستوى توصيل الاخبار والمعلومات الصحفية فضلاً عن المواقف السياسية وخلق درجة عالية من الادراك والفهم ومن ثم الحضور الفاعل على مستوى الساحة العالمية.

أ.د. حميدة سميسم
عميد كلية الاعلام/ بغداد

1

الفصل الأول

تطور التقنيات وتأثيرها
على وسائل الاعلام

التقنيات ووسائل الاعلام

شهدت تكنولوجيا الاتصال خلال العقدين الماضيين ولاتزال نموا متزايدا فاق القدرة على وضع تصور كامل يحكم اداء هذهِ التكنولوجيا التي تشمل الحاسوب الالكتروني، والبث المباشر والاستشعار عن بعد عبر الاقمار الاصطناعية والشبكات الالكترونية والاندماج الحادث بين كل هذه الادوات التكنولوجية.

لقد اصبح الاهتمام بوسائل الاعلام في مجتمعنا يتزايد ويأخذ ابعاداً اكثر عمقاً وشمولاً واهمية وتأثيراً وبخاصة من خلال تطور الادوات والتقنيات الاعلامية الحديثة التي زادت من فاعلية الاتصال الجماهيري(1) واصبحت وسائل الاعلام ميدانا كبيرا ومجالاً خصباً للمنافسة واحراز قصب السبق الاعلامي للجماهير.

ان الحصول على المعلومات وتوثيقها واسترجاعها وصناعة مادة اعلامية متميزة والعمل الجاد على تحقيق السبق الاخباري والمتابعات الاخبارية المتواصلة والتحليلات المتعمقة وتقديم المواد الاعلامية المبتكرة باداء فريد واخراج فني متقن وجذاب، كل ذلك يساعد على تفاعل القارئ مع صحيفته، ويزيد من شعبية تلك الوسيلة الاعلامية لاسيما مع تزايد الاتصال الجماهيري التفاعلي المباشر وزيادة التفاعل المباشر المنشود مع زيادة مساحة الحرية للتعبير وتبادل الآراء ووجهات النظر والافكار(2).

مفهوم تكنولوجيا الاتصال والمعلومات:

التكنولوجيا كلمة اغريقية الاصل مؤلفة من جزئين احدهما (Techo) اي الاتقان او التقنية والثانية (Ligos) اي العلم او البحث وتعني علم التقنية من حيث الدقة(3).

ويمكن تعريف التكنولوجيا بانها ((مجموعة من النظم والقواعد التطبيقية واساليب العمل التي تستقر لتطبيق المعطيات المستحدثة لبحوث أو دراسات مبتكرة في مجالات الانتاج والخدمات كونها التطبيق المنظم للمعرفة والخبرات المكتسبة والتي تمثل مجموعات الوسائل

والاساليب الفنية التي يستخدمها الانسان في مختلف نواحي حياته العملية وبالتالي فهي مركب قوامه المعدات والمعرفة الانسانية))(4).

فيما عرفها اسامة ابن الخولي بانها مجموعة المعارف والخبرات المكتسبة التي تحقق انتاج سلعة او تقديم خدمة وفي اطار نظام اجتماعي واقتصادي معين(5).

وتعرف تكنولوجيا الاتصال بانها: (مجموع التقنيات او الوسائل او النظم المختلفة التي توظف لمعالجة المضمون والمحتوى الذي يراد توصيله من خلال عملية الاتصال الجماهيري او الشخصي او التنظيمي او الجمعي والتي من خلالها يتم جمع المعلومات والبيانات المسموعة والمكتوبة او المصورة او المرسومة او المسموعة المرئية او المطبوعة او الرقمية من خلال الحاسبات الالكترونية ثم تخزين هذه البيانات والمعلومات واسترجاعها في الوقت المناسب ثم عملية نشر هذه المواد الاتصالية او الرسائل او المضامين مسموعة او مسموعة مرئية او مطبوعة او رقمية ونقلها من مكان الى مكان اخر وتبادلها(6).

اما تكنولوجيا الاتصال والمعلومات فهي كل ماترتب على الاندماج بين تكنولوجيا الحاسب الألكتروني والتكنولوجيا السلكية واللاسلكية والالكترونيات الدقيقة والوسائط المتعددة من اشكال جديدة لتكنولوجيا ذات قدرات فائقة على انتاج وجمع وتخزين ومعالجة ونشر واسترجاع المعلومات باسلوب غير مسبوق، يعتمد على النص والصوت والصورة والحركة واللون وغيرها من مؤثرات الاتصال التفاعلي الجماهيري والشخصي معا(7).

وتكنولوجيا الاتصال على هذا النحو- ليست كغيرها من انواع التكنولوجيات الاخرى فهي تتحدى نفسها وتسابق الزمن وتتميز عن غيرها بوصفها عملية متكاملة اكثر من كونها مجرد أدوات، فأستخدامها يقود الى إعادة ابتكارها من جديد، وهو مايؤدي الى مزيد من الاستخدام وهكذا في دائرة لاتنتهي.

أما بسيوني حمادة فيرى(8) ان تكنولوجيا الاتصال وتكنولوجيا المعلومات هما وجهان لعملة واحدة، على اساس ان ثورة تكنولوجيا الاتصال قد سارت على التوازي مع ثورة تكنولوجيا المعلومات التي كانت نتيجة لتفجر المعلومات وتضاعف النتاج الفكري في مختلف المجالات، وظهور الحاجة الى تحقيق أقصى سيطرة ممكنة على فيض المعلومات المتدفق واتاحته

للمهتمين ومتخذي القرارات في اسرع وقت، وبأقل جهد عن طريق استحداث اساليب جديدة في تنظيم المعلومات تعتمد بالدرجة الاولى على الحاسبات الالكترونية، واستخدام تكنولوجيا الاتصال لمساندة مؤسسات المعلومات، ووضع خدمات لتصل عبر القارات.

والواقع ان تعريف تكنولوجيا المعلومات ينطوي على هذا التزاوج اذ ينص في احدى صيغه على انه (أقتناء واختزان المعلومات وتجهيزها في مختلف صورها واوعية حفظها، سواء كانت مطبوعة أو مصورة أو مسموعة أو مرئية أو ممغنطة او معالجة بالليزر، وبثها باستخدام توليفة من المعلومات الالكترونية ووسائل اجهزة الاتصال عن بعد)(9).

ووفق تعريف اليونسكو فان تكنولوجيا المعلومات هي (مجالات المعرفة العلمية والتقنية والهندسية والاساليب الادارية المستخدمة في تناول المعلومات وتطبيقاتها، انها تفاعل الحاسبات والاجهـزة مع الانسان ومشاركتها في الامور الاجتماعـية و الاقتـصادية والثقـافية)(10)، وهكذا فانه لايمكن الفصل بين تكنولوجيا المعلومات وتكنولوجيا الاتصال، فقد جمع بينهما النظام الرقمي الذي تطورت اليه نظم الاتصال فترابطت شبكات الاتصال مع شبكات المعلومات حيث انتهى عهد استقلال نظم المعلومات عن نظم الاتصال .

ويشهد عالمنا المعاصر حالياً ثورة هائلة في تكنولوجيا المعلومات والاتصالات للعمل على السرعة في الحصول على المعلومات ونشرها باقصى سرعة ممكنة

فقد احدثت تكنولوجيا الاتصال والمعلومات تغييرات نوعية في العديد من أوجه الحياة للدرجة التي مهدت الطريق للانتقال من المجتمع الصناعي الى مجتمع المعلومات(11) وان هذه الثورة سوف تترك آثارها الاقتصادية والاجتماعية والثقافية على المجتمع المعاصر كماً ونوعاً، ويقع في القلب من هذا التحول الارادة السياسية لدول العالم المختلفة اذ من المتوقع ان تشهد السنوات المقبلة اهتماماً متزايداً لتبني سياسات قومية للبنية التحتية للمعلومات بما في ذلك صياغة الاطر القانونية المشجعة لاستيعاب التكنولوجيا، وحث المجتمع لتوظيفها واحلالها محل الموارد التكنولوجية التقليدية.

وبصفة عامة فقد أتاح التطور التكنولوجي في اساليب الاتصال فرصة جمع وتخزين واسترجاع وتجهيز ونشر ونقل حجم هائل من المعلومات والبيانات والوسائل الاعلامية على

نطاق واسع، وبدرجة فائقة من الدقة والسرعة، وكذلك فقد اتاحت أجهزة الاتصالات الحديثة فرصة توفر معلومات وبيانات حديثة للجماهير وكذلك سرعة اعداد النشرات والرسائل الاخبارية وتخطيط الحملات الاعلامية وتنفيذها، واعداد بيانات مسح اتجاهات الجماهير ويعد الحاسب الألكتروني، والنقل بالاقمار الاصطناعية واشرطة الفديو تيب والفديو تكس والتيليفاكس والات النســخ ذات السرعة العالية من اهم التطـــورات البارزة في اساليب الاتصال الالكتروني، وادواته فضلا عن الهاتف الدولي والتليكس(üTeletext)والفاكسميل 12 (Faxmile).

وبناء على ماتقدم فان التطور التكنولوجي قد هيأ ادوات اتصال متطورة لنقل الرسائل الاخبارية والاعلامية بسرعة ودقة واحكام اكبر ومرونة.

لقد تطورت كل من تكنولوجيا الاتصال والمعلومات في مسارين منفصلين ولكن شهدت ستينيات القرن الماضي بداية التواصل بينهما والذي تصاعد متجاوزا الحدود التقليدية حتى اصبحت الشبكات الالكترونية هي المالك الرئيس الاشكال التبادل الاعلامي كافة على المستوى العالمي(13)، وقد اسفر هذا التزاوج بين كل من تكنولوجيا الاتصال والمعلومات في التسعينيات عن ظهور مايعرف حالياً بالاتصال متعدد الوسائط(14) (Multi-Media) الذي يركز على تطور الحاسبات، وتستند الثورة التكنولوجية الاتصالية الراهنة على ركائز رئيسة عديدة تشمل الاتصالات السلكية واللاسلكية التي تضم التلغراف والهاتف والتلكس والطباعة عن بعد والراديو والتلفزيون واجهزة الاستشعار عن بعد والميكرويف والاقمار الاصطناعية والحاسبات الالكترونية والالياف البصرية واشعة الليزر، وقد اسفر هذا التداخل عن ظهور مايسمى بالطريق السريع للمعلومات ((Super highway information*.

الثورة الخامسة للاتصالات:

شهد النصف الثاني من القرن العشرين تقدماً في مجال التكنولوجيا يعادل كل ماتحقق في قرون عديدة سابقة، ولعل من ابرز مظاهر التكنولوجيا ذلك الاندماج الذي حدث بين ظاهرتي تفجر المعلومات وثورة الاتصال، ويتمثل المظهر البارز لتفجر المعلومات في استخدام الحاسب الإلكتروني في تخزين واسترجاع خلاصة ما أنتجه الفكر البشري، في أقل حيز متاح، وبأسرع

وقت ممكن، أما ثورة الاتصال الخامسة فقد تجسدت في استخدام الأقمار، ونقل الأنباء والبيانات والصور عبر الدول والقارات بطريقة فورية(15).

وقد ظهر في السنوات الاخيرة ابتكارات عديدة طورت صناعة الاتصالات السلكية واللاسلكية من أبرزها:

أولا: ظهور الحاسب الشخصي P.C (Personal Computer) والتوسع في استخداماته، إذ يتيح التعامل مع كمية كبيرة من المعلومات غير محدودة سواء للاستخدام الشخصي، أو إمكانية الاستفادة من المعلومات التي تقدمها قواعد وبنوك وشبكات المعلومات من خلال الربط بخط تليفوني معها، وهو مانسميه بخدمة الخط المباشر (16)(Online).

ويمكن استرجاع المعلومات التي يتم تخزينها في الحاسب الشخصي عند الحاجة إليها فورا، مما يوفر الوقت والجهد، كما استخدم الحاسب وسيلة ترفيهية، ويمكن ربطه بأجهزة الراديو والتلفزيون.

ثانيا: أدى امتزاج وسائل الاتصال السلكية واللاسلكية مع تكنولوجيا الحاسب الإلكتروني الى خلق عصر جديد للنشر الإلكتروني، حيث يتم طباعة الكلمات على شاشة التلفزيون، أو وسيلة العرض المتصل بالحاسب الإلكتروني لكي يتسلمه المستفيد في منزله أو مكتبه، حيث يقترب مستخدمو النصوص الالكترونية من المعلومات بالكمية والنوعية التي يرغبون فيها، وفي الأوقات التي تناسبهم، وقد تطورت نظم الاتصال المباشر بقواعد البيانات، كصناعة تدر بلايين عديدة من الدولارات سنويا، وتوجد هذه الصناعات في أماكن عديدة من العالم، حيث يوجد حاليا أكثر من 2800 قاعدة بيانات عامة حول العالم، فضلا عن عدد لاحصر له من قواعد البيانات الخاصة(17).

ثالثا: ظهور التكنولوجيا الجديدة في مجال الخدمة التلفزيونية مثل خدمات (التلفزيون التفاعلي) Interactive Television عن طريق (الكابل) الذي يتيح الاتصال باتجاهين، ويقدم خدمات عديدة مثل التعامل مع البنوك، وشراء السلع وتلقى الخدمات، وبخاصة الخدمات الأمنية والرعاية الطبية، ويتيح التلفزيون الكابلي نحو

مائة قناة تلفزيونية، كذلك يقدم التلفزيون منخفض القوة خدمات الجريدة الإلكترونية الخاصة بالمنطقة المحلية أو الحي السكني، ويتيح للجماعات الصغيرة أن تناقش الموضوعات المشتركة على مستوى الحي أو المنطقة الصغيرة مثل قضايا المدارس والصحة والسلع والخدمات، كذلك حققت خدمات(الاذاعة المباشرة عبر الاقمار الاصطناعية) قدراً هائلا من المعلومات والترفيه لمشاهدي المنازل مباشرة(18)، وحدثت تطورات كبيرة في جودة الصورة التلفزيونية من خلال مايعرف بالتلفزيون عالي الدقة (High Resolution TV) وهو يزيد عدد الخطوط الأفقية للصورة التلفزيونية من 525 خطا في النظام الأمريكي، و625 خطا في النظام الأوربي، الى 1125 خطا أفقيا في النظام الياباني الجديد، كما أتاحت التكنولوجيا اتساع نسبة الطول الى العرض في شاشة التلفزيون من 3:4 في النظام التقليدي الى 3:5 وكذلك تكبير حجم الشاشة الى نحو خمسة أضعاف حجمها التقليدي مع الحفاظ على جودة الصورة .

رابعا: ظهور العديد من خدمات الاتصال الجديدة مثل الفيديو تكس(V.T)، والتلتكست(T.T)، والبريد الالكتروني، والاقراص المدمجة الصغيرة (CD) التي يمكن أن تخزن محتويات مكتبة عملاقة على قمة مكتب صغير، وكذلك المصغرات الفلمية، وتطوير وصلات الميكروويف، ونظام الليزر الذي ينبض 22 بليون نبضة في الثانية عن طريق الألياف الضوئية، مما يسمح لنا بأن نرسل عشرة قوائم كاملة من الموسوعة البريطانية كلمة بكلمة عبر خيط زجاجي رقيق في الثانية الواحدة، وتتطور إشارات نقل(الألياف الضوئية) بسرعة كبيرة وسيكون تصنيع هذه الألياف أقل كلفة في المستقبل عند مقارنتها بخطوط النحاس التقليدية، ويحمل الخيط الضوئي الواحد حوالي 672 محادثة تلفزيونية، كما يضم الكابل الواحد اثني عشر خيطا من هذه الخيوط الضوئية(19).

ويتوقع أحد الخبراء(20) أن يقلل استخدام الألياف الضوئية من نسبة الخطأ الضئيل في أجهزة الحاسبات الإلكترونية، كما يؤدي استخدام الألياف الضوئية الى زيادة معدل سرعة أداء الحاسبات الإلكترونية بواقع عشرة أضعاف الوضع الحالي، ومن المتوقع أن تزيد الألياف

الضوئية من قدرة نقل المعلومات من موقع لآخر بسرعة أكبر كثيرا بحلول عام 2005 بحيث يمكن نقل 30 جزءا من الموسوعة البريطانية في 1/10 من الثانية(21).

خامسا: هناك أيضا اختراعات جديدة يبدو أنها ستغير من شكل التسلية المنزلية بشكل أكبر من الانقلاب الذي حدث نتيجة الانتقال من الفوتوغراف الى الراديو في النصف الأول من القرن العشرين، ومن أمثلة ذلك التوسع في إنتاج الفيديو كاسيت المنزلي، وأشرطة وأقراص الفيديو، مما يزيد من تحكم المشاهد في المحتوى الذي يراه، كذلك تطورت ألعاب الفديو بشكل كبير بعد ربطها بالحاسب الالكتروني، ومن المتوقع ايضا التوسع في انتاج الكتب المصغرة التي يتم تسجيلها على رقائق صغيرة، ويمكن أن تتاح بأسعار منخفضة للغاية، كما يمكن عرض هذه الكتب المصغرة على شاشة التليفزيون مما يتيح طفرة في معدل قراءة الكتب وتداولها(22).

تكنولوجيا الاتصال في التسعينات:

إن من أبرز مايميز تكنولوجيا الاتصال منذ أول التسعينيات حتى الآن، أن العالم يمر في مرحلة تكنولوجية اتصالية تمتلكها أكثر من وسيلة لتحقيق الهدف النهائي وهو توصيل الرسالة الى الجمهور المستهدف، لذا يمكن أن نطلق على هذه المرحلة مرحلة (تكنولوجيا الاتصال متعدد الوسائط) أو (التكنولوجيا الاتصالية التفاعلية) أو مرحلة (التكنولوجيا المهجنة) والمرتكزات الأساسية لنمو هذه المرحلة وتطورها هي الحاسبات الإلكترونية في جيلها الخامس المتضمن أنظمة (الذكاء الاصطناعي) فضلاً عن الألياف الضوئية و(اشعة الليزر) و(الاقمار الاصطناعية)(23).

ويمكن حصر أبرز سمات هذه المرحلة الاتصالية في الجوانب الآتية:

استقرار بعض الأنظمة المستحدثة في الثمانينيات:

مثل أنظمة (النشر المكتبي) Desktop Publishing، وأنظمة (البريد الإلكتروني) Electronic Mail ، النصوص المتلفزة Telivised Texts وأنظمة اللقاءات عن بعد Telecommunication (24) .

التطوير المستمر للوسائل الاتصالية التقليدية:

أحدثت التطورات الراهنة في الحاسبات الإلكترونية ونظم الإرسال والاستقبال التلفزيوني تغييرات في أساليب إنتاج بعض الوسائل التقليدية، مثل الوسائل المطبوعة كالجريدة والمجلة وصناعة الصحافة بشكل عام حيث شهدت التسعينيات المزيد من تحول الصحف (جرائد ومجلات) الى الآلية الكاملة في عملية الانتاج من خلال ادخال الحاسبات الالكترونية، ووسائل الاتصال السلكية واللاسلكية في معظم مراحل الانتاج بدءا من توصيل المواد الصحفية الى مقر الصحيفة بالاستعانة بأجهزة الفاكسيميل والحاسبات الالكترونية، وفي عمليات المعالجة والانتاج الطباعي بدءا من تحرير النصوص والصورة على شاشات الحاسبات الالكترونية، حتى عملية الاخراج الكامل والتجهيزات للصفحات على الشاشات، ومنها الى المجهز الآلي للصفحات، حيث تخرج الصفحات مجهزة من الحاسب الإلكتروني الى سطح الطابع مباشرة، وهناك توظيف كبير للتكنولوجيات الرقمية في التقاط الصور الفوتوغرافية وفي معالجتها فنيا الى جانب المواد المصورة الأخرى، كما تطورت أساليب توثيق المعلومات الصحفية بحيث اختفى الأرشيف اليدوي التقليدي وحتى المصغرات الفيلمية بشكلها التقليدي، ليحل محلهما الأرشيف الإلكتروني الذي تجهز محتوياته وتنسق خلال عملية صف الجريدة، كما يستعان الآن بأقراص الليزر المدمجة في تخزين أعداد الصحيفة السابقة، وتم ربط مراكز المعلومات الصحفية ببنوك المعلومات المحلية والدولية وشبكاتها، وتم تطوير أساليب طباعة الصحف في أكثر من موقع في الوقت نفسه، من خلال تحسن أسلوب الارسال وتسريعه، وذلك لاصدار الطبعات الإقليمية والمحلية في الصحف(25).

تأثير تكنولوجيا الاتصال على الوسائل الاعلامية:

أثرت التطورات الراهنة في تكنولوجيا الاتصال على الاتصال الجماهيري وبوجه خاص على وسائله وعليه كعملية مستمرة متصلة ذات أطراف متعددة، ويمكن رصد بعض التأثيرات التي أحدثتها التطورات الراهنة في تكنولوجيا الاتصال على وسائل الاتصال الجماهيري في الجوانب الآتية:

أولا: التأثيرات على وسائل الاتصال التقليدية:

إن التكنولوجيا الاتصالية الجديدة لاتلغى وسائل الاتصال القديمة ولكن تطورها وتغيرها بشكل ضخم، فقد تغير الفيلم السينمائي بعد ظهور الصوت وكذلك اللون، والحال ينطبق على الجرائد والمجلات بظهور مستحدثات جديدة في مجال صف حروف الجريدة وتوضيبها، وفي نظم الطباعة، ونظم إرسال الصفحات عبر الأقمار الاصطناعية مما أثر على أساليب التحرير والاخراج والانتاج بشكل عام، كما تغير التلفزيون بعد ظهور كاميرات الفيديو المحمولة، وبعد تصغير كثير من المعدات اللازمة للعملية الانتاجية وتطويرها(26).

فكل تكنولوجية اتصالية جاءت لتطور تكنولوجيات سابقة تقليدية كانت تعد أساساً امتداداً للحواس الإنسانية (السمع- البصر) وذلك في كل مستويات الاتصال(27).

فعلى مستوى الاتصال الذاتي كانت الوسائل التقليدية للاتصال هي: تدوين الملاحظات، والمذكرات الشخصية، الأجندة، الصور الفوتوغرافية، الآلات الحاسبة، أما المستحدثات التكنولوجية الراهنة فهي الأشرطة المسموعة أو المرئية، برامج الحاسبات الالكترونية واستخدامها في كل المشكلات، وعلى مستوى (الاتصال الشخصي) Interpersonal كانت الوسائل التقليدية هي: المقابلة، البريد، التليفون، التلغراف، آلات النسخ، أما المستحدثات التكنولوجية الراهنة فهي عقد المؤتمرات عن بعد تلفونيا والكترونيا وعن طريق الفيديو، والبريد الإلكتروني، التليفون المتحرك، التليفون المرئي.

وعلى مستوى (الاتصال الجمعي) كانت الوسائل التقليدية هي الاتصالات المواجهية المتمثلة في الندوات والمؤتمرات وحلقات النقاش والخطب،أما المستحدثات التكنولوجية فهي عقد المؤتمرات عن بعد، اتصالات الحاسب الإلكتروني، وعلى مستوى (الاتصال التنظيمي) (المؤسسي Organizational) كانت الوسائل التقليدية هي: الاتصالات السلكية واللاسلكية الداخلية، أما المستحدثات التكنولوجية الراهنة فهي عقد المؤتمرات عن بعد، البريد الالكتروني، الفاكسيميل، نظم المعلومات، الإدارة بالحاسبات الإلكترونية، المعالجة الالية للمعلومات.

وعلى مستوى الجماعات الكبيرة كانت الوسائل التقليدية هي: الميكروفونات، أجهزة عرض الشرائح، الصور المتحركة، أما المستحدثات التكنولوجية الراهنة فهي عروض الفيديو، أنظمة الحاسبات الالكترونية متعددة الوسائط.

وعلى مستوى (الاتصال الجماهيري) كانت الوسائل التقليدية هي: الجريدة، الراديو، التلفزيون، الفيلم السينمائي، الكتب، لوحات العرض، بينما المستحدثات التكنولوجية الراهنة هي: التلفزيون السلكي، التلفزيون بالاشتراك، أنظمة النصوص المتلفزة (التليتيكست والفديوداتا) الاستقبال التلفزيوني المباشر من الأقمار الاصطناعية، أجهزة الراديو والمسجلات المحمولة، ألعاب الفيديو، أنظمة المعلومات الرقمية، الكتاب الالكتروني، أقراص الليزر، Disk، Disc مدمج.

ومن خلال ماسبق يمكن القول أن التكنولوجيا الاتصالية الراهنة بوسائلها الاتصالية المختلفة، لم تقض على التكنولوجيا القديمة بوسائلها المختلفة، بل انها شكلت امتداداً طبيعياً وتطويرا لهذه الوسائل القديمة(28).

سمات تكنولوجيا الاتصال:

على الرغم من أن الوسائل الاتصالية التي أفرزتها التكنولوجيا الاتصالية الراهنة تكاد تتشابه في العديد من السمات مع الوسائل التقليدية، الا أن هناك سمات للتكنولوجيا الاتصالية الراهنة بأشكالها المختلفة مما تلقي بظلالها وتفرض تأثيراتها على الاتصال الانساني بوسائلها الجديدة.

وأبرز هذه السمات التي تتصف بها التكنولوجيا الاتصالية الراهنة هي:

التفاعلية:

وتطلق هذه السمة على الدرجة التي يكون فيها للمشاركين في عملية الاتصال تأثيراً على أدوار الآخرين وباستطاعتهم تبادلها، ويطلق على ممارستهم الممارسة المتبادلة أو التفاعلية (Interactive Communication)، وهي تفاعلية بمعنى ان هناك سلسلة من الأفعال الاتصالية التي يستطيع الفرد (أ) ان يأخذ فيها موقع الشخص (ب) ويقوم بأفعالة الاتصالية،

المرسل يستقبل ويرسل في الوقت نفسه، وكذلك المستقبل، ويطلق على القائمين بالاتصال لفظ مشاركين بدلا من مصادر، وبذلك تدخل مصطلحات جديدة في عملية الاتصال مثل الممارسة الثنائية، التبادل، التحكم، ومثال على ذلك التفاعل في بعض أنظمة النصوص المتلفزة.

اللاجماهيرية:

وتعني أن الرسالة الاتصالية من الممكن ان تتوجه الى فرد واحد أو الى جماعة معينة، وليس الى جماهير ضخمة كما كان في الماضي، وتعنى أيضا درجة تحكم في نظام الاتصال بحيث تصل الرسالة مباشرة من منتج الرسالة الى المستفيد.

اللاتزامنية:

وتعنى إمكانية إرسال الرسائل واستقبالها في وقت مناسب للفرد المستخدم ولاتتطلب من كل المشاركين ان يستخدموا النظام في الوقت نفسه، فمثلا في نظم البريد الإلكتروني ترسل الرسائل مباشرة من منتج الرسالة الى مستقبلها في اي وقت دونما حاجة لتواجد المستقبل للرسالة في وقت إرسالها.

قابلية التحرك أو الحركية:

فهناك وسائل اتصالية كثيرة يمكن لمستخدمها الاستفادة منها في الاتصال من اي مكان الى آخر اثناء حركته، مثل التليفون النقال، تليفون السيارة أو الطائرة، التليفون المدمج في ساعة اليد، وهناك آلة لتصوير المستندات وزنها عدة غرامات، وجهاز فيديو يوضع في الجيب، وجهاز فاكسميل يوضع في السيارة، وحاسب الكتروني نقال مزود بطابعة.

قابلية التحويل:

وهي قدرة وسائل الاتصال على نقل المعلومات من وسيط لاخر كالتقنيات التي يمكنها تحويل الرسالة المسموعة الى رسالة مطبوعة وبالعكس، وهي في طريقها لتحقيق نظام للترجمة الآلية ظهرت مقدماته في نظام مينيتيل الفرنسي(29).

قابلية التوصيل:

وتعنى إمكانية توصيل الأجهزة الاتصالية بتنويع أكبر من أجهزة أخرى بغض النظر عن الشركة الصانعة لها أو البلد الذي تم فيه الصنع وذلك عن طريق وضع معايير فنية لهذه الاجهزة يتم الاتفاق عليها بين هذه الشركات.

الشيوع أو الانتشار:

ويعني الانتشار المنهجي لنظام وسائل الاتصال حول العالم وفي داخل كل طبقة من طبقات المجتمع،وكل وسيلة تظهر تبدو في البداية على أنها ترف ثم تتحول الى ضرورة، نلمح ذلك في التليفون، وبعده الفاكسيميل، وكلما زاد عدد الاجهزة المستخدمة زادت قيمة النظام لكل الأطراف المعنية، وفي رأي (الفن تولفر) ان المصلحة القوية للأثرياء هنا أن يجدوا طرقا لتوسيع النظام الجديد للاتصال لاليقصى من هم أقل ثراء، حيث يدعمون بطريقة غير مباشرة الخدمة المقدمة لغير القادرين على تكاليفها(30).

التدويل أو الكونية:

البيئة الأساسية الجديدة لوسائل الاتصال هي بيئة عالمية دولية، وذلك حتى تستطيع المعلومة ان تتبع المسارات المعقدة وتعقب المسارات التي يتدفق عليها رأس المال الكترونيا عبر الحدود الدولية جيئة وذهابا من أقصى مكان في الارض الى ادناه في اجزاء على الألف من الثانية، الى جانب تتبعها مسار الأحداث الدولية في أي مكان من العالم(31).

التأثيرات على الجمهور:

من خلال تعدد قنوات الاتصال المتاحة أمام الأفراد, فلقد اتاحت تكنولوجيا الاتصال الحديثة المتمثلة في الأقمار الاصطناعية، والحاسبات الالكترونية ووصلات الميكروويف، والالياف الضوئية عددا كبيرا من خدمات الاتصال خلال العقدين الماضيين، مثل التلفزيون الكابلي التفاعلي، والتلفزيون منخفض القوة، والتلفزيون متعدد النقاط، ونظام الارسال المباشر من القمر الاصطناعي، والفديو كاسيت، والفديو ديسك، وأجهزة التسجيل الموسيقي المطورة، وخدمات الفيديو تكس، والتليكست والاتصال المباشر بقواعد البيانات، وهذه

الوسائل تخاطب الافراد وتلبى حاجاتهم ورغباتهم الذاتية(32) وان هذه التكنولوجيا الاتصالية الراهنة تتسم بسمة أساسية وجديدة في الوقت نفسه على عالم صناعة الاتصال، وهي التفاعل بين المستقبل والمرسل.

وعن العقبات التي تواجهها صناعة تكنولوجيا المعلومات يقول عبد القادر الكرملي(33) من العقبات التي تواجهها تكنولوجيا المعلومات هي معضلة تعريب المصطلحات الاجنبية، وتباين وعي القراء بقضايا تكنولوجيا المعلومات مشيرا الى ان قارئ مطبوعات تقنية المعلومات يعاني من ظاهرة تعدد الترجمات العربية للمصطلح الانكليزي الواحد، حيث لاتنجو من التعددية حتى أكثر المصطلحات بساطة ويزيد عدد الترجمات المتداولة لبعض المصطلحات عن اثنتي عشرة ترجمة مما يعد تشويشاً كبيرا على ذهن قاريء مطبوعات تقنية المعلومات لاسيما انها لاتظهر فقط باختلاف الكتاب بل لدى الكاتب الواحد وحتى في المقالة الواحدة احياناً.

وهناك حل شامل لهذه المشكلة يعتمد على انشاء موقع تفاعلي لمصطلحات تقنية المعلومات، وان تتبنى هذا المشروع احد الجهات المهمة ويجب ربط اللغة العربية والجهات الاخرى التي تعمل على تعريب مصطلحات تقنية المعلومات بهذا المشروع عن طريق الانترنت واعطائها دورا اشرافيا مما يسهل التنسيق بينها مما يؤدي بناء ذاكرة جمعية للترجمة وتوحيد المصطلحات بشكل تلقائي ليوفر وقتاً طويلا مهدرا في الكتابة أو الترجمة في مجال تقنية المعلومات ويجنب القراء سوء الفهم الناجم عن فوضى المصطلحات*.

وفيما نقف اليوم امام عقبة هذه النقلة الجديدة في عالم تكنولوجيا المعرفة يبدو العالم منقسماً الى ثلاثة اقسام:(34)

< أن 15% من سكان العالم يحصلون تقريباًعلى كل الابتكارات التكنولوجية الحديثة .

< ان 50% من سكان العالم قادرون على استيعاب هذه التكنولوجيا استهلاكاً وانتاجاً.

< أن بقية سكان العالم 35% يعيشون في حالة انقطاع وعزلة عن هذه التكنولوجيا.

واذا كان هذا الواقع لعالم اليوم يعني شيئاً فانه يعني ان مقولة العالمية التي اطلقها في عام 1962 مارشال (ماكلوهن) لم تصح، ولايبدو انها سوف تصح في المستقبل المنظور برغم كثرة استخداماتها في الادبيات الاعلامية والثقافية الحديثة(35).

ان الجمع بين الغنى والمعرفة من جهة اولى والجمع بين الفقر واللامعرفة من جهة ثانية يكون حالة انشطارية في المجتمع الانساني تحمل في طياتها مضامين أشد خطورة من الانقسام القائم منذ عقود بين الشمال الغني والجنوب الفقير، فنسبة الفجوة في الثروة بين اثرياء العالم وفقرائه كانت بنسبة 30 الى واحد في الستينيات ولكن بعد عشر سنوات تضاعفت هذه النسبة واصبحت بنسبة 60 الى واحد، وفي أقل من عقد من الزمن أصبحت النسبة في عام 1997 هي 74 الى واحد فعلى صعيد الملكية ان 200 بليونير فقط يملكون اكثر مما يملكه جميع سكان العالم وعلى صعيد الانتاج فان 600 مليون أنسان في الدول الفقيرة ينتجون أقل من ثلاثة من أصحاب المليارات، وفي العالم 40 شركة كبرى متعددة الجنسية تملك كل واحدة منها اكثر مما تملكه مائة دولة من الدول الفقيرة.

اما نسبة الفجوة المعرفية فانها اشد خطورة ذلك أن عشرة شركات كبرى فقط من شركات الاتصال تسيطر على 86% من السوق، وان عشرة دول فقط تقدم 95% من براءات الاختراع والاكتشاف في العالم ذلك ان المعرفة تقود الى المزيد من المعرفة، وبالتالي الى المزيد من الغنى والثروة والعكس صحيح.

ولاشك ان حجم العالم ينكمش بفضل شبكة الاتصالات والتواصل التي تلفه طولاً وعرضاً ولكنه كان كذلك ولو بقدر أقل من القرن الماضي ايضاً فقد كانت الامبراطوريات (الاوربية) تتغلغل في زوايا العالم المختلفة تربطها شبكة التلغراف والسفن البخارية، ثم جاء الراديو والتلفاز والهاتف وبعد ذلك الطائرات النفاثة والاقمار الاصطناعية لتزيد من حجم انكماش العالم وتضاؤله ولترسم حدوداً من نوع جديد بين الامم والشعوب، هي حدود المعرفة واللامعرفة، وهي على كل حال ليست كالحدود السياسية محدودة وثابتة ولكنها حدود معرفية -اجتماعية- اقتصادية متحركة ومتغيرة.

ان ثورة تكنولوجيا المعلومات والاتصال الراهنة قضت على معظم اساليب الحياة التقليدية، وان شبكات المعلومات والنشرات الالكترونية وكوابل الالياف البصرية ستعمل على تطوير صناعة الصحافة بنسبة أسية 3،6،18،36،72 وهكذا وتغيرها تغييرا جذريا، لتتحول من صحافة ورقية مطبوعة الى صيغ رقمية تنقل عبر الكوابل وخطوط التلفون الى اجهزة الكومبيوتر المنزلية ليقرؤها القارئ من خلال شاشة الكومبيوت(36).

وفضلاً عن هذا التحديث المتسارع في تكنولوجيا صناعة الصحف سوف تظهر ايضا أنواع جديدة من تكنولوجيا وسائل الاعلام، أذ يمكن من خلال التليتكست Teletext نقل مئات الصفحات من المعلومات في شتى المجالات عبر الاقمار الاصطناعية أو المحطات التلفزيونية الى اجهزة المشتركين التلفزيونية او عرضها على شاشات الكومبيوتر، ومن خلال منصات النشرات الالكترونية وشبكات الكومبيوتر المتصلة هنالك نوع جديد من منتديات الاتصال والحوار في شبكة الانترنت، وهناك كم هائل من معلومات يمكن الحصول عليها بيسر وسهولة وسرعة فائقة، كما اتسع ايضا نطاق صناعة النشر الالكتروني واصبحت تضم مايعرف بالفديوتكس Videotexü والبريد الالكتروني.

ومن الخصائص العامة المميزة لهذه الوسائل الجديدة من وسائل الاعلام ان المتلقي لن يكتفي بدور المشاهد السلبي، بل سيتفاعل على هذه الوسائل تفاعلاً ايجابيا ويصبح قادراً على تحديد محتوى الرسالة الاعلامية، وتوقيت تلقيها، كما ان تكنولوجيا الاتصالات الحديثة قضت على مركزية وسائل الاعلام والاتصال، أذ تعمل الاقمار الاصطناعية على لامركزية محطات البث التلفزيوني، ويتم اعداد بيئة وسائل اعلام المستقبل وفقا لاهتمامات الجماهير ورغباتهم، ولن يرتبط الناس بوسائل الاعلام من خلال المساهمات الجغرافية فقط إذ دائما ماسيرتبطون معاً من خلال اهتماماتهم المشتركة ومايحتاجونه من معلومات .

ونتيجة لذلك ستتحول المجتمعات الجغرافية الى (مجتمعات فكرية) بمعنى ان حدود المجتمع لن تتحدد بالحدود الجغرافية وانما ستحددها الاهتمامات الفكرية المشتركة غير المقيدة، وسوف يدعم هذه الاتجاهات اللامركزية انخفاض تكاليف وسائل الاتصال الالكتروني نتيجة انتشار الاقمار الاصطناعية وتكنولوجيا الالياف البصرية ومايستحدث من تكنولوجيا جديدة.

ان تكنولوجيا وسائل الاعلام والاتصال الحديثة جعلت الصحافة تفقد اهميتها التقليدية، اذ أصبح فيض المعلومات الخام متاحاً للجميع، واصبح افراد المجتمع قادرين على مجادلة الصحفيين، وتفنيد آرائهم، بل ومنافستهم مما جعلهم يفقدون هيمنتهم على الاخبار والمعلومات، وستعمل هذه التكنولوجيا على خلق منتدى واسعاً للتواصل الاجتماعي حيث تستطيع الجماهير الانخراط في حوار متواصل ومتفاعل، لاتكتفي فيه بدور المتلقي السلبي بل تشارك مشاركة ايجابية وتدلي برأيها مباشرة في جميع القضايا المطروحة للمناقشة.

أثر تطور التقنيات على الصحافة

تعد الصحافة الوسيلة الاعلامية الاولى التي حصلت البشرية من خلالها على المعلومات والاخبار والمعارف والافكار، كما انها أسهمت بأضاءة جوانب كثيرة في حياة البشر محدثة فيها الكثير من التحولات(37).

وقد تعرضت الصحافه لمجابهة الوسائل الاعلامية الاخرى التي توالى ظهورها تباعاً، وتعالت الصيحات بان هذه الوسائل سوف تحدث تأثيراً سلبيا كبيرا على الصحافة، الا ان الصحافة استطاعت ان تطور نفسها وتغير من محتواها لتصبح متفاعلة مع الجماهير(38) وتاريخ الصحافة تاريخ لعناصر ومكونات كثيرة، فالصحف ليست اشياء فحسب بل هي اشخاص وعمليات وتاثيرات وتأثر ووظائف وانجازات وغيرها من التحولات والتغيرات التي ادخلتها الصحافة على نفسها من تنوع بالاخبار، واعمدة ثابتة وصور كاريكاتورية وغيرها من الفنون الصحفية المتعددة علاوة على ذلك الارقام والاحصاءات المختلفة فضلاً عن الجماعات الضاغطة، او الاحزاب والقوانين والاعتبارات المتعددة التي تحكم تلك العملية(39).

وكشفت دراسة اجرتها جامعة ميشيغان الامريكية ان الصحف كان لها التاثير الاكبر على مشاركة اصحاب مستويات التعليم الجيدة في الانتخابات، في الوقت نفسه لم يكن للتلفزيون التاثير الذي يماثل الصحافة لضعف وجود تعبئة للمعلومات فيه، فلم تستطع اخبار التلفزيون ان توفر معلومات عميقة ومن المستحيل لهذه الوسائل الاعلامية الاخرى ان تصل الى عمق الصحف في تقويم المعلومات وهذا من اهم العوامل التي تحفظ للصحافة استمرارها في مواجهة الوسائل الاخرى(40).

ان الصحافة تتمتع بمميزات عديدة قياساً الى الوسائل الاعلامية الاخرى إذ أن هذه المميزات تعطيها القدرة على الاستمرار في ظل مواجهة الوسائل الحديثة، فيستطيع الانسان ان يقرأ الصحيفة مرات عدة بيسر وسهولة، فالمذياع والتلفزيون يفتقدان هذه الميزة المهمة التي تتيحها الصحافة للانسان المتلقي تعطيه القدرة على امتلاك المعلومات، وبالتالي امكانية تحليل الأفكار بشكل افضل واكثر دقة وتفصيل فضلاً عن التعمق في تناول الموضوعات، وهذا مايجعل الصحافة اكثر تأثيرا في الرأي العام عن غيرها من الوسائل الاخرى، وانها اي الصحافة ستظل حافظة لمواقعها وسط الوسائل الاعلامية الاخرى(41).

الصحافة وتأثير التكنولوجيا:

ان الصحافة تعرضت في مسيرتها الى الكثير من التطورات إذ ظهرت العديد من الوسائل الاعلامية الاخرى مثل المذياع الذي دار جدل طويل عند ظهوره ومايمكن ان يحدثه من تهديد للصحافة، الا ان الامر جاء على عكس ذلك تماماً فقد استمرت الصحافة وارتفع اداؤها ولم تؤثر الاذاعة على الصحافة كما كان متوقعاً كذلك جاءت الثورة التكنولوجية الاخرى بظهور وسيلة اعلامية ثالثة وهي التلفزيون ليستمر الجدل حول مدى تأثير هذا الجهاز على الصحافة، وانه سوف يحل محلها بشكل اوبأخر الا ان الصحافة استطاعت ان تطور نفسها وتؤكد كونها الوسيلة الاكثر تاثيرا والاعمق في المعلومة(42).

وقبل الاذاعة عندما ظهرت السينما ترددت الاقاويل بانها ستؤثر سلباً على الصحافة ولكنها ظلت الوسيلة الاسهل في الرجوع اليها والامتاع في تناولها بين الوسائل الاخرى، وهو ما انطبق ايضا على التلفزيون حتى جاءت الثورة المعلوماتية الجديدة بظهور الانترنت لتعود الكرة من جديد حول تأثير هذه الوسيلة على الصحافة فانها لاشك سوف تؤثر على الصحافة، ولكن ليس بالشكل القوي والجاد وخاصة في العالم الثالث الذي لاتزال الغالبية العظمى من مواطنيه تعاني من الامية في هذا المجال، الاانها ستعطي فرصة مهمة للصحافة التقليدية لكي تطور من نفسها وترفع من مستوياتها لتعطي المعلومة الاعمق والاهم ،فلاشك ان هذه التكنولوجيا تعطي مزيداً من الانتشار وبشكل افضل دائما.

كما ان بامكان الصحف ان تضع استراتيجية مهمة لمواكبة أحداث العصر وتكنولوجياته ولاشك ان الاعلام له تأثير قوي في تغيير المجتمعات والتحولات الفكرية والسياسية والا جتماعية لدى كل الشعوب .

وكانت الصحافة احدى اهم الوسائل الاعلامية التي لعبت ولاتزال هذا الدور ان دور الصحافة يكمن دائماً في ثقة المتلقي من مصادر الصحافة، كما استطاعت ان تطور نفسها بتطوير المجتمعات وان تستفيد من التطورات التكنولوجية(43) فبالرغم من ظهور العديد من الوسائل الاعلامية الاخرى الا ان الصحافة لاتزال العين التي يرى من خلالها الجمهور مايحدث حول العالم، وان كل فرد يجد فيها مايبحث عنه ويناسب مستواه .

ان وسائل الاعلام استفادت بشكل كبير من ثورة المعلومات حيث اتاحت كما هائلا من المعلومات وجاءت ثورة الاتصالات لتؤكد هذه الفائدة من خلال نقل المعلومات ثم كانت ثورة التكنولوجيا الرقمية التي اتاحت العديد من الامكانات من خلال توفر خدمة الارسال والبث الاذاعي والتلفزيوني دون عوائق.

ان التكنولوجيا ليست كل شيء والاهم منها الانسان، وماذا يريد ان يوصل من ورائها هناك من يقول(44) ان الانترنت ستنافس الصحافة المكتوبة والبعض يقول العكس ان الانترنت هي وسيلة يستعملها اصحاب الصحف والناشرون لوضع المعلومات عليها حتى يستطيع الناس الاطلاع عليها في انحاء العالم، فلا احد يأخذ دور الآخر، بل المهم ان تعرف الوسيلة الاعلامية كيف تخاطب بلغة عصرها، فالراديو لم يلغ الصحافة، والتلفزيون لم يلغ الراديو ولا الصحافة المكتوبة والفديو لم يلغ التلفزيون، والمهم ان لاتلغي الصحافة نفسها، أي يجب على اصحاب الصحف والناشرين كيف يتوجهوا بلغة العصر الى القارىء ولذلك نرى ان الصحافة الامريكية تغيرت، وتحولت الى صحافة اختصاص وعلينا تبعا لذلك معرفة كيفية استعمال التكنولوجيا لتطوير الاعلام ان كان مكتوباً ام مرئياً ام مسموعاً(45) .

لقد ادت الثورة المعلوماتية والتكنولوجية الى وضع الصحافة المعاصرة امام تحديات جديدة اتاحت لها فرصا لم يسبق لها مثيل سواء كان ذلك في غزارة مصادر المعلومات، أو في سرعة نقلها أو في استخدامها(46) وانعكست هذه التطورات على اساليب جمع وانتاج وتوزيع المعلومات في اجهزة الاعلام الرئيسة الثلاث المطبوعة والمسموعة والمرئية، وكذلك خلقت هذه التطورات جمهورا جديدا متميزا يعتمد على الانترنت وشبكات نقل المعلومات الالكترونية في تلقي المعلومات، وسارعت بالتالي اجهزة الصحافة العصرية الى استقطاب هذا الجمهور الجديد عن طريق اضافة شبكة الانترنت الى وسائلها التقليدية في نقل وتسويق النتاج الصحفي، ان وفرة المعلومات وتدفق الاتصال سوف يسهم في اتاحتها بشكل لم تعرفه البشرية من قبل، حيث أضحت المعلومات وفيرة بشكل لايمكن لاي متخصص ان يتابع معه مايستجد في حقل تخصصه، حيث لعبت تكنولوجيا الاتصال والمعلومات دوراً في:

1. وفرة المعلومات في جميع المجالات وعدم امكانية احتكارها من قبل الصحافة فقط .

2. اتاحة هذه المعلومات لمن يستطيع الوصول اليها تقنيا واقتصاديا وفنيا وثقافيا وخاصة من خلال الانترنت والفضائيات ووكالات الانباء.

3. ان التوسع في الاتصال وخصوصاً عبر شبكات القنوات الفضائية والتلفزيونات الخطية والانترنت، وربط الكومبيوتر وشاشة التلفزيون ليكونا جهازا واحداً سوف يتيح فيضان الاتصال اقليميا ودوليا ويعزز التنافس مع الصحافة بشكل كبير.

ان استخدام التطور العلمي والتكنولوجي في صناعة وانتاج الصحف اصبح ضرورياً وله فوائد من حيث(47):

أ- مواجهة التحديات الحالية والمستقبلية في مجال الاعلام.

ب- مواجهة عصر المعلومات والاتصالات.

ج- تطوير العملية الانتاجية للصحف وغيرها من المطبوعات لتحقيق الفائدة المثلى لصناعة الصحافة والطباعة والنشر .

د- الموازنة الاقتصادية بين تكلفة الانتاج والعائد المحقق.

هـ- اعادة تخطيط المهام والمسؤوليات في الحقل الصحفي بما يناسب روح العصر.

و- مواجهة المنافسة بين الصحافة والتلفزيون.

واصبحت الاقمار الاصطناعية تستخدم بشكل واسع في صناعة الصحف ونقل النسخ الى محطات بعيدة ففي مؤتمر عقدته صحيفة الفاينشيال تايمز حول مستقبل صناعة الصحف والاثار المحتملة الحديثة ...قيل انه اذا كانت هناك امكانية طباعة صحيفة بصورة اقتصادية في 9 أو 10 بلدان في العالم فلن يكون هناك سبب في عدم توقع اليوم الذي نجد فيه انفسنا قادرين على الطباعة في كل مدينة حيث يوجد قراء، أو حتى في اماكن التوزيع المهمة والمدن والانفاق والمطارات، بل وفي كل دائرة مهمة أو في المساكن والمنازل وعندما يستلم المشترك الإشارة الإلكترونية تعطيه نسخة مطبوعة من صحيفته اليومية(48).

مراحل استخدام الوسائل الالكترونية في الصحافة:

لقد مرت الصحافة الحديثة بمراحل عدة في استخدامها للوسائل التكنولوجية الجديدة حيث بدأت الصحف منذ الستينيات في استخدام انظمة الجمع الالكتروني ،لتمثل بذلك بداية تحول الصحف الى استخدام الانظمة الرقمية، وفي هذا الوقت ومنذ حوالي 30 عاماً تقريبا دعا

(فيليب ماير)(49) الى استخدام الكمبيوتر في جمع الاخبار فيما عرف بصحافة التدقيق (Precision Journalism) كوسيلة تساعد في تطبيق اساليب العلوم الاجتماعية والنفسية في التغطية الصحفية، وحتى منتصف الثمانينيات لم يطبق الصحفيون هذه الرؤية بشكل متكامل في معالجة قصصهم الصحفية، لانها كانت تقتضي استخدام أنظمة حاسبات كبيرة ومعقدة، ولكن وبالتدريج بدأت تقنيات معالجة المعلومات القائمة على استخدام الحاسبات الالكترونية تدخل الى مجال معالجة الاخبار في الصحافة، حتى قال البعض انه لايوجد اختلاف كبير بين عمل التدوين الصحفي وعمل العلماء الاجتماعيين فكلاهما يدرس السلوك البشري ويجمع المعلومات ويحللها وينشرها(50).

ومع بداية التسعينيات من القرن الماضي بدأت تدخل أجهزة الحاسبات الالكترونية بشكل مكثف الى غرف الاخبار في الصحف الامريكية والكندية، وفي بلدان اخرى عديدة حيث بدأ استخدامها في الكتابة والتحرير والصف والجمع الاليكتروني وبدأت بعض الصحف تتحول الى الآلية الكاملة في عملية الانتاج من خلال ادخال الحاسبات الالكترونية، ووسائل الاتصال السلكية واللاسلكية في معظم مراحل الانتاج كما بدأت هذه الصحف تحول ملفاتها من القصاصات الورقية الى ملفات الكترونية وزادت عمليات التفاعل الالكتروني مابين قواعد البيانات والمعلومات المتاحة امام الصحف، وتم ربط بنوك المعلومات الصحفية ببنوك المعلومات المحلية والدولية كما تصاعد حجم قواعد المعلومات التجارية وتنوعت خدمتها المعلوماتية والصحفية.

وفي التسعينيات ايضا ومع تطور وسائل الاتصال وتقنيتها وانخفاض تكلفة اجهزة الحاسبات الالكترونية وتنوع احجامها، اصبح المندوبون قادرين على الاتصال بالنشرات الالكترونية المحلية والانترنت، وبفضل التقدم في الاتصالات السلكية والاقمار الاصطناعية فإن النصوص والصور والمخططات يمكن ان تنتقل بالفاكسميل من قارة الى اخرى ،كما تمكن الصحف من الطباعة في اكثر من مكان في الوقت نفسه وظهر هذا التطور في زيادة القدرة على التخزين الرقمي للصور، والاتجاه الحالي نحو الرقمنة الكاملة لكل مراحل الصورة من الكاميرا الى المسح الضوئي الى الانتاج الى معالجة الصور،حتى يتم عرضها على الشاشة لاضافة اللمسات اليها واخراجها، كما تزود وكالات الانباء الكبرى مشتركيها بوسائل استقبال الصور

الرقمية فضلاً عن امكانية كتابة وطباعة مقالاتهم وادخالها مباشرة الى الحاسبات الالكترونية، فالتطورات الحديثة لم تجعل الصحفيين مضطرين للبقاء بصفة دائمة في الصحيفة نفسها، وساعدتهم على القيام بأعمال لم يكن بمقدورهم القيام بها من قبل(51) .

كما أدت الى تنوع طرق جمع القصص الصحفية، وتحسنت طرق اتصالهم المباشر بالمصادر، وتوافرات امامهم عدة ادوات متخصصة تيسر لهم اداء مهامهم.

وبدأ استخدام الحاسبة الالكترونية كأداة للجمع والتقصي عن المعلومات وللوصول الى الوثائق والسجلات وتحليل قواعد البيانات، وان لم تتحول هذه الطريقة الجديدة الى اسلوب شائع في كل الصحف نظرا لتباين مجتمعاتها وامكانياتها وان ظهرت بعض البرامج التي تدعم تواجدها مثل البرنامج الذي اخترعه الصحفي (جبسون) الفائز بجائزة بوليترز وهو برنامج Nine Trak Express لمساعدة الصحفيين على تحليل الوثائق العامة باستخدام أجهزتهم الشخصية، وكذلك زيادة عدد المعاهد والكليات والمراكز المتخصصة في علوم هذا الفن الجديد الذي اصبح يعد من بين العلامات الفارقة في تاريخ جمع الاخبار الصحفية وواحداً من ابرز التحولات التكنولوجية في مجال التغطية الصحفية(52).

التكنولوجيا والمهارات الصحفية:

بدت الصحافة مع منتصف التسعينات تتطلب مستوى معيناً من التخصص الفني والصحفي والمعلوماتي، وبدأ يتزايد ادراك الصحفيين لاهمية وقيمة الحاسبات الالكترونية والانترنت، وقواعد المعلومات والوسائل التكنولوجية والاتصالية الحديثة في حياتهم اليومية كصحفيين .

وبدأوا يتكيفون مع هذا العالم الرقمي الجديد، وهو ماجعل استخدام الحاسبة الالكترونية في الصحف من اجل جمع المتن وتحليل الاحصائيات، وتصميم الصفحات وعرض المخططات شيئا اساسيا .

وقد افرزت هذه التطورات ظواهر متناقضة في عالم الصحافة سواء مابين صحف دول معينة او غيرها او داخل الصحيفة الواحدة، فبينما يقوم الصحفيون الان بجمع الاخبار وكتابتها

وتحليلها وتحريرها وتوضيبها باستخدام هذه التقنيات الحديثة وهوماينعكس اثره على مضمون وشكل الصحيفة، فإن هناك صحفيين اخريين لم يستخدموا هذه التقنيات الحديثة بالمرة، او مازالوا يستخدمونها لاداء مهام تقليدية ويتبعون الوسائل التقليدية نفسها في جمع المادة وحفظها وتحريرها واسترجاعها(53).

وبدا في الساحة الصحفية وكأن هناك فريقين فريق يسمىTechnojournalists الذي يجمع افراده بين مهارات التغطية، وادوات التعامل مع المعلومات الجديدة وتكنيكات إدارة المعلومات وفريق اخر يسمى Tradition Journalists مازال يستخدم الوسائل التقليدية في اداء العمل الصحفي في بيئة تقوم على التكنولوجيا(54).

وظائف تأثير تكنولوجيا الاتصال على الصحافة:

تتعدد وظائف تكنولوجيا الاتصال الحديثة في المجال الصحفي ويمكن تقسيمها كالآتي:

1. وظيفة انتاج وجمع المادة الصحفية الكترونياً ومن بين وسائلها الحاسبة الالكترونية وقواعد المعلومات والانترنت والتصوير الالكتروني والتصوير الرقمي/الالكتروني، والاقمار الاصطناعية والماسحات الضوئية والاتصالات السلكية واللاسلكية والالياف البصرية ....الخ.

2. وظيفة معالجة المعلومات الصحفية رقمياً ومن بينها الحاسبة الالكترونية والنشر الالكتروني وسواء كانت تلك المعلومات مادة مكتوبة او مصورة او مرسومة فإن هناك العديد من البرامج التي تتعامل وتعالج مثل هذه المعلومات .

3. وظيفة تخزين المعلومات الصحفية واسترجاعها وتقوم بنوك المعلومات وشبكاتها ومراكز المعلومات الصحفية باستخدام الاقراص المدمجة في توثيق ارشيفها ووثائقها وهي تساعد في البحث عن المعلومات واسترجاعها بشكل سريع وملائم مثل قواعد بيانات New York Times وبنك معلومات صحيفة الاهرام المصرية.

4. وظيفة نقل ونشر وتوزيع المعلومات الصحفية مثل الفاكس والاقمار الاصطناعية والاتصالات السلكية واللاسلكية، والشبكات الرقمية، وشبكات الالياف والكابل .....الخ.

5. وظيفة عرض المواد الصحفية ومن بينها اجهزة الحاسبة الالكترونية، والاجهزة الرقمية الشخصية .

6. وظيفة التحرير الالكتروني وتتمثل في تنوع البرامج المساعدة في عملية الكتابة والمعالجة والتحرير الالكتروني، وبرامج فحص الاسلوب والاعراب والاملاء بل وتوجد برامج لكتابة القصص الاخبارية بشكل آلي باستخدام طرق التغذية الالكترونية للبيانات وذلك في مجالات عديدة مثل اسعار الاسهم والحصص والعملات، وهو ماجعل بعض الصحف تتخلص من الصحفيين الذين لايجيدون استخدام هذه البرامج حتى قال البعض ان الصحافة نفسها يعاد كتابتها ببرامج كمبيوتر جديدة .

7. وظيفة توضيب واخراج المادة الصحفية، وهناك ثورة كبيرة في مجال البرامج الخاصة بالتصميم والاخراج الصحفي ومعالجة الصور والمخططات.

وبالرغم من المزايا العديدة التي توفرها الوسائل الحديثة للصحافة الا ان ثمة مشاكل لم تحل بعد مثل سهولة الاتصالات بين الصحف وقواعد المعلومات وسرعتها وقلة خبرة الصحفيين في التعامل مع هذه التقنيات الجديدة وحاجة التعامل مع الملفات الاليكترونية لبعض الوقت مقارنة بالملفات المطبوعة وتراجع عنصر الابداع الفردي في العمل الصحفي بفعل تزايد الاعتماد على التقنية كوسيلة لتنفيذ الكثير من المهام وان كان البعض(55) يرد على ذلك بأن التقنية توفر جهد الصحفي ووقته في اداء الاعمال الروتينية وتراجع دور الصحافة كحارس بوابة تقليدي، وكمفسر للاحداث والمعلومات حيث تؤدي التقنيات الحديثة الى ربط الجمهور بالمصادر الاخبارية الاساسية وهو مايزيد من ناحية اخرى من دور القوى التجارية في تحديد توجهات المادة الصحفية ومضامينها فضلاً عن التعارض بين الابداعية الموروثة في عملية التصوير وبين التدخلات الرقمية في معاجة الصور وامكانية استغلالها بشكل غير اخلاقي.

اشكاليات استخدام التكنولوجيا على الصحافة:

يثير استخـدام الوسائل التكنولوجية الحـديثة في العمل الصحـفي العديد من الاشكاليات(56) منها: ان التغييرات السريعة والمتلاحقة في عالم التكنولوجيا والاندماج بين

وسائل الاتصال جعل من الصعوبة وضع اطار محدد لفهم طبيعة وشكل الوسائل الجديدة، وتأثيرها بصفة عامة وعلى العمل الصحفي بخاصة من ناحية ثانية، بينما جلبت التكنولوجيا معها اسلوباً جديداً في العمل الصحفي تعدلت بمقتضاه وتغيرت الممارسات الصحفية القديمة فإنها اثارت في الوقت نفسه العديد من التساؤلات مثل :هل ستؤدي الى الغاء الممارسات الصحفية القديمة، ام ستتعايش معها؟.....ومن ناحية ثالثة بينما كانت مشكلة الصحافة دائما هي ندرة المعلومات فانها الان اصبحت تعاني من الوفرة والتخمة المعلوماتية، وهو مايثير قضية المعايير المستخدمة في تقرير طبيعة ونوعية المعلومات المهمة والملائمة للعمل الصحفي والجمهور؟وكيف يمكن التخلص من المعلومات غير المهمة وغير المفيدة ؟ومدى حاجة الجمهور لمثل هذا الكم من المعلومات ومدى رضاه عن هذه الوفرة المعلوماتية، ومن ناحية رابعة فإن العمل الصحفي حاليا في ظل التكنولوجيا الجديدة يقوم على اعادة انتاج الكم المعلوماتي المتوفر(57) وهو امر يثير التساؤل حول وظيفة العمل الصحفي، هل هو مجرد اعادة انتاج لمضمون سابق ام خلق منتج معلوماتي جديد مع السعي لاختيار افضل الطرائق لتوظيفه؟ ومن ناحية خامسة فإن الوسائل الجديدة تركز على شكل المادة الصحفية، وطرق اخراجها وهو مايثير من جديد قضية المضمون المقدم وطبيعته وتوجهاته، وايهما اولى بالاهتمام الشكل ام المضمون ام الاثنين معاً؟

نشوء شبكة الانترنيت:

لقد بدأت الانترنت حوالي نهاية الستينيات وبالتحديد عام 1969كمشروع محلي لصالح وزارة الدفاع الامريكية، وكانت تحاول تأمين الوسائل الكفء للاتصالات عبر الشبكات المنتشرة في انحاء الولايات المتحدة الأمريكية كافة بما في ذلك مراكز البحوث في الجامعات، وبعد ذلك بدأ العمل بتطوير انواع مختلفة من الشبكات في منتصف عقد السبعينيات واخذت تختصر باسم (DARPA) أي وكالة بحوث الدفاع المتقدمة، واستمرت عملية التحويل والدعم وبالتالي اتساع الشبك(58) .

لقد انشئت الانترنت في ظل التحولات الاستراتيجية التي اتخذتها القيادة العسكرية الامريكية لوزارة الدفاع ابان الحرب الباردة، وذلك تحسباً لاحتمال دمار أي من مراكز الاتصال

الحاسوبي المعتمدة بضربة خارجية، مما يؤدي الى شل الشبكة الحاسوبية بأكملها، وحرمان القيادة العسكرية الامريكية من الاسناد المعلوماتي، ففي عام 1969 ربطت وزارة الدفاع الامريكية بين اربعة مراكز أبحاث حتى يستطيع العلماء تبادل المعلومات والنتائج، وقامت بتخطيط مشروع شبكة حاسبات الكترونية يمكنها من الصمود امام هذا النوع من الهجمات السوقية المحتملة بحيث اذا تعطل جزء من الشبكة تتيح البيانات تجنب الجزء المعطل، وتصل الى هدفها واطلق على هذه الشبكة اسم شبكة وكالة مشاريع الابحاث المتطورة (ARPA NET) اختصاراً.

بحلول عام 1980 كانت شبكة الانترنت قد انفصلت الى جزئين متصلين هما:

ARPA NET 2-MIL NET-1. والأخيرة اصبحت الشبكة العسكرية في منتصف عقد الثمانينيات فان مؤسسة العلوم الوطنية National Scientific Foundation (NSF) اصبحت مهتمة بتحويل مشاريع شبكات المنظومة المقامة على اساس بروتوكولات (Tcp/.ip) لمصلحة المؤسسات الاكاديمية الرئيسة في الولايات المتحدة الامريكية. وثم ربطها بمركز الحاسبات المتقدمة في عام 1988، وانتهت(NSF) في انشاء شبكة الانترنت بشكل اوسع(59) .

شبكة الانترنت ووسائل الاعلام:

أثارت تكنولوجيا الانترنت ضجة كبيرة في الأوساط الاعلامية كسابقاتها من الاكتشافات الجديدة في الميدان الاتصالي والمعلوماتي، وفي نهاية الامر حافظت كل وسيلة على شخصيتها وقوتها وشعبيتها ..

لكن ثورة الانترنت هذه المرة تختلف عن سابقاتها حيث انها تجمع بين تكنولوجيات مختلفة استطاعت ان تتخطى الحواجز الجغرافية والزمنية، ونستطيع القول حتى اللغوية إذ اصبحت اللغة الانكليزية هي لغة الاتصال والتواصل والعلم في نهاية القرن الماضي، ومايميز الانترنت عن باقي تكنولوجيات الاتصال والمعلومات هو اعتماد الشخص على نفسه للوصول الى مصادر المعلومة ،كما تتطلب التكنولوجيا الجديدة تفاعل مستخدمها معها، فالاستخدام هذا يقوم على اساس التفاعل والمشاركة من قبل المستخدم، وهذا على عكس الوسائل السابقة التي يكون فيها المستفيد مستقبلا فقط(60) .

ونظرا للميزات التي تنفرد بها اثارت شبكة الانترنت نقاشا وحواراً كبيرين في الاوساط الاعلامية والعلمية والاخلاقية ففي الاوساط الاعلامية رأى المتخوفون من الانترنت انه سينافس الوسائل الاعلامية المختلفة، ويقضي عليها مع مرور الزمن وسيتوجه الجمهور الى الانترنت للحصول على الاخبار والمعلومات والاعلانات ومصادر المعرفة المختلفة متخلياً عن الوسائل الاخرى.

في الصناعة الاعلامية يرى (انجيلو اغوستيني)(61) ان الانترنت قد احدثت ثورة عارمة في عالم الصحافة حيث ان غالبية الصحف العالمية لجأت لحجز موقع في الشبكة، وتقديم الصحيفة الى القراء عبر الانترنت وهذه التقنية الجديدة تحتم بطبيعة الحال على الصحف ضرورة الابداع والابتكار والخروج عن المألوف وتجنب التقليدي، هذا يعني ان الشبكة فرضت منطقا جديدا غير في العمق ميدان صناعة الاخبار وتبادلها، وللعلم فإن شبكة الانترنت تحتوي على اكثر من 15000 جريدة في مختلف انحاء العالم وان الشبكة متوفرة في اكثر من 170دولة وتشمل اكثر من 60مليون مستخدم عبر العالم(62).

هذا يعني انه بالنسبة للصحافة هناك فوائد كثيرة تنعم بها من الانترنت فبالنسبة للمتخوفين من الانترنت يجب عليهم الرجوع للتاريخ لمعرفة ان الابتكارات الجديدة من تكنولوجيا وسائل الاعلام لم تقض على سابقاتها، لكن الشيء الذي احدثته هو التغير في انماط الانتاج وفي الوسائل، هذه التطورات اثرت في المهنة وفي ثقافتها من دون القضاء على الصحافة او على الوسائل الاعلامية الاخرى .

ولذلك فالسؤال الذي يطرح هو هل ستكون الانترنت مكملة ومفيدة للصحافة ام ستكون مهددة ومنافسة، المعطيات تقول ان الانترنت تكنولوجيا جديدة للمعلومات ستفيد اكثر مما تضر بالصحافة، فشبكة الانترنت هي مصدر مهم من مصادر الاخبار والمعلومات والعلم والمعرفة، بالنسبة للصحافة ومن خلال الشبكة يستطيع الصحفي الدخول في اتصال مع (مجموعات المناقشات)وغيرهم من مستعملي الشبكه للحصول على معلومات او معطيات علمية او بيانات او غير ذلك، وهذا يعني ان القائم بالاتصال اصبح في متناوله بنك من المعلومات وملايين الاشخاص عبر العالم يستطيع ان ياخذ منهم ويعطيهم معهم وهذا لصالح المهنة لخدمة احسن

واشمل وافضل للجمهور والصحافة الجادة في مطلع القرن الحادي والعشرين اصبحت تهتم أكثر فاكثر بالتحليلات والدراسات والتعليقات الجادة وتعد الانترنت مصدراً ووسيلة مهمة في خدمة هذه الانواع الصحفية التي تتطلب تعمقاً في التحليل وغزارة في المعلومات، وقوة في الاقناع والتأثير، فشبكة الانترنت تحتوي على مئات الصحف والمجلات ومحطات الاذاعة والتلفزيون ووكالات الانباء، كل هذه الوسائط تعد روافد مهمة للمعلومات التي تبحث عنها الصحيفة لتقديمها للجمهور(63) .

وتتيح الانترنت الفرصة لقارىء الصحيفة عبر البريد الالكتروني ان يتصل مباشرة بصحيفته المفضلة، وان يحاور الصحفيين ويتناقش معهم في مختلف الموضوعات والاراء، وتعد صحف الانترنت وسيلة للتقارب بين المرسل والمستقبل ووسيلة رئيسة في ترشيد عملية الاتصال والتوصل بين افراد المجتمع.

مستويات افادة الصحف من الانترنت:

هناك سبعة مستويات لافادة صحافة الانترنت(64) تتمثل بالآتي:

المستوى الاول: الانترنت كمصدر للمعلومات كونه :

1. اداة مساعدة للتغطية الاخبارية او مصدراً اساسياً للاحداث العاجلة .

2. استكمال المعلومات والتفاصيل والخلفيات عن الاحداث المهمة .

3. الاستفادة في الصفحات المتخصصة.

4. التعرف على الكتب والاصدارات الجديدة .

المستوى الثاني: الانترنت كوسيلة اتصال كونه:

1. وسيلة اتصال خارجية بالمندوبين والمراسلين وتلقى رسائلهم عن طريق البريد الالكتروني .

2. وسيلة اتصال بالمصادر .

3. عقد الاجتماعات التحريرية مع المراسلين والمندوبين .

المستوى الثالث:الانترنت كوسيلة اتصال تفاعلي من حيث :

1. توسع فرص مشاركة القراء عن طريق البريد الالكتروني.

المستوى الرابع:الانترنت كوسيط للنشر الصحفي:

من خلال اصدار نسخ من الجريدة نفسها، او ملخص لها او قواعد للبيانات او ارشيف للصحيفة، او اصدار جرائد ومجلات كاملة .

المستوى الخامس: الانترنت كوسيط اعلاني يضيف دخلاً للصحيفة.

المستوى السادس: الانترنت كأداة لتسويق الخدمات التي تقدمها المؤسسة الصحفية:

من خلال انشاء موقع او اكثر يقدم معلومات اساسية عن تطورها وانجازاتها .

المستوى السابع: تقدم خدمات معلوماتية:

من خلال تحول المؤسسة الصحفية الى مزود بالخدمات للمشتركين، وتقديم خدمات التصميم واصدار الصحف والنشرات لحساب الغير.

واذا كانت شبكة الانترنت تنشط ذاكرة الصحفي وتساعده على تعميق تخصصه، وتحقيق التقدم المهني ،من خلال تزويده بقوائم المعلومات عن طريق البريد الالكتروني ،فإنها تضيف الى كاهله مسؤوليات جديدة تتمثل في الفحص والتدقيق وحسن الاختيار للتغلب على اشكاليات التلاعب والتحليل والتحريف والمصادر غير الموثوق بها ،الامر الذي يكفل تنمية القدرة على التحليل والفهم والاستنتاج والتقليل الى حد ما من حالة الارتباك المعلوماتي التي تصيب المحللين والقراء على حد سواء(65).

واذا كانت شبكة الانترنت قد اضافت تحديات جديدة على عاتق الصحف المطبوعة بجانب التحديات التي فرضتها القنوات الفضائية، فإن هذا التطور التكنولوجي الجديد من شأنه تدعيم مركز الصحافة المطبوعة وتطويرها من خلال الاستغلال الامثل للامكانات والخدمات التي تتضمنها شبكة الانترنت، وتبنى رؤية جديدة لوظائف الصحافة بما يواكب ثورة المعلومات .

ورغم المنافسة الحادة التي تواجهها الصحافة المطبوعة فإنه من الصعب توقع ان تصبح الصحيفة الاليكترونية بديلا عن الصحيفة المطبوعة؛ يدلنا على ذلك التطور الذي تشهده صناعة

النشر في الدول المتقدمة ففي بريطانيا ارتفع عائد صناعة الصحف والكتب من 17مليون دولار في عام 1995 الى 25 مليار دولار عام 2002. ومن هذا الانتاج الكبير الذي يصل الى ثلاثة عشر مليار ونصف مليار جنيه استرليني تبلغ عائدات توزيع الصحف ثلاثة مليارات جنيه استرليني وتوزيع المجلات خمسة مليارات ونصف مليار جنيه استرليني، وتوزيع الكتب ثلاثة مليارات جنيه استرليني علماً أن اجمالي توزيع الصحف البريطانية بلغ مايقرب من سبعة مليارات ونصف مليار نسخة سنوياً(66).

الاستخدامات الصحفية للانترنت:

تتعدد انواع الاستخدامات الصحفية للانترنت ،ويمكن اجمالها كالآتي :

1. الحصول على فيض متدفق ومتجدد من الاخبار الصحفية من مصادر متعددة، وبلغات متباينة وفي مجالات متنوعة .

2. الحصول على كم كبير من المعلومات والبيانات والارقام والاحصائيات المتوفرة على الانترنت من العديد من الجهات والمنظمات والدول والافراد(67).

3. استكمال معلومات الموضوعات الصحفية وخلفياتها من بيانات وارقام واحصائيات .

4. استطلاع وجهات نظر المصادر الصحفية في الموضوعات الصحفية والتعرف على ارائهم وافكارهم وردود افعالهم حول القضايا التي يطرحها عليهم الصحفي .

5. الاتصال بقواعد المعلومات ومحركات البحث وارشيفات العديد من المنظمات والشركات ووسائل الاعلام والمكتبات والجامعات والمنظمات، والاستفادة منها في نواحي صحفية عديدة.

6. تطوير مهارات الصحفيين وكسر حاجز المهارات الصحفية التقليدية والانطلاق بها الى افاق رحبة من التغطية والتحليل وجمع المعلومات، وصياغتها وتطوير اساليب الكتابة الصحفية، واستخدام تقنيات حديثة في المعالجة الصحفية، وتقديم منتجهم الصحفي باشكال وصور متعددة ومتنوعة.

7. استخدام الانترنت كارشيف خاص للصحفي ،يحوي موضوعاته الصحفية ومواعيده وعناوينه الخاصة واهتماماته وكتبه وقراءاته ...الخ حيث تتوفر العديد من البرامج

والخدمـــات التي تساعد على استخـــدام الانترنت كـــذاكرة مستقلة وارشيف متحرك(68).

8. استخدام الانترنت في بناء صحيفة الصحفي الخاصة التي تحوي المصادر الصحفية المفضلة له التي تجلب له الاخبار التي يهتم بها ويتابعها كما تساعده على تصميم صحيفته المفضلة بالشكل الذي يروقه، والقيام -نيابة عنه -بمهمة السكرتير الخاص الذي يتولى جمع الاخبار، والمعلومات الجديدة والمتنوعة ويصنفها بشكل منظم ومرتب ومتوافق مع ميوله واهتماماته .

9. بناء عالمه الصحفي الخاص،الذي يطلع من خلاله الاخرون على شخصيته وميوله وقراءاته واهتماماته وسيرة حياته وكتاباته وارائه ومقالاته وانجازاته واعماله الصحفية.

10. الاتصال بالمصادر الصحفية الكبرى من منظمات وشخصيات دولية ومشاهير ومسؤولين.

11. الحصول على الادوات الصحفية المساعدة مثل ارقام التلفزيون والعناوين والبريد الالكتروني للمصادر الصحفية من والى صحيفته ومصادره من اي مكان وبدون تكلفه تذكر وبطريقة تساعده في الاستفادة المثلى من البيانات المتبادلة بينهما وتوثيقها وتصنيفها .

12. الانضمام الى جماعات صحفية واخبارية يتبادل معها الخبرات الصحفية في موضوعات شتى، وبما يساعد في تطوير مهاراته ومعارفه .

13. الاستفادة من الآلاف القواميس والمراجع والموسوعات والدوريات المتوفرة على الانترنت، التي تصنف معلوماتها بشكل يسهل الاطلاع عليها استكمال مقرراته التعليمية الصحفية على يد العديد من الاساتذة في جامعات متنوعة وصحفيين محترفين من صحف مختلفة بما يعمق معارفه الصحفية ويطورها بشكل دائم(69).

14. تطوير وسائل جمعه للمادة الصحفية وطرق التقائه بمصادره حيث يمكن عقد مؤتمرات صحفية عن بعد، والاتصال بهم عبر البريد الاليكتروني وعقد مؤتمرات فيديو ونقاشات جماعية، وغرف دردشة والاطلاع على اشكال جديدة من العمل

الصحفي، وعلى افكار موضوعات صحفية مختلفة والبحث عن زوايا جديدة في معالجة القصص والتقارير الصحفية .

15. استخدام الوسائل الحديثة في التغطية الصحفية مثل التغطية باستخدام الكمبيوتر، التي تتيح له جمع المادة الصحفية من قواعد ضخمة للمعلومات بشكل الكتروني عبر جهازه الخاص وتحليلها والكتابة عنها.

16. المشاركة في الاقسام الاخبارية لصحف اخرى والاطلاع على اختياراتهم ومعاييرهم الصحفية وممارستهم وادائهم .

17. تطوير طرق اتصاله بقرائه وتعميق علاقاته بهم عبر الوسائل التفاعلية التي توفرها الانترنت .

18. استخدام البريد الاليكتروني في ارسال واستقبال الرسائل الصحفية ولتجميع معلومات خلفية عن الموضوعات الصحفية والاشتراك في القوائم البريدية.

19. أرسال واستقبال المواد الصحفية من والى جريدته، ومصادره من أي مكان وزمان وبدونه تكلفة تذكر، بطريقة تساعده على الاستفادة من البيانات المتبادلة وتوثيقها و تصنيفها.

الظواهر والقضايا الصحفية التي تثيرها الانترنت:

تثير الانترنت في علاقتها بالصحافة العديد من القضايا المهمة مثل ظاهرة العولمة او الكونية، وتخطى الحدود الوطنية او السيادة القومية وتهديد هويات العديد من المجتمعات الصغيرة لصالح اكتساح ثقافة وتقاليد المجتمعات الغربية(70) كما تثير من جديد قضية التبعية الاعلامية لمصادر المعلومات الغربية، وكذلك طبيعة توظيفها وهل يتم ذلك لخدمة المجتمع ام في غير صالحه؟ وهل اختراقها للحدود جاء على حساب انتهاك خصوصية الافراد وحرماتهم؟وهل ينظر اليها الجمهور بوصفها وسيلة موازية للصحيفة المطبوعة، وفي اي المجالات تستخدم، وهل تركز على المعلومات ام الترفيه، وهل هناك تأثيرات سلبية لاستخدامها؟ وهل يؤدي غياب وجود حراس بوابة على الشبكة الى معاناة مستخدميها من خطر التزاحم ومن وجود معلومات لاقيمة لها أو معلومات مضللة او غير مصنفة بدقة ؟

كما انها تثير تساؤلات عديدة حول تأثير الانترنت على الوظائف التقليدية للعمل الصحفي حيث قللت من اهمية وظيفة الرقابة على الاخبار من قبل صحفيين حراس بوابة يقرون مايستحق ان ينشر، وما لايستحق كما قللت الانترنت من اهمية وظيفة التفسير في الصحيفة حيث تكتظ بالاراء والتحليلات في قطاعات متعددة .

كما تثير ظاهرة التفاعلية في العملية الصحفية اي بين الصحفي وقرائه(71) حيث ان الاتصال ليس عملية احادية الاتجاه بل عملية تفاعلية، ولم يعد المستقبل متلقيا سلبيا بل يلعب دورا ايجابيا ومؤثرا في العمل الصحفي كما اصبح بمقدوره التحكم في المضمون الصحفي من خلال عمليات الانتقاء والاختيار والتوليف مما يعطيه سيطرة اكبر على الاداء الصحفي، وهو مايمكن ان يساعده على التكيف مع انفجار المعلومات والسيطرة عليها كما وكيفا كما تثير شبكة الانترنت قضية اخلاقيات العمل الصحفي ومدى التزامها، ضرورة التزام الدقة وتحري الصحة وابتغاء الموضوعية، واحترام المواثيق المهنية وحقوق الاخرين، وطبيعة القوانين الصحفية التي ينبغي ان تحكم العمل الصحفي الذي يمتد مجاله عبر الفضاء متخطيا الحدود الجغرافية والسياسية .

وهنالك اربعة عناصر رئيسة ستميز الانترنت عن الصحافة وهي(72):

السرعة :اذا اسقطت طائرة او حدث انقلاب او اغتيال زعيم تستطيع ان تعرف تفاصيل هذه الاخبار فور وقوعها، ولست في حاجة الى انتظار صدور الجريدة في اليوم التالي لمعرفة التفاصيل .

الصدقية :سحب الانترنت بساط توفير المعلومات من تحت اقدام الصحافة واصبح يقدم معلومات وفيرة جداً.

تقويم الاخبار :تستطيع الصحافة ان تضفي اهمية ما على خبر بان تضعه في الصفحة الاولى، لكن الانترنت اكتسبت صدقية من نوع اخر وذلك باعطائك خيارات متعددة للخبر الواحد .

التفاعلية :يتيح لك الانترنت ان تحصل على اجابات فورية عن اية تساؤلات حول اي خبر، وابداء رأيك فيه والتعليق عليه او اضافة أية معلومة مهمة عليه(73).

التقنيات وتحرير المادة الصحفية:

ان اهم التحولات التي يمكن الحديث عنها ومتابعة مراحلها في ثورة وسائل الاعلام والاتصال هي التي تخص المعلوماتية، وماحدثته من تغيرات في المؤسسات الاعلامية ومن ذلك الصحافة المكتوبة التي تغير نظام عملها . فدخول المعلوماتية الى غرف التحرير منذ بداية الثمانينيات اثر كثيرا على صناعة الصحف واساليب الكتابة الصحفية وامكانية الاستفادة من الطرق السريعة للمعلومات التي تعرض بواسطة الصحافة المكتوبة اليوم لقرائها صحفاً الكترونية على شبكة الانترنت وهو مايشكل من الناحية التقنية تقدما لان تقنيات الوسائط المتعددة تمكن الصحفي من ارفاق الرسومات والصور والبيانات المكملة للنص كما تمكن القارىء من الحصول على اشكال مميزة لصحيفة بفضل امكان اختيار موضوعات محددة، وبما يمكن القارىء للوصول الى المعلومات لاتمام قراءته او يستطيع الاتصال بكاتب المقال ليطلعه على ردود فعله، وتعليقاته او يتواصل مع قارىء اخر لتبادل الاراء(74) .

والى جانب هذه الصحف الالكترونية يجد القارىء اليوم على الانترنت انظمة ذاتية لبث المعلومات والاخبار وفي حين ان الصحف الالكترونية تحتم على القارىء ان يبحث عن الخبر او المعلومة بآلية الابحار (بتقنية السحب) تعتمد هذه الانظمة على غرار الصحافة والتلفزيون التقليديين على نظام احادي الاتجاه وتسلسل هي تدفع في الواقع المعلومات الى المتلقي (مبدأ الدفع)الذي ماعليه الا ان يتصل ليتلقى معلومات آنية تبعا لوقوع الاحداث وتطورها .

ولم يكن التأثير الحقيقي على قوة انتشار الصحف مستقبلاً إلاّ في التطور التكنولوجي للصحافة ذاتها، ومن اجل ذلك استعدت المؤسسات الصحفية لهذه المرحلة حيث كونت معظمها جهازا او هيئة لمواجهة المستقبل من الجانب التكنولوجي لا من الجانب الفكري فحسب، والذي ينبغي له ان يزداد تحررا واستقلالا ويشمل التطور جميع جوانب الصحافة اختياراً او اضطراراً، وتكمن المشكلة التي تواجه صحافتنا في المستقبل القريب في نوعية المحرر الصحفي الذي يراد له مستقبلا ان يكون مؤهلا للعمل على اجهزة التنضيد لتصميم موضوعه، والتدخل في اخراجه، فالتطور الالكتروني في صحافة اليوم تعدى مرحلة ان التطور في

تكنولوجيا الاتصال بشكل عام وتطور تكنولوجيا الصحافة بشكل خاص قد وفر للصحافة امكانية كبيرة في اداء وظيفتها الدولية من جهة، وايجاد وظائف جديدة من جهة اخرى ففضلاً عن زيادة كفاءة الصحافة في اداء وظيفتها فقد كان للتطورات المتلاحقة في وسائل الاتصال اثرها الكبير في تطور نشاطات الصحف(75).

مشكلات استخدام الانترنت صحفياً:

بالرغم من المزايا العديدة للانترنت فان هناك العديد من المحاذير عند تقييم مصداقية المعلومات التي يتم الحصول عليها من الانترنت لضمان القيام بتغطية موضوعية، وان المعلومات على الانترنت يمكن ان تضلل ولايمكن التأكد من دقتها ولامعرفة مصدرها، كما ان مصادرها يمكن ان تزيف المعلومات او تستخدم الادعاءات الملفقة او يكتفي بها بديلا عن المصادر الاساسية كما تختلط بها الحقائق بالاعلانات والدعاية(76).

كما ان استعراض مواد الانترنت يمكن ان تستهلك وقتا كبيرا بلا جدوى بدون معرفة وقت ومكان التوقف عن البحث، فالبحث عن المعلومات يقتضي تطوير المهارات البحثية لدى الصحفيين فضلا عن انها لاتقوم بدور المقيم لاهمية المعلومة، ولاتقرر ما اذا كانت ذات صدقية ام لا او ما اذا كانت يجب ان تدرج ضمن المادة الصحفية ام لا، فتلك مهام تتم من قبل صحفيين مدربين فضلا عن ان المعلومات على الانترنت غير منظمة بشكل يسير والتعامل يقتضي اجراء فحص مزدوج للمعلومات ولرسائل البريد الاليكتروني للتأكد من انها جاءت ممن ارسلها وكذلك التأكد من نوعية المصادر المشاركة في الجماعات الاخبارية، ومدى اهليتهم وجدارتهم الصحفية كما يصعب التمييز بين الصحفيين المحترفين وغيرهم من الدخلاء على المهنة، فكما تساعد الانترنت في تنشيط ذاكرة الصحفي وتعميق تخصصه، فانها تضيف الى كاهله مسؤوليات جديدة تتمثل في الفحص والتدقيق وحسن الاختيار على اشكاليات التلاعب والتحليل والتحريف، والمصادر غير الموثوق بها الامر الذي يتطلب تنمية قدرته على التحليل والفهم والاستنتاج.

ومن ناحية اخرى يفرض الاستخدام المتزايد لتقنيات متعددة لجمع الاخبار مواجهة انواع جديدة من مشكلات اخلاقيات العمل الصحفي مثل حق الملكية الفكرية والرسائل الصحفي

المفخخة فضلا عن القضايا التقليدية المتعلقة بتوافر الدقة والعدالة والخصوصية والصحة والموضوعية.

ومن ناحية ثالثة فأن معظم المواد الصحفية والمعلومات المتوافرة على الانترنت مكتوبة باللغة الانكليزية ومعدة وفقا لمناهج الفكر الغربي وفلسفتها الصحفية والاعلامية وهو امر يضع قيوداً على انتشار استخدام الانترنت من قبل الصحفيين الذين لايجيدونها.

الصحافة وتطور التقنيات:

منذ بداية الثمانينات يشهد مجال الاتصال الاعلامي تحولات عظيمة ناتجة خصوصاً عن تطور التقنيات الاعلامية التي فرضت مفهوم الخبر المباشر، وتاليا سرعة البث وسرعة التلقي وفرضت بذلك على الوسائل الاعلامية والاتصالية ان تعيد النظر في اساليبها .

ومن اهم تأثيرات تطور التقنيات على الصحافة المكتوبة:

-اعطاء أهمية اكبر للعناصر المرئية في اخراج الصحيفة.

-تأثير الاساليب التحريرية بمميزات الحيادية والموضوعية والايجاز لتصبح قراءة الصحيفة قراءة سريعة .

الى جانب ذلك تحدث حركة الاندماج والتكامل بين الوسائل الاعلامية التقليدية تحولاً كبيراً نرى منتجي برامج التلفزيون يقدمون لزبائنهم عروضاً كانت تقدمها الى الان الصحافة المكتوبة، فموقع شبكة CNN الامريكية يقدم لمستخدمي الانترنت نسخاً مفردة لصحيفة مرئية تجمع بين مميزات الصورة الثابتة، والصورة الحية والنص وهذه المبادرة لها انعكاساتها الاقتصادية لان هذه الخدمات تقدم مجانا بفضل عائدات الاعلانات والدعاية المالية عكس الصحف الالكترونية التي تشغلها جماعات الصحافة المكتوبة(77).

وهذه التحولات كلها لاتؤكد بالضرورة اضمحلال الوسيلة المكتوبة التي من المتوقع ان تقاوم طويلا، لكنها تسمح للوسيلة التقليدية بمواكبة تطور الوسائط السمعية البصرية التي تعني بالضرورة في اشكال البث والنشر (78) .

ويرى فريدريك انطوان وبول ريكو ان هذه التكنولوجيا قد تفضح حقيقة دور الصحافي الذي يدعي انه مجرد وسيط بينما هو في الواقع لا يقدم الحدث كما هو ليعيد تشكيله، فلقد لعبت الصحافة دورا مهما وبارزا خلال العشرين عاما الماضية لكن المعلومات التي قدمتها للقراء قد تكون شحيحة قياسا الى توفر المعلومات في الوقت الحاضر، واستطاعت شبكة الانترنت تحويل قوة الصحافة الينا جميعا حيث اصبح محتوى الاخبار ومضمونها يحدد بنسبة كبيرة من قبل القارىء والمصدر وليس المؤسسة الصحفية فالقارىء يستطيع ان يختار قراءة الاخبار من مؤسسة صحفية معينة او يتجاهلها(79).

ان هذا التطور سوف يغير طبيعة الصحافة بطريقة اخطر من اختراع التلغراف والخدمات السلكية والراديو والتلفزيون؛ حيث نتجه الى عالم تقترب فيه الصحافة في انجاز مهمتها من خلال تحرير معلومات صحيحة الى اناس هم في حاجة اليها لاصدار احكامهم واتخاذ قراراتهم.

العناصر المرئية في الصحافة:

في السنوات العشر الاخيرة توسعت معظم الصحف في استخدام النظم الالكترونية الحديثة، مثل نظم ارسال النصوص المرئية وهي نظم تجمع بين شاشات التلفزيون من جهة واجهزة الكومبيوتر والتلفزيون والاقمار الاصطناعية من جهة اخرى، وهي تقوم على الارسال في اتجاهين.

ولقد بدأ الاستخدام الفعلي لهذه الانظمة المتقدمة في نقل الاخبار منذ عام 1976 حيث استخدمتها وكالة U.P لتغطية اولمبياد مونتريال، وتغطية انتخابات الرئاسة الامريكية في العام نفسه، وقد انتقل استخدام هذه النظم المتقدمة في نقل الاخبار من وكالات الانباء العالمية الى الصحف الكبرى في الولايات المتحدة الامريكية، ثم في غرب اوربا ثم انتقلت بعد ذلك الى بعض الدول النامية التي كانت بعيدة عن هذه النظم المتقدمة في الاتصالات الصحفية لضعف البنية الاساسية الاتصالية التي تتيح استخدام مثل هذه النظم، فاستخدمتها جريدة الشرق الاوسط التي كانت تصدر في لندن وجدة والرياض والظهران وباريس والقاهرة والرباط ونيويورك في الوقت نفسه عن طريق نقل صفحاتها كاملة بواسطة نظام (ارسال النصوص

اللاسلكية) وقد تبعتها في ذلك صحيفة الاهرام المصرية التي تصدر طبعات عديدة دولية من لندن وباريس ونيويورك(80) .

واذا كانت تكنولوجيا الاتصال المتطورة قد اضافت امكانات جديدة أسهمت في تطوير الصحافة فان هذا التطور ولاسيما في مجال الاذاعة والتلفزيون، قد اوجد العديد من الصعوبات امام الصحافة فهي تعاني من انخفاض عوائد الاعلانات التي باتت تفضل الاذاعة والتلفزيون وبخاصة بعد دخول عصر البث المباشر الدولي عن طريق الاقمار الاصطناعية .

التطورات الحديثة في مجال النشر:

ان اكثر التطورات اهمية وإثارة في مجال النشر هو التكامل بين الفديو والنشر المكتبي Desk Top Publishing (D.T.P) فقد اتاحت اوجه التقدم الحديثة في آلات المسح الضوئي وشاشات التقاط صور الفديو القيام بتضمين صور الفديو داخل اي مستند بطريقة ايسر من ذي قبل وتتيح اجهزة الفديو الرقمية للمستخدمين القيام بتحرير صور الفديو ومعالجتها، واضفاء التأثيرات الخاصة عليها وذلك من خلال تحويل الصور ذات الاشارة التناظرية analog الى شكل رقمي Digital يمكن معالجته(81) ويمكن القول انه مع دخول نظام النشر المكتبي الى اقسام الكومبيوتر في الصحف، ولاسيما في دول اوربا والولايات المتحدة الامريكية كانت هنالك أنظمة وسيطة مهدت الطريق لدخول الانظمة الجديدة الى مطابع هذه الصحف مثل آلات المسح الضوئي الصغيرة عالية الجودة، وبرامج معالجة الصور وشاشات توضيب الصفحات وتصميمها، واجهزة الكومبيوتر الصغيرة، كما كانت مخرجات هذه الانظمة يتم الحصول عليها مباشرة على افلام حساسة مما خلق حلقة وسيطة متمثلة في الانظمة الالكترونية في مرحلة ماقبل الطبع، والتي مهدت الطريق لانظمة النشر المكتبي التي تعد الركيزة الاساسية التي تركز عليها الثورة الراهنة في مجال النشر الالكتروني .

ان مصطلح النشر المكتبي يشير بصفة اساسية الى تكنولوجيا الحاسب الالي التي تسمح للمستخدم بان تصبح لديه ملفات تضم النصوص والاطارات والصور والرسوم في مستند واحد يتميز بجودة عالية .

ولقد بدأت ثورة النشر المكتبي عام 1984 مع ثلاثة شركات قامت بأحداث تغييرات هائلة في صناعة الكومبيوتر وهذه الشركات هي مؤسسة آبل للكومبيوتر (Apple Computer Inc) والدوس (Al dos) وأدوب (Adobe) فقد طورت ابل كومبيوتر ماكنتوش وقد زودته بفأرة Mouse وطابعة ليزرية وقدمت شركة الدوس برنامج (Page Maker) لتصميم الصفحات واخراجها وطباعتها وقدمت شركة (ادوب) Post scripy وهي لغة طباعية لوصف الصفحات تضمنها الطابعة الليزرية لانتاج اشكال الحروف المختلفة والنصوص والعناصر الغرافيكي(82).

الثورة المعلوماتية والصحافة

شهد النصف الثاني من القرن العشرين ثورة الاتصال الخامسة حيث يمكن تمييز تطور الاتصال من خلال خمس ثورات اساسية، تتمثل الثورة الاولى في تطور اللغة، والثورة الثانية في تطور الكتابة، واقترنت الثورة الثالثة باختراع الطباعة في منتصف القرن الخامس عشر على يد العالم الالماني غوتنبرغ عام 1495م، وبدأت معالم ثورة الاتصال الرابعة في القرن التاسع عشر من خلال اكتشاف الكهرباء والموجات الكهرومغناطيسية والتلغراف والهاتف والتصوير الضوئي والسينمائي، ثم ظهور الراديو والتلفزيون في النصف الاول من القرن العشرين، أما ثورة الاتصال الخامسة فقد اتاحتها التكنولوجيا في النصف الثاني من القرن العشرين من خلال اندماج ظاهرة تفجر المعلومات وتطور وسائل الاتصال وتعدد اساليبه(83).

ولكي نحدث تغييرا جذرياً في المسار التاريخي لابد ان نستوعب عناصر التغيير الفعال وخصوصاً التي تؤسس طريق المستقبل وبشكل أخص العناصر المستحدثة، ومن هذه التحديات التاريخية الجديدة ظاهرة المعلوماتية التي فرضت نفسها كعنصر حاسم في صياغة المستقبل.

وبدأ العالم يأخذ منحى تطورياً اساسه العلم والمعرفة حتى القرن الواحد والعشرين الذي شهد ثورة معرفية كبيرة اساسها وعمادها ومادتها المعلومات لاغير، حيث أصبحت السلاح الذي يتيح لمن امتلكه القدرة والسيطرة على العالم لأن هذا القرن هو خلاصة مركزة لتطور التراكم العلمي والمعلوماتي والمعرفي لتاريخ البشرية، ويرى الفن توفلر(84) ان القوة في القرن الواحد والعشرين لن تكون في المعايير الاقتصادية او العسكرية، ولكنها تكمن في عنصر المعرفة (Knowledge).

حيث يؤكد في كتابه تحول السلطة: ان المعرفة بصفتها وسيلة تختلف عن كل الوسائل الاخرى كونها لاتنضب، ويمكن استخدامها بافضل شكل لتعطي الافضلية باستراتيجية وتكتيك هاديء، وان خطورة المد المعلوماتي الجديد تنبع من قدرته على استحواذ القنوات والادوات التي تصنع ثقافة الفرد، وتستحوذ على بنيته المعرفية وتتحكم في سلوكه وتوجهاته، واهدافه، وبعبارة موجزة فانها تسترقه في القطيع الالكتروني الذي تقوده قلة ونخبة تستحوذ على معظم موارد العالم(85).

وان التحولات التاريخية الكبيرة كان لها دور انعطافي في التطور البشري، والتقدم الحضاري ولكن تحولات القرن العشرين هي شي آخر في منعطفاته، إذ استخلص هذا القرن كل تجارب التاريخ، واستجمع خبراته وبدأ حركة تصاعدية بلغت ذروتها في نهاياته وبدء اطلالته على القرن الواحد والعشرين، والتقدم التقني والمعلوماتي في الاتصال كان علامة هذا العصر التي طرحها مبتكروها كمرحلة انتقالية حاسمة في حياة البشرية. واستطاعت هذه التقنية ان ترفع الحواجز وتقرب المسافات الى حد جعل العالم شاشة صغيرة تمتد عبر شبكة معقدة من الاتصالات، وهذه التقنية قد ولدت وتولد مفاهيم جديدة لأنها قد قاربت بين البشر والامم الى حد التفاعل الشديد والسريع بحيث خلقت حالة تداخل شـــديدة بين الافكار والثقافات، فاصبحت اهم عمليات العولمة ومسحتها المميزة هي المعلوماتية(86).

والمقصود بالمعلوماتية ليس نقل المعلومات وتيسرها لاوسع عدد من الافراد والمؤسسات فحسب وانما الفرز المتواصل بين من يولد المعلومات (الابتكار) القدرة على استغلالها بمهارة. وبين من يستفيد منها بمهارات محدودة .

ومع تزايد وتيرة نمو المعلومات وتقدم ادواتها التكنولوجية يعتقد البعض ان العالم سيصبح اكثر ديمقراطية، وان الاستبداد في طريقه للانحسار وهذا مايبشرون به من خلال العولمة والاندماج العالمي حيث القضاء على اشكال التنوع والتعدد واستحالة المنافسة مع بقاء التنافس منحصراً في يد قلة قليلة من ملوك المال والاعلام والمعلومات.

وتشير الارقام الى ان اندماج الشركات الكبرى وتكتلها يزداد يوماً بعد آخر ليصل الى الاحتكار المطلق للاعلام والمعلومات، حيث بدأ عدد الشركات المسيطرة على الاعلام في

الولايات المتحدة بالانكماش من 50 شركة عام 1984 الى 26 شركة عام 1987 ثم الى 23 شركة عام 1993، وما أن حلت سنة 2000 حتى استقر العدد على عشر شركات(87) وهو مايقودنا الى الاستنتاج الى أن العالم يتجه الى مزيد من السيطرة المطلقة للاقلية المستبدة التي تتحكم بقرارات العالم الاعلامية والسياسية والاقتصادية حيث تتحكم بمصادر المعلومات من انتاجها وصناعتها وتسويقها(88).

تقنية الاتصال السريع وصناعة المعلوماتية:

ان اساس ظهور المعلوماتية وتحولها الى قوة العصر يرتكز اساساً على تطور تقنيات الاتصال وسرعتها، بحيث أصبحت لها السلطة في صناعة الاحداث وبناء السياسات وأسقاط الانظمة وتوتير الاقتصاد وانهياره والتهام الثقافات، وتعليب العقول، فللمعلوماتية عبر ادواتها الاتصالية واخطبوطها الاعلامي القدرة على صناعة الواقع الوهمي حسب توجهات النخبة المسيطرة الاقتصادية والفكرية للاستئثار والتحكم والسلطة(89) ذلك ان القدرة على رسم حدود الواقع هي القدرة على السيطرة، وان عملية نقل المعلومات هي السلطة وانفراد فئات معينة بحق الوصول او التعامل معها يمثل نوعا من السلطة، فالسلطة المعلوماتية هي القدرة على استثمار سرعة الاتصالات لايصال معلومات مجهزة مسبقة لأهداف معينة وهنا يكمن جوهر ظاهرة المعلوماتية باستغلال الفراغ الذي يخلفه متلقي الرسائل بالاتصال السريع عندما يفقد الوقت اللازم لاستيعاب الرسالة وهضمها(90).

اي ان الاتصالات التي هي عصب عصر المعلومات، وعملية الاتصال تتطلب في الاساس مرسلاً ومرسلاً اليه، وقناة اتصال ومن شأن اعتماد وسائل الاتصال بالغة السرعة ان نجعل المعلومات تنتقل عبر قناة الاتصال في مدة وجيزة جداً تؤدي الى وضع المرسل والمرسل اليه وجها لوجه، وبالتالي انهيار عوامة المعلومات التي عرفها المختصون(91) بانها الوقت الذي تستغرقه المعلومات في قناة الاتصال، فتقنية الاتصالات وسرعتها وقدرتها على ايجاد التواصل المادي بين البشر وضعتها في مقدمة الاولويات الثقافية والاقتصادية، بحيث أصبحت المنبر الثقافي والتعليمي حتى اصبح ممتلكو هذه الوسائل المعلوماتية هم الذي يضعون المعلومة ويرسمون واقعاً خيالياً ليتحكموا بتأثيراته على المتلقي*.

الاعلام والمعلوماتية:

لم يعد الاعلام مجرد وسيلة نقل ولكن اصبح مصدراً للمعلومة، وبات قادراً على صياغة رؤية خاصة للعالم ندخل الى لاوعي المشاهدين، اذا كانت الماكنة المعلوماتية قادرة على تحويل الواقع الى خيال، وتغيير الخيال الى واقع أو الشر الى خير، فان الامر سيصبح خطيراً حينئذ لأن ادوات المعلوماتية أصبحت العصب الحيوي الذي يتنفس منه العالم افكاره وتحركاته وفعالياته كافة فلقد أصبحت العاب الواقع الافتراضي في طريقها لان تصبح اكثر من مجرد وسيلة للترفيه، انها تتحول الى جزء حيوي من الثقافة الجديده لدى الشباب.

ان مبعث الخطورة ينبع من كون ادوات المعلوماتية هي في يد قلة من الاباطرة الذين احكموا سياستهم ونفوذهم، ويفرضون من يريدون على العالم(92) فشركة مثل: شركة (AL Toleg) التي تعد احدى اكبر شركات الاتصال بعيدة المدى في العالم تقدر ان ثمة الفين او ثلاثة الاف شركة عملاقة تحتاج الى خدماتها العالمية ويوجد حسب احصاءات منظمة الأمم المتحدة 35 الف شركة كبيرة عابرة للأوطان ترتبط بها 150 ألف شركة تابعة، وقد أتسعت تلك الشبكة بحيث يقدر ان المبيعات مابين الشركات التابعة التي تنتمي للمجموعة نفسها صارت تمثل ربع التجارة العالمية، وهذه البنية الجماعية التي تشهد عز نموها لم تعد مرتبطة باحكام الدولة والامة، وهي تمثل عنصراً أساسياً من نظام الغد العالمي(93).

ان ثورة المعلومات فتحت افاقاً واسعة للعثور على رؤى جديدة عجز عنها السابقون لافتقارهم لتلك التقنيات؛ ولكن السؤال يبقى محيرا كيف يستطيع الانسان ان يتعامل مع هذا الاجتياح المعلوماتي بشكل موضوعي وعقلاني ونقدي؟ وماالذي سيفعله الشخص العادي، وهو يجد نفسه ليس في مواجهة 50 قناة فقط بل الافاً من أفلام السينما والعروض المختلفة وكيف سيواكب مئات القنوات من التلفزيون التفاعلي، وخدمات التسوق وكلها تتزاحم لجذب انتباهه .

ومن ملامح هذه الظاهرة أباطرة المعلومات فقد ظهر في خضم هذه الاعاصير المعلوماتية رجال من نتاج الرأسمالية واصبحوا يسيرون العالم بصناعتهم للأحداث وتسويقهم التجاري من ادوات الاعلام والمعلومات(94)، مثل بيل غيتس الذي يعد اغنى رجل في العالم وصاحب اكبر شركة للحاسبات انتجت نظام تشغيل تعتمد عليه معظم الاجهزة الكومبيوترية في العالم

ومثل (روبرت مردوخ) ذلك اليهودي الاسترالي المتجنس بمجموعة جنسيات عالمية الذي بدأ حياته العملية عام 1952 وكان عمره وقتها 21 عاماً حين ورث عن ابيه جريدتين محليتين في استراليا، لكنه انطلق ليصبح إمبراطور الاعلام العالمي حين سيطر على 70% من الصحف الاسترالية وبدأ منذ عام 1969 بالتوجه الى بريطانيا حيث اشترى صحف (التايمز والصن) ثم اصدر (صنداي تايمز ونيوز اوف ورلد) واستولى على محطة (بي سكاي) التي تضم 40 قناة ثم محطة (جراند سكاي) التي تضم 7 قنوات ثم (بريميوم شانلز) واتجه بعد ذلك الى كل العالم، ففي اليابان يمتلك محطة (جي سكاي بي) وفي الصين قناة (فونيلس) وفي الهند قناة (ال سكاي بي) وفي اندونيسيا (تلفزيون اندونيسيا) وقناة في في جنوب افريقيا وقناتين في البرازيل والمكسيك وفي امريكا يمتلك مجموعة قنوات فوكس القرن العشرين وفوكس 2000، حيث يسيطر على 25 قناة تغطي 40% من مشاهدي التلفزيون في الولايات المتحدة الأمريكية فضلاً عن امتلاكه لجريدة (الواشنطن بوست) ودار نشر (هابرر كولتيز) وفي استراليا فان امبراطورية مردوخ قد توقفت الى 269 جريدة يومية ومحطة تلفزيونية بها 34 قناة وقد قال عنه تيد ترنر(95)- احد أباطره المعلومات أيضا لاتسمحوا لدخول هذا الرجل الى بلدكم فهو يريد السيطرة على جميع محطات التلفزيون في العالم ويريد التأثير على كل الحكومات.

ويذكر صاحب كتاب احتكار الاعلام(96) ان طبقة تمثل 1% من الناس تمتلك أسهماً في اجهزة الاعلام ففي عام 1983 كانت اغلبية ملكية الشركات محصورة في خمسين شركة، وفي عام 1997 تقلصت الشركات المسيطرة على الاعلام الى عشر شركات، وعندها تسيطر مجموعة قليلة من الاشخاص هم رؤساء شركاتهم على اكثر من نصف المعلومات والافكار التي تصل الى 220 مليون امريكي، ومن خلال امتلاك الاعلام والسيطرة عليه فان مايتراوح بين 30 الى 50 مصرفاً وما يتراوح بين 10 الى 50 شركة اعلامية تسيطر على العالم وتعمل على صنع وتحطيم السياسيين والحكومات.

ومع ثورة المعلومات وسيطرة الاتصال الالكتروني انتقل المجتمع العالمي من مجتمع صناعي الى مجتمع (تواصل) أو مجتمع معلومات ويعود السبب في انتقال الانسان من المجتمع الزراعي الى المجتمع الصناعي الى أكتشاف الآله ومن ثم اختراع الحاسوب في النصف الثاني من القرن الماضي حيث بدأت ملامح مجتمع مابعد الصناعة.

التقنية الرقمية:

لقد كان احد الاهداف الرئيسية وراء تطوير الحاسبات في مجال الاتصال هو الخروج من طبيعة وسائل الاتصال الجماهيري (صحافة - اذاعة- تلفزيون) ذات الاتجاه الواحد من المصدر الى الملتقي الى وسائل اكثر فاعلية بين مصدر المعلومات والمتلقي، ولا أدل على ذلك من استخدام الحاسوب في العملية التعليمية والفديو ديسك والفديو تكس (المعلومات المرئية- الالعاب المرئية والعزوف مؤقتا عن التلفزيون عالي الكثافة الى ضرب جديد من التلفزيون مركز على نظام الاعلام المتعدد (اصوات+ صور+ معلومات)، واستخدام الشارة التلفزيونية الرقمية في الارسال مؤشر على ظهور التلفزيون الرقمي التفاعلي (صورة وصوت انقى واصفى) مع امكانية تبادلات تفاعلية لاحد لها بين المرسل والمتلقي الى جانب استخدام الحاسوب في الاذاعة والصحافة حيث يمكن القفز على مرحلتين في اعداد الجريدة وهي الطباعة واستخدام الورق مما جعل الحديث عن الصحافة الالكترونية والمجتمع اللاورقي من مميزات مجتمع التواصل(97).

ان ترابط التلفزيون والحاسوب والتلفزيون والتلفون الى جانب البث المباشر عن طريق الكابل خلق آلات تفاعلية مركزة على المعالجة، ولأن، الكومبيوتر رقمي فقد لزم تحويل كل مايقدم اليه الى ارقام، وترتكز عملية الرقمنةü على اساليب من ترقيم أو تشفير حيث يعطي لكل حرف رمز رقمي، واسلوب التبسيط كتحويل الصور الى نقاط متراصة، وكذا الالوان واسلوب التوصيف حيث يتم تمثيل الاصوات اللغوية بترددات معينة.

أن الرقمنة او التقنية الرقمية حسنت من خدمات الاتصالات والتلفون فالاشارة الرقمية أقل تعرضاً للضوضاء والتشويش والتداخل من الاشارة المستمرة، مما ادى الى تحقيق معدلات عالية لتتدفق البيانات عبر شبكات الاتصال، وأدى الى تصغير المعدات وانخفاض كلفة الدائرة الاتصالية.

وادت الثورة التقنية وانصهارها مع الاعلام الى جلب الكثير من الصحف الى البيوت عبر الكابلات الستلايت، وان شبكة الانترنت وضعتنا على اتصال مباشر مع اي مكان في العالم، وسمحت بكمية لاتحصى من تبادل المعلومات ونقلها(98).

وعلى سبيل المثال، يوجد في الولايات المتحدة الأمريكية اكثر من 1700 صحيفة يومية والآلاف من النشرات الاسبوعية و9000 محطة أذاعية و1000 محطة تلفزيونية، و7 مراكز انتاجية رئيسة و2500 دار نشر للكتب، وان معدل الوقت الذي يقضيه الامريكيون في متابعة الاعلام هو 3400 ساعة سنوياً(99).

ان سمات ثورة المعلومات الراهنة كما يراها الدكتور العسافين(100) هي:

اولاً: ان الثورة الراهنة تجنح نحو العالمية او محاولة توحيد العالم في سياق واحد، كما تعمل على إزالة الاثر التقليدي للتمايز الجغرافي وللحدود السياسية التي كانت تشكل ضمانة وشرطا وعاملاً ومستقبلاً في تكوين الحياة والعمل.

ثانياً: ان الاهمية المتزايدة والاستثنائية في الثورة الراهنة تبرز من خلال وسائل الاتصال والمعرفة والعلم وهذا يعني تحول المعلومات بالمعنى الواسع للكلمة الى مركز الثقل في هذه الثروة.

ثالثا: ان التدويل المتزايد للمجال الانساني يرتبط بالتفاوت النوعي في الوقت الذي تخضع الانسانية للتأثيرات الثقافية والمادية والاقتصادية نفسها، بحيث ان اي تبدل في مكان ما يؤثر على الجميع فان توزيع امكانيات ووسائل النمو يتفاوت يومياً بعد يوم مما يخلق نوعاً من الاحتكار الشامل لعناصر التقدم من قبل البعض، ونوعا متفاقما من التهميش الانساني للبعض الذي يكاد يشمل الان القسم الاعظم من الانسانية .

مهما كانت المتغيرات الاجتماعية والاقتصادية والسياسية التي ستحدث فان مالايمكن تصوره مجيء وقت لايوجد فيه اولئك الذين يكرسون وقتهم لمعرفة مايحدث، ولنقل المعلومات الى الاخرين مع شرح مناسب لمغزى هذه المعلومات.

وفي الوقت الذي ازداد فيه عدد سكان العالم واصبح ممكنا زيارة جميع انحاء الكون خلال بضع دقائق، فان المشاكل والمناطق التي تثير الاهتمام والتي لابد لصحفي المستقبل من الاهتمام بها سوف تتضاعف مرات عدة، ويستمر تعقيد وتداخل شتى جوانب الحياة البشرية في زيادة وتوسيع كل من فرص ومسؤوليات كل من جامعي وموزعي الاخبار، وسوف لن تشكل اي

خلاف الطريقة التي تستخدم في المستقبل لتوزيع الاخبار بدلاً من المنادين في المدينة وكتاب الرسائل الاخبارية والحمام الزاجل، او البرق او الهاتف او الصحافة المطبوعة او المرئية او الاذاعية او التلفزيوني(101).

ويصبح من المؤكد ايضا حقيقة تزايد الحاجة في المستقبل الى صحفيين افضل لنقل وتحرير الاخبار في العالم اكثر مما كانت هذه الحاجة في الماضي، وبالتالي فان المؤهلات المطلوب توفرها في اولئك الذين يدخلون في مجال العمل الصحفي سوف تتزايد تماماً عما كانت عليه، وان مسألة التطوير والتحسين في نوعية الجهاز في الصحافة ستستمر كونها ضرورة عمل، حيث ان الصحافة الكفء والقادرة والمسؤولة هي الصحافة التي تستطيع مواكبة التطورات التكنولوجية واستيعاب ما يؤمن لها الاستمرارية والتطور ومواكبة متطلبات العصر(102).

ومهما كانت الوسائل الالكترونية التي سوف يتم تطويرها ليستخدمها رجل الاتصال، فان الحاجة سوف تبقى ملحة للتسجيل الدائم، وهذا يعني انه سوف يبقى دائما هنالك اكثر من مبرر لبقاء الصحافة المطبوعة فعلى الرغم من ان التكاليف الضخمة لاصدار الصحف قد ادت الى تخفيض عدد الصحف اليومية في الولايات المتحدة الامريكية من 2600 صحيفة الى 1750 صحيفة خلال نصف قرن تضاعف فيه عدد السكان فان توزيعها الاجمالي بلغ ذروته وهي ستون مليون نسخة، فيوميا هنالك 150 مليون امريكي يقرأون الصحف(103) .

ومع دخول وسائل الاعلام عامة والصحافة المطبوعة خاصة في عصر المعلومات بما فيها من تطورات كبيرة في مجال استخدام ادوات تكنولوجيا وطباعية حديثة وتنوع مصادر المعلومات الصحفية لاستحداث اشكال من الاساليب الا انها تواجه تحديات عديدة في ذات الوقت منها(104).

1. كيفية مواكبة هذه الثورة المعلوماتية في ظل توفر وسائل كثيرة تحاول جذب جمهورها من القراء .

2. تعاظم تكلفة انتاج الصحيفة الورقية اليومية .

3. تكاثر الاعباء الادارية والتنظيمية.

4. الحاجة الى تكوين كوادر اعلامية مؤهلة لقيادة العمل الصحفي.

5. التدفق الهائل للمعلومات يجعل من الصعوبة التميز بوضع المعلومات الصحيحة بيد القارئ.

6. صعوبة مواكبة أحدث التطورات التكنولوجية وتقنيات العصر لاستخدامها في انتاج الصحيفة اليومية.

7. تكاثر الوسائل الاعلامية.

8. تزايد استخدام الانترنت ووسائل الاتصال السلكية واللاسلكية في اتمام العمليات الاتصالية.

9. ظهور الصحافة الالكترونية التي تستقطب جزءا من قراء هذه الصحف.

صناعة الصحف:

أن تطورات تكنولوجيا الاتصالات والحاسبات الالكترونية في مجال صناعة الصحافة شملت اساليب جميع المواد التحريرية والتصوير الميكانيكي، والطباعة وفصل الألوان، ولقد مرت الصحافة بمرحلتين هما الجمع الساخن (اليدوي)، والجمع البارد (التصويري عن طريق الكومبيوتر) وبفضل الجمع التصويري الذي يستعمل الالياف الزجاجية، فان كمية الانتاج تضاعفت مرات عديدة مع تنوع استخدام انواع الحروف والاحجام(105).

لقد كانت السرعة القصوى عند الجمع الساخن لاتتجاوز ثلاثة اسطر في الدقيقة الواحدة، واصبحت تصل عن طريق الجمع التصويري الى الفي سطر في الدقيقة فضلاً عن إن كفاءة التخزين فيها تصل الى 80 مليون حرف مسجلة على الاقراص الممغنطة، مما يسهل معه استرجاع المواد والمعلومات وتصحيحها وتعديلها بواسطة تحكم الحاسوب.

ولقد شهدت طباعة الصور تطورا مذهلاً، فتحولت الصورة العادية الى مجموعة من النقط، كذلك الامر مع فصل الالوان، فهناك نظام متكامل يتكون من ماكينة فصل الالوان وحاسوب ومجموعة اقراص ممغنطة، ووحدة تلفزيونية، ولقد استطاعت صناعة الصحف بهذه الطريقة المعتمدة على الحاسوب وتكنولوجيا الاتصالات - وبخاصة الاقمار الاصطناعية- ان تقدم للجريدة وللقارئ خدمة عالية الجودة مع توفير السرعة والوقت في آن واحد.

وقد استفادت الصحف العربية من هذا الانجاز التكنولوجي، وعمدت بعضها الى طبعات دولية تعد بلندن او باريس وتطبع في اماكن مختلفة فهناك الاهرام والشرق الاوسط والقبس والسياسة والحياة وغيرها(106).

وهنالك طريقتان لنقل صفحات الصحف واستقبالها في مكان اخر هما.

1. طريقة المسح Scanning .

2. طريقة التخزين لحروف المقالات في صورة رقمية على اقراص صلبة Hard disk يتم ارسالها عن طريق الاقمار الاصطناعية الى جهاز Image Setter ينتج فيلماً (برومايد) صالحاً لانتاج الواح طباعية، ينتج عنها صفحات مماثلة للصفحات المنقولة.

وتستغرق هذه العملية في الارسال من 3 الى 7 دقائق بحسب كمية الصور وكمية ضغط المعلومات المستخدمة فيها.

تكنولوجيا الحاسبات الالكترونية:

الكمبيوتر هو آلة اليكترونية مرئية يتم تغذيتها بالبيانات (مدخلات) فتقوم بمعالجتها وفقا لبرامج موضوعة مسبقا (المعالجة) للحصول على النتائج المطلوبة، والتي تخرج (مخرجات) في اي شكل من اشكــال المخــرجات مثل شاشة العــرض او في صورة او في شكل جدول البيانات(107).

وقد مرت الحاسبات الالكترونية خلال تطورها بالمراحل الآتية(108):

> ظهر الجيل الاول من الحاسبات عام 1946 من خلال العلماء "جون موشلي" و"إيكارت " و"جولد شياني" وهو الحاسب، ثم تكونت شركة لانتاج الحاسبات على المستوى التجاري باسمUnivac .

> ظهر الجيل الثاني من الحاسبات الالكترونية في أوائل الستينيات بعد استخدام عناصر الترانزيستور في بناء دوائر الاجهزة الحاسبة كبديل لاستخدام الصمامات المفرغة Vaccum Tube .

> أدى استخدام الدوائر الالكترونية Integrated Circuits الى ظهور الجيل الثالث من الحاسبات الالكترونية في عام 1969.

> ظهر الجيل الرابع من الحاسبات خلال عقد السبعينيات بعد ان تطورت الدوائر الالكترونية المتكاملة بسرعة كبيرة، وبعد تطويع المواد فوق الموصلة وأشباه الموصلات الحرارية Semiconductor.

> ظهر الجيل الخامس من بداية الثمانينيات ويطلق عليه الحاسب الشخصي Personal Computer وهو يتمتع بصغر الحجم وسهولة التشغيل والربط من خلال وسائل الاتصال العادية مثل التلفزيون والتلفون ويتكون الكمبيوتر من الاجزاء الآتية:

أولا: أدوات الادخال للحاسب

ثانيا: وحدة المعالجة المركزية

ثالثا: وحدة التخزين (ذاكرة الحاسب)

رابعا: ادوات الاخراج

استخدام الحاسب الالكتروني (الكمبيوتر) في مجال الصحافة:

يتيح استخدام الحاسب الالكتروني تطبيقات عديدة في مجال الصحافة وذلك على النحو الآتي:

أولا: معالجة الكلمات

لقد امكن استخدام الكمبيوتر في نظم معالجة الكلمات لأغراض الكتابة، وتحرير النصوص في مكاتب العمل وتعد معالجة الكلمات الوسيلة العصرية في استخدام الآلات الكاتبة التقليدية؛ ونظم معالجة الكلمات في أجهزة الحاسب هي عبارة عن برنامج خاص لتمكين المستخدم من تنسيق النص وتحريك الكلمات والجمل من مكان الى آخر وشطب وإضافة المعلومات المطلوبة على شاشة الجهاز باستخدام لوحة المفاتيح، ويمكن تخزين النص على قرص ممغنط وحفظه لحين الحاجة، فيطبع او يعدل او تضاف اليه معلومات جديدة(109).

ثانيا: النشر المكتبي

تستخدم أجهزة الحاسب الالكتروني الان في انتاج صفحات كاملة من الصحف مزودة بالعناوين والنصوص والرسوم، ويتيح ذلك للمخرج الصحفي أن يعيد نسخة الصفحة على شاشة المراقبة بالشكل الذي يريده مطبوعا على الورق، كما يستطيع إجراء أية تعديلات على شكل الصفحة ومحتواها بسهولة، وتسمى الصورة الناتجة على الشاشة "WYS/WYG" ومعناها أن الصورة التي نراها على الشاشة هي نفسها الصورة التي نحصل عليها على الورق المطبوع(110).

ثالثا: تصميم الرسوم

غيرت الحاسبات الالكترونية من طريقة أداء الناس للرسوم التقنية، فمن خلال استخدام نظم تصميم الرسوم(CAD) يتم ابتكار الرسوم وتخزينها وتغييرها بشكل أسهل من السابق، وتستخدم هذه الرسوم في وسائل الاتصال من خلال عرض خرائط الطقس والرياح ورسم الخرائط وتحديد المناطق الجغرافية وغيرها من الرسوم التي تستخدم في الاخبار(111).

رابعا: البريد الالكتروني

وهناك أيضا الكمبيوتر في البريد الالكتروني وهي وسيلة تقنية تشمل على معدات ووسائل اتصال تسمح بادخال وتخزين وتوزيع الرسائل والبيانات من مكان الى اخر في اي مكان من العالم، وذلك باستخدام خطوط الهاتف أو موجات الراديو، أو الالياف الزجاجية أو الاقمار الاصطناعية، في الطرف المستقبل محطة حاسب يمكنها اخراج البيانات المستقبلة على طابعة او خزنها في أجهزة لاستخدامها عند الحاجة.

خامسا: الاتصال المباشر بقواعد البيانات

تشكل قواعد البيانات ذات الوصول المباشر On-Line جزءا مهما من برامج تطبيقات الكمبيوتر ونقلها، حيث من الممكن اليوم، البحث في قواعد البيانات الالكترونية بطريقة تفاعل تحاورية عن طريق منفذ Terminal للاتصال بالحاسب الالكتروني، وأحيانا يكون هذا المنفذ على مسافة آلاف الاميال من الحاسب الالكتروني المركزي(112).

وللاستفادة من هذا البرنامج، يجلس المستفيد الى منفذ متصل بالحاسب الالكتروني المركزي عن طريق خط هاتفي عبر شبكة الاتصال عن بعد، وبإمكان المستفيد بوساطة هذا المنفذ الاتصال بالمئات من قواعد البيانات وبذلك يكون المستفيد (على الخط) مع برنامج استرجاع المعلومات بالطريقة نفسها التي يكون فيها اي انسان (على الخط) عندما يتحدث مع انسان آخر هاتفيا.

سادسا: النشر الالكتروني

النشر الالكتروني عبارة عن اصدار أو بث أو طرح الكلمة المكتوبة للتداول بالوسائل الالكترونية، فاذا ماجمعنا جانبي الصناعة والبث معا فإن "النشر الالكتروني" يعني استخدام الناشر للعمليات المعتمدة على الحاسب الالكتروني التي يمكن بوساطته الحصول على المحتوى الفكري، وتسجيله وتحديد شكله وتجديده من أجل بثه بطرق واعية ويرتبط النشر الالكتروني بعدد كبير من التقنيات كالبرق والتصوير الضوئي والهاتف والحاسبات الالكترونية والأقمار الاصطناعية وأشعة الليزر، الا أن النشر الالكتروني اكثر من مجرد نقل الحروف الى شاشة العرض، او الى آلة طابعة وهو أكثر من تنضيد الحروف، بل اكثر من مجرد وسيلة لاختزان الوثائق، واسترجاعها، فالنشر الالكتروني يكفل امكان توفير كميات كبيرة من المعلومات في متناول المستفيد وبشكل مباشر(113).

وتعد الحاسبة الالكترونية بالنسبة للنشر الالكتروني اكثر من مجرد أجهزة للاختزان والتوزيع، فهي تمنح الناشر القدرة على الارتقاء، ويمكن ان تستخدم في تنظيم واعادة تنظيم جميع انواع المعلومات سواء على الخط ام على اقراص وأشرطة ومصغرات فيلمية.

سابعا: النشر الشبكي

ويقوم على استخدام شبكات المعلومات وبنوكها في نشر الكتب والدوريات العامة والمتخصصة- خاصة الدوريات العلمية - وتوزيعها للمشتركين عبر منافذ خاصة بكل مشترك بحيث تصل المعلومات مباشرة الى المشترك في الشبكة عبر النهاية الطرفية للحاسب الالكتروني الخاص به في منزله او مكتبه(114).

تكنولوجيا الصحافة:

يقصد بتكنولوجيا الصحافة، التطبيق العملي للاكتشافات العلمية في مجال الصحافة وتكنولوجيا الصحافة بالضرورة جزء من تكنولوجيا الاعلام(115).

فتكنولوجيا الصحافة ببساطة شديدة تعني مجموعة المعارف والبرامج والخطوات والادوات التقنية أو التكنولوجيات التي يتم من خلالها تحقيق مايلي:

> جمع البيانات والمعلومات من مصادرها المختلفة وتوصيلها الى مقر الصحيفة، أو توصيلها الى المندوب او المحرر الصحفي أيا كان، وتلعب الحاسبات الالكترونية باندماجها مع الاتصالات السلكية واللاسلكية والاقمار والالياف البصرية وأشعة الليزر دورا أساسيا في تحقيق ذلك الان، ولعل مثال ذلك الكمبيوتر المحمول وشبكات الحاسب.

> تخزين المعلومات بشكل منظم يسهل معه استرجاعها ولعل بنوك المعلومات وشبكاتها ومراكز المعلومات الصحفية التي تستعين بأقراص الليزر المدمجة، وشبكات المعلومات المحلية والدولية أبرز نماذج لدور الحاسبات في هذه العملية التي يطلق عليها التوثيق الالكتروني للمعلومات الصحفية.

> معالجة المادة الصحفية المكتوبة والمصورة والمرسومة تحريرا واخراجا وتجهيزا للطبع، وتتم الان على شاشات الحاسب الالكتروني من خلال برامج النصوص والصور والرسوم جاهزة لكي تنقل مباشرة على السطح الطابع.

> نشر المادة الصحفية وتبادلها في أكثر من موقع في الوقت نفسه من خلال أنظمة النصوص المتلفزة (قنوات المعلومات المرئية) التفاعلية والاحادية، أو من خلال الصحف الالكترونية اللاورقية، أو من خلال طباعة الصحيفة في اكثر من مكان داخل البلد الواحد في الوقت نفسه، وكل ماسبق يتركز على الحاسبات الالكترونية .

ولمراجعة التحديات التي تواجهها الصحافة في ظل ثورة المعلومات وتقنياتها يجب العمل على بحث قضايا مشتركة منها(116):

1. العمل على تعزيز سبل العمل الصحفي في ظل التحديات التي تواجهها .

2. ان التقدم التكنولوجي في مجال الطباعة الانتاج الصحفي تتطلب مواكبة احدث تقنياته.

3. تبادل الخبرات بين المؤسسات الصحفية وتكوين مراكز استشارية بحثية صحفية لمعرفة اخر المستجدات في العمل الصحفي .

4. انشاء مركز تدريبي للصحفيين لتزويد العاملين في الحقل الصحفي بأحدث التطورات في العمل الصحفي، ويشكل مركزا لاستقدام الخبرات الصحفية ونواة لاعداد كوادر صحفية مؤهلة.

5. العمل على تأسيس موقع خدمات معلوماتية مشتركة على الانترنت.

الهوامش:

(1) د. بسيوني ابراهيم حمادة، حركة الاعلام الالكتروني الدولي وسيادة الدولة، المجلة المصرية لبحوث الاعلام، العدد 2، السنة 2000، ص18.

(2) علاء عبد الرزاق السالمي، تكنولوجيا المعلومات، (عمان: دار المناهج للنشر والتوزيع، 2000)، ص23.

(3) د. حسن عماد مكاوي، تكنولوجيا الاتصال الحديثة في عصر المعلومات، (القاهرة: الدار المصرية اللبنانية، 1993)، ص52.

(4) المصدر نفسه، ص96.

(5) اسامة الخولي، القرارات التكنولوجية وأثرها في وسائل الاعلام، (الاسكندرية، دار النهضة العربية، 2000)، ص41.

(6) د. حسن عماد مكاوي، مصدر سابق، ص28.

(7) عصام سليمان موسى، ثورة وسائل الاتصال وانعكاساتها على مراحل تطور الاعلام، المجلة المصرية لبحوث الاعلام، العدد 27 آيار، 2000، ص128.

(8) د. بسيوني حمادة، مصدر سابق، ص83.

(9) أي. آر. بوكتان، الآلة قوة وسلطة التكنولوجيا والانسان منذ القرن السابع عشر حتى الوقت الحاضر، ترجمة: شوقي جلال، (الكويت: سلسلة عالم المعرفة، 2000)، ص69.

(10) د. جار الله الحافظ، الاعلام والمعلوماتية الثقافية، مجلة دراسات اعلامية، العدد الثالث، (الكويت: دار الكتاب الحديث، 2000)، ص136.

(11) أي. آر. بوكتان، مصدر سابق، ص72.

* التليتكست: عبارة عن منظومة الكترونية يتم بواسطتها نقل المادة المطبوعة عن طريق محطة تلفزيونية لتظهر على شاشات تلفزيون المشتركين المزودة بأجهزة ديكودر.

(12) د. محمود علم الدين، تكنولوجيا الاتصال في الوطن العربي، مجلة عالم الفكر، المجلة 23، العددان 1-2، الكويت، 1994، ص27.

(13) Dinns Wilcox: Public Relations Strategies and Tectics, (New York: Haper & Rowpub, 1986, P.493.

(14) الاتصال متعدد الوسائط Multimedia:

يرتكز مفهوم الوسائط المتعددة على عرض النص مصحوباً بلقطات حية من فيديو وصور وتأثيرات خاصة مما يزيد من قوة العرض، ويزيد خبرة المتلقي في أقل وقت ممكن وبأقل تكلفة، وتعني الوساط المتعددة بعرض المعلومات في شكل نصوص مع إدخال كل أو بعض العناصر التالية:

1. المواد السمعية.

2. المواد المصورة من الفيديو وغيره.

3. الرسوم المتحركة.

4. لقطات الفيديو الحية.

وتهدف هذه التقنية إلى دمج تقنية الحاسب الالكتروني والتليفزيون والاتصالات السلكية واللاسلكية في تقنية واحدة.

وظهرت تطبيقات عملية للوسائط المتعددة في:

* أنظمة الفيديو التفاعلي المستخدم أساساً للتدريب.

* أنظمة الرسوم المتحركة عن طريق الحاسبات الالكترونية.

* ضغط البيانات على أقراص الفيديو والحاسبات الالكترونية، بحيث يتسع للمزيد من البيانات تزيد عن 100% من القدرة السابقة للتخزين.

* يقصد به وضع جميع التقنيات على صعيدي الاتصال والمعلومات من الهاتف والتلفزيون والكومبيوتر والاقمار الاصطناعية والاطباق اللاقطة والكابلات والموجات والميكرويف في منظومة واحدة تكرس لخدمة الافراد والمجتمعات.

(15) د. عواطف عبد الرحمن، الاعلام المعاصر وقضايا العولمة (القاهرة: العربي للنشر والتوزيع، 1999)، ص38.

(16) Michael, Smythe. Online Services; In: Communication Technology Update/ edited by August, E. Grant- 4th ed. Boston: Focal Press, 1995, PP.188.

(17) نبيل علي، عصر المعلومات، سلسلة عالم المعرفة، ع 184 (الكويت: المجلس الوطني للثقافة والفنون والاداب، 1994)، ص298.

(18) نبيل علي، المصدر السابق، ص301.

(19) محمد خير الدين الخطيب، الفجوة الرقمية والتسابق للحاق بركب المعلوماتية موقع bbc في 3 نيسان 2001. www.bbc.arabic.com

(20) محمود علم الدين، مصدر سابق، ص 87.

(21) صلاح الدين حافظ، مستقبل الكلمة المكتوبة في عصر الانترنت وتكنولوجيا المعلومات، جريدة السفير اللبنانية في 23/شباط 2001، ص3.

(22) ملفينال. دليفر وساندرا بول- روكيش، نظريات وسائل الاعلام، ترجمة: كمال عبد الرؤوف، القاهرة: الدار الدولية للنشر والتوزيع، ط2، 1999)، ص58.

(23) الطيب الجويلي، البث الاعلامي عن طريق الاقمار الصناعية (بيروت: دار المسيرة للصحافة والنشر) 1991، ص82.

(24) حسن عماد مكاوي، مصدر سابق، ص210.

(25) محمود علم الدين، امكانية الاستفادة من تكنولوجيا الاتصال الحديثة في الصحافة، مجلة بحوث الاتصال، تشرين اول، 1993، ص134.

(26) حمزة بيت المال وآخرون، الاعلام والكومبيوتر، مجلة الدراسات الاعلامية، العدد 61، ايلول 1990، ص24.

(27) دان شيلر، الاتصال قطاع صناعي اعلامي، بحث منشور على الانترنت على الموقع: www.mondiploor.com

(28) نبيل علي، العولمة والعولمة الحضارة، مجلة وجهات نظر، ع 51، س5، نيسان 2003، ص26.

(29) فاروق حسين، الانترنت، الشبكة الدولية للمعلومات، (بيروت: دار الراتب الجامعية، 1997)، ص112.

(30) الفين توفلر، حضارة الموجة الثالثة، ترجمة: عصام الشيخ قاسم (بنغازي، الدار الجماهيرية للنشر والتوزيع والاعلان، 1990)، ص17.

(31) المصدر نفسه، ص53.

(32) ميتسشيو كاكو، رؤى مستقبلية، كيف سيفيد العلم حياتنا في القرن الواحد والعشرين، ترجمة: سعد الدين خرفان، سلسلة عالم المعرفة (الكويت: المجلس الوطني للثقافة والفنون والاداب، 2001)، ص23.

)33) عبد القادر الكرملي، مؤسس الطبعة العربية المحلية لمجلة بي سي ماجزين عام 1994 (رئيس تحرير مجلة انترنت العالم العربي ورئيس تحرير موقع عجيب).

* ولنأخذ مثلاً مصطلح Disk Drive لنجد مقابل Disk ترجمة (قرص أو اسطوانة) وثلاث كلمات مقابل drive (سواقة، مشغل، محرك) وتترجم الى سواقة الاسطوانة، سواقة القرص، مشغل الاسطوانة، مشغل القرص، محرك الاسطوانة، محرك القرص) واذا أضفنا كلمة floppy وترجمتها (مرن أو لين) الى المصطلح السابق floppy disk drive فتصل ترجمته الى اثنتي عشرة ترجمة.

(34) الفن توفلر، مصدر سابق، ص37.

(35) فاروق حسين، مصدر سابق، ص92.

(36) عصام سليمان، مصدر سابق، ص23.

* الفديوتكس: هو تدفق مزدوج للمعلومات بين المرء وجهاز الكومبيوتر يتم من خلاله تخزين ملفات الاخبار وغيرها من المواد والخدمات المتخصصة.

-(37) جبار محمود، الاعلام وافاق تحديث وسائله التكنولوجية، مجلة النبأ، ع 50 تشرين الاول، 2000، ص35.

(38) بوب غايلز، الصحافة في عصر شبكة الانترنت، جامعة مشيغان، مؤسسة تيمان للصحافة، 2002، ص43.

(39) د. عواطف عبد الرحمن، مصدر سابق، ص83.

(40) د. السيد بخيت، الاستخدامات المتخصصة للانترنت، المجلة المصرية للبحوث والاعلام، العدد التاسع، ايلول 2000، ص109.

(41) المصدر نفسه، ص102.

(42) عبد الرحمن الراشد، الصحافة والوضع الجدي، جريد الشرق الاوسط، 18 تموز، 2001، ص6.

(43) ستيفن اينزلابير وآخرون، لعبة وسائط الاعلام، السياسة الامريكية في عصر التلفزيون، ترجمة: د. شحدة فارع، مراجعة فاروق منصور (عمان: دار البشير للتوزيع والاعلام، 1998)، ط4.

(44) أنظر: بوب غايلز، مصدر سابق، ص57.

السيد بخيت، مصدر سابق، ص109.

(45) المصدر السابق، ص102.

(46) بنجامين باربر، عالم ماك، المواجهة بين العولمة والتأقلم،

(47) د. عدنان عضيمة، الأنترنت والتلفزيون والثورة المعلوماتية، مجلة تلفزيون الخليج، السنة 21، العدد 87، 1999، ص76.

(48) مجد الجادرجي، الاعلام الدولي والصحافة عبر الأقمار الصناعية، (عمان: دار المناهج للنشر والتوزيع، 2001)، ص100.

(49) فيليب ماير، صحافة التوثيق، الانترنت بتاريخ 2002/9/2

http://www.newsand tech.com|issues|2001

(50) أنظر: د. عدنان عضيمة، مصدر سابق، ص72.

(51) مجد الجادرجي، مصدر سابق، ص118.

(52) الميسر رضوان، المعلوماتية وآليات الاستيعاب، مجلة النبأ، العدد 53، كانون الثاني 2001، ص80.

(53) الميسر رضوان، المصدر السابق، ص 83.

(54) الطيب الجويلي، مصدر سابق، ص33.

(55) روبرت وجاك بلاك، القواعد الاخلاقية لوسائل الاعلام الالكترونية، مجلة (كولومبيا جورناليزم ريفيو)، ع7، س9، ايلول 2001، ص88.

(56) روبرت وجاك بلاك، المصدر السابق، ص90.

(57) المعلوماتية والمعرفة، تقرير المعلومات في العالم عام 2001 اصدرته مؤسسة باوكوسور بتكليف من المكتبة البريطانية، 2001، ص17.

(58) سامي طايع، استخدامات شبكة الانترنت في الحملات الدعائية، مجلة تلفزيون الخليج، العدد 57 السنة 18، ايلول 1999، ص23.

(59) د. مجبل لازم مسلم، الانترنت وسيلة اعلامية، المجلة العربية 3000، العدد 3 السنة الثانية، 2001، (دمشق: النادي العربي للمعلومات، 2001)، ص52.

(60) سامي طايع، مصدر سابق، ص25.

(61) انجيلو اغويستني، ثورة الانترنت، بحث منشور في مجلة الكترونية تصدرها وزارة الخارجية الامريكية، عدد آيار، 2001.

(62) ولتر ريستون، افول السيادة، كيف تحول ثورة المعلومات عالمنا، (عمان: دار النشر للنشر والتوزيع، 1992)، ص78.

(63) د. لقاء مكي، تكنولوجيا الاتصال وظاهرة العولمة، التطور من اجل الهيمنة، بحث غير منشور، كلية الاعلام- جامعة بغداد، 2001، ص7.

(64) د. السيد بخيت، الصحافة والانترنت، (القاهرة: العربي للنشر والتوزيع، 2000)، ص89.

(65) صلاح الدين حافظ، مصدر سابق، ص ص23.

(66) نوال الصفتي، مفهوم الصحافة الدولية وبنيتها على الانترنت، المجلة المصرية لبحوث الاعلام، جامعة القاهرة، كلية الاعلام، العدد التاسع، ايلول 1998، ص29.

(67) المصدر السابق، ص33.

(68) فيكي عبد الستار، الالفية الثالثة، عصر المعجزات من ثورة غوتنبرغ الى غزو الانترنت، (بيروت: دار الصياد انترناشيونال، 2000)، ص106.

(69)فيكي عبد الستار، المصدر السابق، ص127

(70) د. صابر فلحوط، العولمة والتبادل الاعلامي الدولي، (دمشق: منشورات دار علاء الدين، 2000)، ص30.

(71) الاخضر ايدروج، طريق النشر الالكتروني، بناء المجتمع الرقمي، مجلة آفاق الثقافة والتراث، السنة العاشرة، العدد 38، نيسان 2002، (دبي: قسم الدراسات بمركز جمعة الماجد للثقافة والتراث)، ص311.

(72) السيد بخيت، الصحافة والانترنت، مصدر سابق، ص 178.

(73) الصحافة، والانترنت، استغلال متواضع للشبكة العالمية، موقع اسلام أون لاين، في 2002/2/2

www.aslamonline.com

(74) مي العبد الله، ثورة وسائل الاعلام والاتصال، التحولات الكبرى ونتائجها، جريدة النهار اللبنانية في 2002/1/28.

www.alnahar.com

(75) محمد عارف، تأثير تكنولوجيا الفضاء والكومبيوتر على اجهزة الاعلام العربية، سلسلة محاضرات عن مركز الامارات للدراسات والبحوث الاستراتيجية، 1997، ص27.

(76) المصدر السابق، ص19.

(77) هاني شحادة الخوري، مستقبل النشر الالكتروني، مجلة عرين، النادي العربي للمعلومات، دمشق، نيسان 2003، ص86.

(78) المصدر السابق، ص89.

(79) دراسة عن التكنولوجيا ووسائل الاعلام، الصحافة واقعاً، مقدمة الى مؤتمر اتحاد الصحفيين الدولي، بروكسل، نيسان 2003.

(80) أ.د. فاروق أبو زيد، مقدمة في علم الصحافة، (القاهرة: مركز جامعة القاهرة للتعليم المفتوح، 1999)، ص38.

(81) د. شريف درويش اللبان، تكنولوجيا الطباعة والنشر الالكتروني، ثورة الصحافة في القرن القادم، (القاهرة: العربي للنشر والتوزيع، 1997)، ص175.

(82) د. شريف درويش اللبان، المصدر السابق، ص178.

(83) د. حسن عماد مكاوي، تكنولوجيا الاتصال الحديثة في عصر المعلومات، (القاهرة: الدار المصرية اللبنانية، 1993)، ص53.

(84) الفين توفلر، تحول السلطة، ترجمة: حافظ الحيالي، (دمشق: منشورات اتحاد الكتاب العرب، ط2، 1991)، ص178.

(85) المصدر نفسه، ص39.

(86) سمير محمود، صحافة عصر المعلومات، صحيفة الخليج الاماراتية 2003/10/23.

www.alkaleeg newspaper. Com.

(87) نذر العولمة، مصدر سابق، ص 228.

(88) مرتضى معاش، المعلوماتية استباحة الفكر وتدمير الذات، مجلة النبأ، العدد 51، 2000، ص271.

(89) مرتضى معاش، المصدر السابق، ص272.

(90) د. جابر المطلك، الاعلام والمعلوماتية الثقافية، مجلة دراسات اعلامية، (الكويت: دار الكتاب الحديث، 2000)، ص93.

(91) المصدر نفسه، ص94.

* ففي ثقافة التلفزيون مثلا: كثيراً مايعتقد المرء ان ما يراه هو حق وهو في الغالب اكثر اهمية من الحقيقة الفعلية حين يمس الامر فهم وتصورات النشاطات الانسانية، ففي الافلام صار الناس لايميزون بين ماهو تاريخي حقاً، وما هو روائي فقد غدا الاعلام دينا مدنياً حل محل التاريخ والثقافات القومية والعائلة والإصدقاء، وبات القوة السائدة التي تخلق تصوراتنا العقلية عن الواقع، والاعلام ببساطة يضع ويجهز مايباع أي كل مايزيد الارباح وما يباع هو الإثارة والجذب السريع والفوري، فوسائل الاتصال السريع هذه لاتؤدي فقط الى عمل تسهيل أعمال المستخدم ورفاهيته بل انها تضع له ثقافته الخاصة وسلوكه بجميع نواحيه وبرنامجه اليومي الخاص حتى ذوقه في الشرب والاكل بل وتسيطر عليه كاملا عندما تحدد له ماهو الصحيح أو الخطأ والحق أو الباطل فهوليود مثلا لاتنتج أحلاماً فحسب، بل تولد قوة ونفوذا إنها تسهم تحديدا في تطهير صورة الخير والشر في العديد من الاوضاع الاستراتيجية وباتت الـ CNN التي قالت عنها مادلين اوبرايت أنها العضو السادس عشر في مجلس الأمن الدولي.

(92) Breacher Maury M. The Newspaper of the Future.

http://www.Columbia.edu/cu/215tc/issue-3.21breacher.

(93) د. محمود السيد، الصحيفة المعلوماتية والاعلامية وآثارها، بحث مقدم لندوة الدولة وتحديات العولمة، دمشق: مركز الدراسات والبحوث الاستراتيجية، 2001.

(94) انتوني ديبونز وآخرون، علم المعلومات والتكامل المعرفي، (القاهرة: دار القباء للطباعة والنشر والتوزيع، 2000)، ص73.

(95) جون، ماكدينز، احتكار الاعلام وتدفق المعلومات، ترجمة: ميشيل طوني، (بيروت: دار المسار للطباعة والنشر، 2001)، ص59.

(96) علاء عبد الرزاق السالمي، مصدر سابق، ص79.

(97) عبد الحي زلوم، نذر العولمة، (بيروت: المؤسسة العربية للدراسات والنشر، 2000)، ص77.

* الرقمنة: هي جوهرة الوظيفة الاساسية للكومبيوتر التي تقوم بها وحدات الادخال ووحدات الاخراج حيث ان تكنولوجيا المعلومات ترتكز على ستة روافد منها:

- الشق المادي ويحوي :1. اجزاء الكومبيوتر او الجهاز 2. التحكم الاوتوماتيكي 3. تكنولوجيا الاتصالات

الشق الذهني ويحتوي: 4. البرامجيات 5. هندسة المعرفة 6. هندسة البرامجيات.

(98) أدمون غريب، الاعلام الامريكي والعرب، مجلة المستقبل العربي، العدد 260، 2001، ص75.

(99) المصدر نفسه، ص75.

(100) د. عيسى العسافين، المعلومات وصناعة النشر، (عمان: دار مجدلاوي للنشر والتوزيع، 2001)، ص58.

(101) د. عبد الستار جواد، فن كتابة الاخبار، (عمان: دار مجدلاوي، 1999)، ص78.

(102) المصدر السابق، ص113.

(103) عواطف عبد الرحمن، مصدر سابق، ص27.

(104) السيد بخيت، الصحافة وآفاق المستقبل، جريدة البيان الاماراتية، 6 آب 1996.

www.albayan.com

(105) شريف درويش اللبان، التطور التكنولوجي وأثره في الارتقاء بالفنون الصحفية الحديثة، (الكويت: المجلس الوطني للثقافة والفنون والآداب، مجلة عالم الفكر، المجلد السادس والعشرون، ع2، ايلول 2001)، ص88.

(106) مجد الجادرجي، الاعلام الكوني وتكنولوجيا المستقبل، (عمان: دار المستقبل للنشر والتوزيع، 2001)، ص15.

* وهنالك نوع آخر من عمليات المسح، وهي عمليات المسح الضوئي الاسطوانية Drum Scanners وهي عالية الكلفة والجودة مما يبقيها حكراً على المطابع والمؤسسات الصحفية الكبيرة، وتستخدم تقنية مغايرة لآلات المسح المسطحة، حيث يتم المسح فيها من خلال تثبيت الاصل الفوتوغرافي على اسطوانة تدور بسرعة عالية.

(710) شريف درويش اللبان، مصدر سابق، ص42.

(108) بيل غيتس، المعلوماتية مابعد الانترنت، ترجمة: عبد السلام رضوان (الكويت: المجلس الوطني للثقافة والفنون والاداب، 1998)، ص46.

(109) Shirley, Kuiper, Report writing with microcomputer applications. Dallas: South-Western Publishing Co., 1992, P.59.

(110) المصدر السابق، ص63.

(111) عبد الملك رومان الدناني، الوظيفة الاعلامية لشبكة الانترنت، (القاهرة: دار الفجر للنشر والتوزيع، 2003)، ص118.

(112) Shirley, Kuiper. Op.Cit. P.63.

(113) د. محمود خليل، الصحافة الالكترونية، اسس بناء الانظمة التطبيقية في التحرير الصحفي، (القاهرة: العربي للنشر والتوزيع، 1997)، ص85.

(114) المصدر السابق، ص96.

(115) فاروق أبو زيد، مدخل الى عالم الصحافة، (القاهرة، عالم الكتب، 1986)، ص43.

(116) السيد بخيت، الصحافة وآفاق المستقبل، جريدة البيان الاماراتية، 6 آب، 1996.

www.albayan.com

2

الفصل الثاني

الصحافة الالكترونية:
المفهوم والخصائص

مفهوم الصحافة الالكترونية

يعيش فضاء الطباعة وتوزيع المعلومات تحولات تكنولوجية تحت تأثيرات التطور المتنامي لقطاع المعلومات التي بدأت آثاره تظهر على القطاعات كافة، بما فيها وسائل الاعلام، وساعدت على ذلك الثورة المعلوماتية الهائلة التي أتت عن طريق الانترنت الذي غزا العالم من اقصاه الى اقصاه محدثا انفجاراً معلوماتياً لم يشهد له العالم مثيلا، وهذا الانفجار احتوى من ضمن ما احتواه الاعلام نفسه .

ويعد العديد من الباحثين ومنهم ماكلوهان وسبيل وسمث وتوفلر(1) ان اختراع الكلمة المطبوعة يمثل احد مراحل التطور البشري، ثم جاءت الانجازات البشرية في هذا المضمار مثل التلغراف واللاسلكي والهاتف والراديو والتلفزيون وانتشار البث الفضائي ثم الحاسوب الذي وفر للقارئ امكانية استخدام الكم الهائل من المعلومات حيث أسهم ظهور الحاسبات الالية في توجيه ثورة المعلومات هذه الى الافراد وليس الى المؤسسات فقط، فقد اصبحت المعلومات قادرة على الانتشار بشكل جماهيري كبير عن طريق الحاسبات الشخصية كوسائط اتصالية.

ورافق الانتشار السريع للانترنت الفرصة والقدرة على نشر الاخبار والمعلومات من خلال هذه الوسيلة، وهو ما عرف فيما بعد بالصحيفة الالكترونية التي يمكن تعريفها بأنها: "تجمع مفهوم الصحافة ونظام الملفات المتتابعة أو المتسلسلة"(2) فهي منشور الكتروني دوري يحتوي على الاحداث الجارية سواء المرتبطة بموضوعات عامة او بموضوعات ذات طبيعة خاصة، ويتم قراءتها من خلال جهاز كمبيوتر وغالباً ماتكون متاحة عبر شبكة الانترنت. والصحيفة الالكترونية أحيانا تكون مرتبطة بصحيفة مطبوعة(3) .

وان هذا المفهوم يدخل في اطاره مفهوم استمرار الجريدة على الخط (Online)، والصحيفة الالكترونية غالبا ماتكون وخاصة في بدايتها مرتبطة بصحيفة مطبوعة وقد لايتم وضع ترقيم للصحيفة الالكترونية لاسيما حينما يتم تحديث محتواها كل مدد زمنية متقاربة تصل بالنسبة للبعض مثل CNNinter active,The Newyork Times الى عشر دقائق،

وانها تشير دائما الى تاريخ وساعة آخر تعديل فيما تنشره، والعديد منها تحتفظ بارشيف للموضوعات التي سبق نشرها(4) .

لذلك يستبعد هذا التعريف الصفحات الخاصة Home page التي قد تضعها بعض الصحف على شبكة الانترنت، لاتنشر من خلالها موضوعات صحفية كالمواقع التي تنشر اخبار فقط ومواقع الخدمات مثل خدمات وكالات الانباء المتاحة عبر الانترنت .

ويميل البعض الى تعريف الصحافة الالكترونية بانها "الصحف التي يتم اصدارها ونشرها على شبكة الانترنت سواء كانت هذه الصحف بمثابة نسخ او اصدارات الكترونية لصحف ورقية مطبوعة (Electronic Editions) أو موجز لاهم محتويات النسخ الورقية، او كجرائد ومجلات الكترونية ليست لها اصدارات عادية مطبوعة على الورق (On Line News Paper) وهي تتضمن مزيجاً من الرسائل الاخبارية والقصص والمقالات والتعليقات والصور والخدمات المرجعية حيث يشير تعبير on line Journalism تحديداً في معظم الكتابات الاجنبية الى تلك الصحف او المجلات الالكترونية المستقلة اي التي ليس لها علاقة بشكل او بآخر بصحف ورقية مطبوعة"(5).

ويسري تعبير الصحافة الالكترونية على كل انواع الصحف الالكترونية العامة والمتخصصة التي تنشر عبر شبكة الانترنت او غيرها من الخدمات التجارية الفورية طالما انها تبث على الشبكة بشكل دوري، أو يتم تحديث مضمونها من يوم لاخر او من ساعة لاخرى، أو من وقت لاخر حسب امكانيات الجهة التي تتولى نشر الصحيفة عبر الشبكة .

فيما وضع الدكتور فايز عبد اللـه الشهري(6) تعريفا للصحافة الالكترونية يؤكد أنها عبارة عن تكامل تكنولوجي بين اجهزة الحاسبات الالكترونية وماتملكه من امكانيات هائلة في تخزين وتنسيق وتبويب وتصنيف المعلومات واسترجاعها في ثوان معدودات، وبين التطور الهائل في وسائل الاتصالات الجماهيرية التي جعلت العالم قرية الكترونية صغيرة .

وحاول الدكتور إحسان محمود الحسان(7) وضع تعريف اخر للصحافة الالكترونية ينص على انها الصحف التي تستخدم الانترنت كقناة لانتشارها بالكلمة والصورة الحية والصوت احيانا وبالخبر المتغير آنيا .فيما يشير الدكتور محمود علم الدين(8) الى ان الصحافة الالكترونية

هي: تلك الصحف التي يتم اصدارها على شبكة الانترنت وتكون كجريدة مطبوعة على شاشة الكومبيوتر وتشمل المتن والصورة والرسوم والصوت والصورة المتحركة، وقد تأخذ شكلا او اكثر من نفس الجريدة المطبوعة الورقية او موجز باهم محتويات الجريدة الورقية او منابر ومساحات للرأي او خدمات مرجعية واتصالات مجتمعية .

وتعد الصحافة الالكترونية جزءا من مفهوم اوسع واشمل وهو النشر الالكتروني(9) الذي لايعني فقط مجرد استخدام انظمة النشر المكتبي الالكتروني وادواته او انظمته -computer plate-to المتكاملة، اذ يمتد حقل النشر عبر الانترنت (Online publishing) او توزيع المعلومات والاخبار من خلال وصلات اتصال عن بعد او من خلال تقنية الوسائط المتعددة وغيرها من النظم الاتصالية التي تعتمد على شبكة الحاسبات، وتعتمد نظم النشر الالكتروني عموماً التقنية الرقمية التي توفر القدرة على نقل ومعالجة النصوص والصوت والصورة معا بمعدلات عالية من السرعة والمرونة والكفاءة.

والصحافة الالكترونية كتعبير او مصطلح يأتي ترجمة لاكثر من تعبير في الكتابات الاجنبية(10) مثل:

-Electronic News paper
-Electronic Edition
-On line Journalism
-Virtual News papers
-Electronic Journalism

ولذا يشار الى الصحافة الالكترونية في الدراسات والكتابات العربية بمسميات عديدة ابرزها:

-الصحافة الفورية
-النسخ الالكترونية
-الصحافة الرقمية

وان النمو المذهل لشبكة الانترنت فرض ظهور محركات البحث التي توصل القارئ او المستخدم الى مايريد، وهكذا بدأت مرحلة البوابات (portals) ومنها البوابات الافقية والبوابات العمودية(11).

ويمكن تعريف البوابة بشكل عام على انها:

عبارة عن موقع على الانترنت يحتوي على قاعدة بيانات data base ومحرك للبحث في قاعدة المعلومات هذه، والواقع ان محرك البحث اذ يبحث عن المعلومة المطلوبة في الانترنت يقوم بعملية بحث المحرك في الموقع الذي ينتمي اليه وليس في ادغال الشبكة العالمية كما قد يتصور البعض، وقد دعيت هذه المواقع بالبوابات لانها تشكل المدخل الاساسي الى المواقع المجهولة(12). والبوابات نوعان :بوابات افقية وبوابات عمودية.

اما البوابات الافقية :

فهي اول نوع من البوابات، وهي اشملها حيث كان في قواعد بياناتها متسع للمواقع من كل صنف بدءً من الصناعة الثقيلة وانتهاءً بالموسيقى وقد سميت بالافقية نظرا لان الفكرة التي وضعت في اساسها كانت فكرة الشمولية وتعدد الاغراض، بمعنى ان وظيفة البوابة هي الارشاد الى المواقع بغض النظر عن طبيعة المعلومات التي تحتويها واستخداماتها واغراضها، وان الكم الهائل من المواقع الذي كان من المفترض ان تعالجه هذه البوبات كان وراء عجزها عن اداء المهام المنوطة بها. وهي تدعى ايضا بالبوابات التخصصية وقد اوجدتها الحاجة الى التخلص من مشاكل البحث في البوابات الافقية، وبشكل خاص مشكلتي الشوائب المعلوماتية وعدم دقة البحث وماينجم عنهما من هدر للوقت والمال وفقدان للثقة بالانترنت كأداة فعالة في الانتاج، ولقد تخصصت كل بوابة في مجال محدد من الانتاج او الاعمال مقدمة للعاملين في مجال تخصصها باقة كاملة من المعلومات اللازمة للعملية الانتاجية باقل كلفة سواء حول الاسواق او الشركاء المحتملين ولكن اهم ما فيها انها مهدت لظهور المجمعات المعلوماتية الانتاجية.

فئات الصحافة الالكترونية:

لقد صنفت الصحف الالكترونية على شبكة الانترنت الى ثلاثة فئات :

الاولى: هي المواقع التابعة لمؤسسات صحفية تقليدية كالصحف وبعض الفضائيات، وتعد امتداداً لها وهذه تعد نسخاً الكترونية من الصحف المطبوعة تحتوي على معظم ماينشر على صفحات تلك الصحف، ويندر ان تحدث هذه المواقع خلال اليوم، ولايعمل بها صحفيون وانما مبرمجون ينقلون مافي الصحيفة المطبوعة الى الموقع الالكتروني .

وهناك مواقع تفاعلية لفضائيات مثل قناة الجزيرة او الـ BBC العربية وهذه تحوي اخبارا وتحليلات ونصوصاً مقتطعة مما يذاع عبر الاثير، وقد تحتوي على اخبار خاصة بالموقع الالكتروني، وقد يعمل محررون ومترجمون صحفيون في هذه المواقع لتحديثها يوميا(13).

الثانية:المواقع الاخبارية كالبوابات الاعلامية امثال اريبيا اون لاين (are beaonline) وبلانيت ارابيا (blaneet arebea) ونسيج (Nassej) وغيرها وهي مواقع الكترونية متخصصة تنشر اخباراً وتحليلات وتحقيقات اعدت خصيصاً للنشر على شبكة الانترنت، وتحدث المواد على مدار الساعة ويعمل في هذه البوابات محررون ومراسلون مهنيون يمكن تسميتهم بصحفيي الانترنت(14).

الثالثة:الصحف الالكترونية البحتة التي ليس لها صحيفة مطبوعة، وتدار عادة بجهد فردي وتغطي مجالات الاخبار كافة من سياسة واقتصاد ورياضة وسينما وموسيقى، وتحاول ان تستفيد من تقنيات تصميم الصفحة لمزيد من التنوع وهي صحف يومية يتم تحديث موادها الاخبارية انيا وصفحتها يوميا(15).

وصحفي الـ(Online) يبدو كجندي في الحروب الحديثة محمل بالمعدات كافة التي يحتاجها في المعركة وعلى رأسه خوذة اتصالات بها كاميرا وجهاز راديو وشاشة صغيرة امام احدى عينيه، بينما كانت في معصمه لوحة مفاتيح كومبيوتر حيث يمكنه بهذه الكيفية ان يبث التقارير والصور الى صحيفته عن طريق الانترنت وهو يستخدم لوحة المفاتيح لكتابة تقريره وبثه عبر البريد الالكتروني الذي ينقل في الوقت ذاته الصور التي تلتقطها الكاميرا المثبته على رأسه في حين يذيع من جهاز الراديو تقريرا صوتيا مباشراً بصوته(16).

التحول الالكتروني في الصحافة:

لقد تميز النصف الثاني من القرن العشرين بما يعرف بظاهرة انفجار المعلومات واصبح انتاج المعلومات عبارة عن صناعة لها سوق كبير لايختلف كثيرا عن اسواق السلع والخدمات، وتنفق الدول الصناعية الكبرى على انتاج المعلومات اموالا اكبر مما تنفقه على العديد من السلع الاستراتيجية المعروفة في العالم.

ويأتي الاتجاه الى صحافة المعلومات كمؤشر اولي رئيس للتحول من الصحافة التقليدية الى الصحافة الالكترونية، حيث تعتمد الاخيرة بشكل جوهري على المواد المعلوماتية الامر الذي يؤدي الى تحولات عدة على مستوى العمل الصحفي سواء فيما يتعلق ببقاء بعض الفنون التقليدية مع اخضاعها لنوع من التطوير، أو اختفاء بعض الفنون الحالية كمواد الرأي باشكالها المختلفة او مايتعلق ببروز فنون صحفية جديدة ناتجة عن التأثيرات التي يحدثها نمط التحول في الوسيلة على الرسالة الاتصالية.

فاتجاه العمل الصحفي بشكل سريع ومتزايد نحو الاعتماد على تكنولوجيا الالكترونيات يجعل للمعلومات الدور الاكبر في بناء مضمون الرسالة داخل الوسيلة الجديدة حيث ان التطورات التي تحدث في مجال تكنولوجيا الاتصال وخصوصاً في الجانب المرتبط بتكنولوجيا الحاسبات تخدم ثورة المعلومات في المقام الاول .

ويعد التحول الالكتروني في الاصدار الصحفي ثورة بالمعنى المتكامل فاذا كان مصطلح ثورة يعني التحول من حالة الى حالة اخرى فان الصحيفة تشهد هذه الوضعية بالضبط في الوقت الحاضر، حيث بدأت الصحيفة تتحول من منتج مطبوع الى منتج يتم استقباله على شاشة(17).

فاذا كان من الشائع تقسيم وسائل الاعلام الى وسائل الكترونية (الاذاعة والتلفزيون) ووسائل مطبوعة (صحف ومجلات) فان الصورة الحاضرة الان في مجال تكنولوجيا الاتصالية في اطار تكنولوجية واحدة حيث اصبحت جميعا وسائل الكترونية .

لقد كان من المتوقع في ظل اتجاه اتصالي ينحو الى مركزية اجراءات وسائل الاتصال كافة في اطار واحد هو الحاسوب ان تنضم الصحيفة المطبوعة الى هذا الاطار فقد اصبح الحاسوب

يقوم بمهام الاذاعة والتلفزيون، ويوجد عليه خط الفاكس وخط الهاتف والبريد الالكتروني بمعنى ان الوسائل الاتصالية كافة اندمجت في اطار الحاسوب لذا كان من الطبيعي ان تنضم الصحافة الى القافلة(18).

ولا يعني تحول الصحافة الالكترونية مجرد استبدال المطبوعة المقروءة على صفحات جرائد ومجلات الى مادة الكترونية، ويتم التعامل معها في اطار شاشة سواء اخذ هذا التعامل شكل القراءة او الاستماع، بل ان المسألة تتجاوز ذلك بكثير حيث ستمس التحولات كافة اطراف العملية الاتصالية الصحفية لتشمل الوسيلة والرسالة والمرسل والمستقبل والتغذية المرتدة بل ونمط التسويق ايضا(19).

ان التصور الاكثر موضوعية للصحيفة الالكترونية لا يعني مجرد النظر الى التحول في الوسيلة الناقلة للمادة الاتصالية، لانه من المفترض ان التغييرات التي تطرأ على الوسيلة ستؤثر على الرسالة بل ان هذه التغيرات من المؤكد انها ستصيب كل اطراف العملية الاتصالية لتخلق مناخاً اتصاليا يختلف في جوانبه الاجتماعية والاقتصادية عن مناخ الذي خلقته ثقافة الصحافة المطبوعة ومن ذلك:

1. الرسالة الاتصالية:

تتأسس البنية الموضوعية للرسالة الصحفية على جدلية العلاقة بين الشكل الصحفي والمحتوى، فمعظم الافكار الصحفية لا تصلح للمعالجة الا على مستوى اشكال صحفية معينة سواء اخذت شكل القالب الخبري او القالب التفسيري او القالب التوجيهي، وبالتالي فان التغييرات التي تصيب الاشكال الصحفية تؤثر على المضامين الصحفية، كما ان التطورات التي تعتري المضمون الصحفي تؤثر على طبيعة الشكل الصحفي، واذا كانت مقولة ان الصحف بما تنشره من مضامين تختار قراءها فان عكس المقولة صحيح ايضا فالقراء يختارون المضمون الصحفي الذي يقرأونه طبقاً لمنظومة اهتماماتهم المختلفة(20).

وهناك ثلاثة انماط من المدخلات تؤدي الى بلورة المضمون داخل الرسالة الصحفية وهي الشكل الصحفي، القارئ، البنية اللغوية(21).

2. القائم بالاتصال:

من المؤكد في ظل التحول الالكتروني أن اختلفت طبيعة الرسالة الاتصالية الصحفية وتمس هذه التحولات عمل القائمين بالاتصال في جانبين .

أ- الجانب المتعلق بعمل المندوب الصحفي: اذ انه من المتصور في ظل التطور التكنولوجي ان يتم انتاج برنامج يعمل على الحاسبات الشخصية داخل الصحف يقوم بعملية جمع المعلومات الصحفية من مصادرها المختلفة .

ب- الجانب المتعلق بعمل المحرر الصحفي: من خلال التحكم بانتاج النص الصحفي باشكاله ومستوياته المختلفة، وبناء نظام خبير يتضمن القيام بوظائف المحرر من خلال برنامج يعمل على انظمة الحاسب الالي . وفي هذه التطورات المتوقعة فلنا أن نتصور مايمكن ان يطرأ على طبيعة عمل اي من المندوب او المحرر الصحفي .

ومن المتوقع انه في ظل هذه التحولات سيصبح في المؤسسات الصحفية نوعان من العمالة اولها وهي الغالبية التي ستحول الى مجموعة من المشغلين users والاقلية التي تتمثل في مجموعة الخبراء Experts الذين سيتولون عملية تحليل النظم وتطوير البرامج التي يعتمد عليها داخل المؤسسات الصحفية(22).

3. الشكل العام للوسيلة الاتصالية:

يختلف شكل المطبوع التقليدي على شكل الصحيفة الالكترونية التي يتم استقبالها على شاشات التلفزيون او شاشة الحاسب الشخصي، فالشكل العام للصحيفة المطبوعة يعتمد على وحدة الصفحة اما في الصحيفة الالكترونية فسيتم استقبال المادة الصحفية على مستويات عديدة نصية وصور ثابتة ومتحركة، ومن المؤكد ان دخول عنصر الصورة المتحركة في اطار الصحيفة الالكترونية والعنصر السمعي احدث تطورا وتحولاً جذريا في الشكل الاخراجي العام للصحيفة(23).

ويضاف لما سبق فان المادة الصحفية الواحدة في الصحيفة الالكترونية تعتمد على مجموعة من الملفات المعلوماتية المساندة التي يمكن فتحها بسهولة اذا كانت هناك رغبة في ذلك من جانب المتلقي، وذلك ان اراد الالمام بمعلومات اكثر تفصيلاً عن جانب معين في المادة الصحفية التي يطالعها على الصحيفة الالكترونية بمعنى انه يمكن للقارئ في هذه الحالة وفي اثناء متابعته لمادة صحفية معينة على الشاشة ان يفتح ملفاً فرعياً خاصاً باحد الجوانب في هذه المادة فتقسم الشاشة الى جزئين يتضمن احدهما الملف الرئيس الذي يحوي الموضوع الاصلي، ويتضمن الاخر ملفاً فرعياً يحتوي التفاصيل الفرعية التي تمّ استدعاؤها طبقاً لرغبة الملتقي(24). فاذا تصورنا ان قارئاً مايطالع مادة صحفية خاصة بتغطية احدى المباريات الرياضية، فانه من الممكن في اثناء المتابعة وعندما يصل الى تعليق المحرر على اهداف المباراة ان يطلب عرضا للاهداف فتقسم الشاشة الى جزئين جزء خاص بالنص والثاني يعرض اهداف المباراة.

4. المستقبل :

تتمثل المهارة الاساسية التي يتعامل من خلالها المتلقي مع النصوص الصحفية في مهارة القراءة، فعندما تتحقق هذه المهارة لدى الفرد وتتكامل مع صياغة نصية مفهومة ومقروءة بالنسبة له، فان عملية الاتصال في شكلها المطبوع تتم على النحو الاكمل وذلك على عكس الحال عند ضعف هذه المهارة من جانب المتلقي وصعوبة الصياغة اللغوية للنص، وقد مثلت الاهمية (قراءة وكتابة) احد العوائق الرئيسة امام تعامل فئات عديدة من افراد الجمهور مع الوسيلة المطبوعة ودعمت في الوقت ذاته تعاملهم مع الوسائل الالكترونية (الاذاعة والتلفزيون)وان المعطيات التكنولوجية المتاحة للصحيفة الالكترونية ستسهم في تخطي هذه العقبة بصورة كبيرة وذلك عن طريق الاستطاعة في سماع قراءة المادة الصحيفة المطلوبة، ولكن في مقابل حل مشكلة امية القراءة فان الصحيفة الالكترونية يمكن ان تواجه بنوع جديد من الامية هي امية التعامل مع الحاسبات(25). وسيبرز جانب آخر في تعامل المتلقي مع الصحيفة الالكترونية الذي يتمثل في اذكاء الجانب التفاعلي في التعامل مع الوسيلة الاعلامية بما يؤدي الى تجاوز الانظمة الاتصالية بشكلها التقليدي(26).

وقد تزايد الحديث الان عن الصحيفة الالكترونية كونها عبارة عبارة عن جريدة شخصية تقوم فكرتها على البث الشبكي الى الاجهزة التليفزيونية في منازل المشتركين، وقد تكون المادة المبثوثة عبارة عن فهرس للمحتويات مع نبذة قصيرة عن كل موقع اعلامي، وعندئذ تسمح امكانية التبادل والتواصل ان يطلب من المركز المزيد من الاعلام المطلوب فيبادر وبالضغط على زر معين ليحصل على كل ذلك منقولاً الى الورق، مكوناً بذلك جريدته الشخصية المختلفة عن جرائد الاخرين جميعاً، وقد يكتفي بالقراءة مباشرة من الشاشة ويستغني عن النقل على الورق او يرسلها الى ذاكرة (ارشيفه) الخاص.

ومن ابرز الصحف العالمية التي تصدر طبعات الكترونية خاصة صحيفتا (الواشنطن بوست) و(نيويورك تايمز) الامريكية و(ديلي تلغراف) و(ايفنينج ستار) البريطانية فضلاً عن عشرات الصحف الاخرى التي تصدر طبعات الكترونية خاصة بها، ومنها الديلي تلغراف التي تتميز عن بقية الطبعات الالكترونية بعرض النصوص والصور بل ومختارات منها، ويتوقع ان تكرس الصحف طباعتها الالكترونية لخدمة قطاع معين من القراء يرغبون في الحصول على نوع محدد من مضمونها في شكل معطيات الكترونية(27).

ومن الطبيعي انه في ظل هذا المفهوم الجديد للصحيفة فإن مفهوم القائم بالاتصال سيختلف كثيراً حيث سيكون من الممكن للمواطن العادي ان يصدر صحيفة دون ان يكون متخصصاً في المجال الصحفي ودون ان يكون ملماً بالمهارات الاتصالية للقائم بالاتصال بشكله التقليدي(28) اذ من الممكن ان تقوم مجموعة من برامج الحاسب الالكتروني المعتمد على مفاهيم النظم الخبيرة (Expert Systems) بانجاز هذه المهمة اياً كان نوعها او تفرعاتها، فمن المتصور في هذا السياق ان يكون هناك برنامج يلعب دور المندوب الصحفي، وان يكون هناك برنامج للتحرير الصحفي وهكذا بحيث يمكن للمستخدم العادي ان يوظف هذه البرامج في اصدار صحيفة الكترونية ناجحة.

لقد اصبحت معظم دور النشر الصحفية تحرص على انشاء مواقع لها على شبكة الانترنت، ويكون لها عنوان الكتروني اما خدمات الاخبار المتاحة على الخط فتختلف من موقع صحيفة لاخرى، فبعضها تحول النسخة المطبوعة من الجريدة الى نسخة الكترونية على الخط

وبالمادة التحريرية نفسها والبعض الاخر يكتفي بوضع اهم الاحداث فيها فقط وبعض المواقع التابعة لصحف تكتفي بتقديم معلومات عن خدمة الاشتركات والاعلانات(29).

وقد غيرت الصحافة الالكترونية من مفهوم الوقت بالنسبة للعمل الصحفي، فالجريدة المطبوعة تعتمد على سلسلة من العمليات المتتالية مثل اعداد المادة التحريرية، المراجعة، الاخراج، والتوزيع بحيث اذا تآخرت الجريدة في احدى هذه المراحل تعطل صدور الجريدة عن موعدها المناسب فضلاً عن ان المعلومة التي تقدمها الصحافة المطبوعة (تكون قديمة) مع الورق الذي يحملها اما الصحافة الالكترونية فتعد وسيلة اتصال متدفقة، متحركة، لاتعرف موعداً للتوزيع ولا القراءة فوجود الجريدة على الخط المباشر مع القارئ فانها تسمح باعادة استخدام المعلومات وتحديثها وتصميمها واستكمالها الى مالا نهاية، وتتحول بذلك المادة الصحفية الى تاريخ متطور ويمكنها الاعتماد على سلسلة من النصوص الاخرى بفضل استخدام الهايبرتكس HyperTextü.

وقد حصل تغيير مهم في مفهوم الصحيفة الالكترونية حيث تطورت هذه الصحف من كونها نسخاً كربونية من الصحف المطبوعة الى ظهورها كبوابات اخبارية واعلامية وترفيهية ذات شخصية مستقلة، فمثلاً موقع صحيفة النيويورك تايمز على الشبكة يقدم خدمات لاتوفرها وقد لاتستطيع ان توفرها النسخة الورقية من الصحيفة مثل حالة الطقس واسعار العملات والاسهم وحجوزات الفنادق والطير ان والسوق الالكتروني للتبضع والشراء ومقارنة اسعار الحاجيات(30)، ولقد ادى نجاح تجربة النيويورك تايمز على الشبكة الى اطلاقها لموقع شقيق اسمته (New York Today)(31) وهو اشبه بدليل لعالم مدينة نيويورك يقدم كل مايحتاج الزائر او المقيم في المدينة من معلومات بدءا من دليل الهاتف وعناوين المطاعم وبرامج التلفزيون وحالة الطرق وخرائط للاحياء والشوارع، وانتهاءً بما يحدث في المدينة من نشاطات ثقافية وترفيهية مختلفة .

وكذلك فعلت الواشنطن بوست وغيرها من كبريات الصحف من امريكا وبريطانيا وغيرها من الصحف من الغرب، هذه المواقع اصبحت تدار من قبل شركات شقيقة لها طواقم متخصصة واداراتها المستقلة من التحرير والاعلان والتسويق. وكما ذكرت فان عدداً من هذه المواقع اصبح يدر ارباحاً مالية لاتقل اهمية في بعض الاحيان عن ارباح النشر التقليدي(32).

وان الغالبية العظمى من الصحف الالكترونية تقدم على شكل خدمة مجانية لمتصفحي الشبكة .

ولم ينجح أنموذج الاشتراك المدفوع الا في حالات نادرة مثل موقع جريدة الوول ستريت جورنال الذي يعرض طرقاً عديدة للاشتراك في الصحيفة المطبوعة والالكترونية .

النشر الالكتروني:

الصحافة الالكترونية جزء من فكرة النشر الالكتروني(33) ومفهوم النشر الالكتروني يتضمن في معناه المتسع كل من انظمة النشر المكتبية الالكترونية فضلاً عن التوزيع الالكتروني للمعلومات على قرص صلب (Hard dis k) او من خلال وصلات اتصال عن بعد (Tele Communication Link) لذا فان مفهومه يشمل تلك الموسوعات والقواميس التي توضع على اقراص مدمجة فضلاً عن انظمه الفيديو تكس والاديوتكس والتليتكست وغيرها .

وتعد التجهيزات المطلوبة للنشر من خلال شبكات التليفون متاحة وميسره بتكلفة محدودة وبالتالي فإن اي شخص يستطيع بإمكانيات بسيطة ان يصبح ناشرا الكترونيا وتسهم انظمة النشر الالكتروني المعروفة كافة في دعم فكرة الصحافة الالكترونية كوسيلة لنشر المعلومات التي تهم الجمهور من خلال شبكات اتصال الكترونية بعيداً عن الاساليب الطباعية التقليدية وممكن تحديد هذه الانظمة فيما يلي :

أ- نظم الفيديوتكس: وهي انظمة تعرض النصوص والرسوم في شكل يشبه الكتاب الالكتروني .

وتتميز هذه الانظمة بمميزات عديدة في حفظ واسترجاع وكذلك الدخول بين جزيئات المعلومات المتداولة على النظام ويتميز هذا النظام بامكانية تخزين كمية كبيرة من المعلومات وامكانية تحديث المعلومات بسهولة وسرعة كما انها متاحة لاي شخص يمتلك خط هاتف وشاشة استقبال مناسبة وتختلف أنظمة الفيديو تكس عن انظمة التليتكست التي تشير الى انظمة البث غير التفاعلية التي تبثها الشركات الاذاعية على بعض قنواتها عند توقف الارسال العادي، ويتم استقبالها اما عن طريق التلفزيون او شاشات الحاسب.

ب-لوحات النشرات الالكترونية: وهي لوحات الكترونية تزود مستخدمي الحاسب بالمعلومات، وهي ليست مثل انظمة الفيديوتكس حيث لاتقدم المعلومات في شكل صفحات او اطارات بل تدفق النصوص والمعلومات بشكل متواصل .

ج-الاوديوتكست: برغم ماللهاتف من تاريخ طويل بصفته وسيلة اتصالية الا انه اعيد اكتشافه مرة ثانية في اطار البيئة الاتصالية التي خلفتها وسائل الاتصال الالكترونية، وقد اصبحت الخدمة المعلوماتية التي توفرها انظمة الاوديوتكست متاحة بشكل كبير في العديد من الدول واستطاعت ان تحقق شعبية كبيرة لقدرتها على تحقيق قدر كبير من التفاعلية بين المرسل والمستقبل ومكنت المستخدم من استرجاع اية معلومات وقتما يريد .

د- البريد الالكتروني والبريد الصوتي: وهما نظامان يوفران خدمة تبادل المعلومات بين طرفين من خلال اي نظام شبكي تفاعلي، كما هو الحال بالنسبة لشبكة الانترنت ويتم تبادل المعلومات بصورة نصية في حالة البريد الالكتروني، ويتم تبادلها بشكل سمعي في حالة البريد الصوتي(34).

ويعتمد في نشر المعلومات الكترونيا على الانظمة الرقمية التي توفر القدرة على نقل الحروف والصور والصوت بالطبع بدقة وبسرعة، وقد حدثت الثورة الحقيقية في مجال نقل المعلومات بصورة رقمية بعد الاتجاه الى استبدال شبكات الهاتف التناظرية (Analogue) الى شبكات رقمية (Digital) لذا لم تعد البيانات المنقولة عبر خطوط الهاتف في حاجة الى التحويل من تناظري الى رقمي، والعكس ولكن يستطيع الحاسب التعامل مع اسلوب النقل الرقمي للمعلومات فانه يزود بكارت معدني يعرف باسم المعدل (35)(Modem).

وتتميز المعلومات الرقمية التي تعمل على اساسها انظمة النشر الالكترونية بما فيها الصحف الالكترونية بخواص عديدة أهمها مايلي(36):

أ-خاصية القابلية للادارة :فقراء الكتب والروايات يستطيعون في حالة المعلومات الرقمية ان يديروها بالشكل الذي يرغبون فيه، ومن المعروف ان القارئ في حالة الدوريات المطبوعة لابد ان يشتري المنتج كاملاً بغض النظر عما يرغب في الاستفادة منه، على عكس الحال في المعلومات الرقمية حيث بامكانه ان يتعرض فقط لما يريده طبقا لما يطلبه .

ب- خاصية القابلية للدخول في شبكات: فالمعلومات في نمط الاتصال الرقمي يمكن تقاسمها وتبادلها بين مجموعة من الاشخاص او المستخدمين في الوقت نفسه ولان الشبكات يمكن ان تكون عالمية في المجال المعلوماتي الذي تغطية فان ذلك يدعو الباحثين في هذا المجال الى اعادة النظر في مفهوم المكان في العملية الاتصالية .

ج-خاصية القابلية للتكثيف: فالمعلومات الضخمة في ظل الاتصال الرقمي يمكن ان تكثف في مساحة صغيرة في ظل تكنولوجيا التخزين الحديثة ....

الشبكات الاخبارية:

في اطار هذه التكنولوجيا المتنامية ظهرت انظمة النشر الالكتروني المختلفة ومن بينها الصحافة الالكترونية، وقد بادرت وكالات الانباء الى الاستفادة من هذه التكنولوجيا لتسوق خدماتها على مستويات جماهيرية بعيداً عن الخدمات التي تعدها للصحف فنشأ مايطلق عليه الشبكات الاخبارية(37).

وهي تعتبر خدمات تتميز برخص ثمنها وتعتمد في جميع البيانات الخاصة بها على وكالات الانباء التي تغطي الاحداث التي تقع في انحاء العالم كافة، وتتميز هذه الخدمات بوجود ادوات بحثية داخلها تسهل على المستخدم ادارة المعلومات المتوفرة عليها، كما تتميز ايضا بوجود ملف ارشيفي لاخر المعلومات المتعلقة بأبرز الاحداث خلال سبع ايام مضت .

وقد اتجهت العديد من الصحف الى اصدار نسخ الكترونية الى جانب النسخ الورقية المطبوعة التي تصدرها، بعد ان انتهت الى الحاسبات كوسيلة لنقل وتبادل المعلومات، بل وبدأت تطرح فكرة ارتفاع تكلفة طباعة الصحف وارتفاع اسعار الورق وظهور شبكات الحاسب كأداة تكنولوجية قوية وقادرة على نقل المعلومات متجاوزة مرحلة الطباعة بتكلفتها التي ترهق اقتصاديات الصحف او بما تستهلكه ايضا من وقت فضلاً عن تجاوز مرحلة توزيع الصحيفة من خلال الموزعين او الاشتراكات، وبالتالي فالصحيفة الالكترونية تستطيع ان تصل بالمواد الصحفية الى القارئ مباشرة on line دون المرور بمرحلتي الطباعة والتوزيع وفي ضوء ذلك تستطيع الصحيفة الوصول الى المتلقي وتزويده بالمعلومات بصورة مباشرة(38).

ويعد نشر الصحيفة الالكترونية على الانترنت احد الطرق اليسيرة لتوزيع الصحيفة الالكترونية، والوصول بها الى اكبر عدد من المستفيدين وقد ثبت ان الصحف الالكترونية تحظى بدرجة تفضيل عالية من جانب القراء عند متابعة الاخبار الخارجية في حين مازال القراء يفضلون صحفهم المحلية المطبوعة عند متابعة الاخبارية المحلية(39).

إن محتويات الصحف الالكترونية ليست هي المسألة الوحيدة التي تؤخذ بنظر الاعتبار، فصيغة هذه المحتويات وسهولة الوصول اليها هي مسألة مهمة ايضا(40).

ان الصحف الالكترونية سوف تجذب القراء لا لكونها تجهز خدمات اخبارية ذات نوعية غاية في الحداثة، بل لانه يمكن الوصول الى هذه المحتويات بسرعة كما انها تقدم بصيغة يمكن من خلالها تأمل الاخبار والحصول على افكار مستخلصة عنها فضلاً عن الامكانيات التكنولوجية التي تدخل في هذه المسألة والتي تآخذ موقعاً مركزيا ضمن هذه الاعتبارات لذا فان على ناشري الصحف الالكترونية التاكد بانهم يمتلكون قاعدة من المهارات لانتاج صيغ اخبارية ذات اوعية متعددة جذابة ولديهم قواعد بيانات لمحتويات الاخبار بحيث يجدها القراء سهلة البحث وحتى التقارير الاخبارية ذات النوعية العالية سوف لن تكون كافية لصياغة ودعم عملية القراءة اذا وجدت صعوبة في استرجاع تلك المعلومات(41).

ان (ثورة النشر الالكتروني) اصبحت ظاهرة معروفة الان على شبكة الانترنيت وواسطة معلوماتية نوعية لها موقعها وحجمها الملموس من ساحة هذه الشبكة كما أن النشاط الذي يشهده ميدان النشر الالكتروني مازال يحتل هامشا جيدا من الحجم الاجمالي لمركز النشر في العالم سواء في مجالات الصحافة او المجلات والروايات او الكتب والمراجع(42).

فالسنوات الراهنة ستشهد تطورا متسارعاً تكون احدى ثماره المباشرة اتساع رقعة الصحافة الالكترونية على حساب حجم النشر الورقي على مستوى الدول المتقدمة، اما الدول التي يطلق عليها العالم الثالث فتحتاج من عشرين الى ثلاثين عاما حتى يصبح لها نصيب يعتد به في هذا المجال .

وهناك العديد من دور النشر في الولايات المتحدة الأمريكية وأوربا الغربية واليابان تخوض الان بالفعل غمار مرحلة حافلة بالتحديات خاصة ناشري المراجع الكبرى

والموسوعات الذين يواجهون ضغوطا قوية من جانب الناشرين الذين يستخدمون وسيطا اخر غير الورق هو مجال النشر الالكتروني وتكنولوجيا المعلومات في ممارسة نشاطهم ذاته، وماينطبق على المراجع والموسوعات ينطبق كذلك على المجلات والصحف، وهنا تأتي اضافة نوعية اخرى فضلا عن احلال النشر الالكتروني محل النشر الورقي، وهي انك لن تقرأ النص فحسب بل ستتفاعل معه ايضا من خلال الوسائط المتعددة اي من خلال الصوت والصورة العادية وصورة الشريط السينمائي والفيديو(43).

وقد أحدثت شبكة الانترنت تغيراً في مفهوم العمل الصحفي عموماً، وذلك حينما شرعت كبرى الصحف العالمية في الدخول الى شبكة الانترنت بحيث لم تعد تهتم فقط باصدار صحف مطبوعة، بل اصبحت تسعى الى تصور واكتشاف منطق وبناء جديدين يسمح بنقل الاخبار والمعلومات بعمق لذا تعد الانترنت بالنسبة للصحافة تحدياً جديداً من المتوقع ان يقود العالم نحو ثورة في تطبيقات الصحافة(44).

نشوء الصحافة الالكترونية

ظهرت الصحافة الالكترونية وتطورت كنتاج لشبكة الانترنت العالمية التي تقف رمزاً واضحاً لثورة المعلومات التي يشهدها العالم في الوقت الراهن، وقد جاءت ثورة المعلومات كثمرة للمزج بين ثورة تكنولوجيا الاتصالات من جهة وثورة تكنولوجيا الحاسبات من جهة اخرى .

ويعود الفضل في المزج بين تكنولوجيا الحاسبات والاتصالات الى مايعرف بالتقنية الرقميةu.

وقد القت ثورتا الاتصال والمعلومات ومانجم عنها من تقنيات وتطورات متعددة بظلالها على الصحافة المطبوعة كجزء من منظومة وسائل الاعلام التقليدية الراديو والتلفزيون والصحف(45) التي تعرضت جميعا لتهديدات متعددة من جانب وسائل الاعلام الجديدة التي بدأت تتكون حول نظم الحاسبات المرتبطة بعضها ببعض من خلال شبكات الكومبيوتر سواء الشبكات المحلية او الشبكات الدولية ومن ابرز نظم ووسائل الاعلام والاتصال الجديدة شبكة الانترنت وغيرها من شبكات الخدمات التجارية الفورية، وماتتضمنه هذه الشبكات من بث

اعلامي يعتمد وسائل تعبير متعددة كالصوت والنص والصورة واللون والتأثيرات الصوتية وغيرها .

وخير مثال على وسائل التعبير هذه هو الصحافة الالكترونية Electronic journalism ونظم البريد الالكتروني Electronic mail والفيديو تكست video text والاوديو تكست Audio text.(46)

وكانت صحيفة (هيلزنبورج داجبلاد)السويدية هي الصحيفة الاولى في العالم التي نشرت الكترونيا بالكامل على شبكة الانترنت عام 1990 (47) وفي المدة من عام 1990 وحتى عام 1995 اتجهت اكثر من 750 صحيفة في العالم الى انتاج اصدارات الكترونية تبث عبر شبكة الانترنت. وازداد هذا العدد الى 2000صحيفة عام 1996 (48).

وفي عام 1994 دخلت صناعة الصحافة عالم الصحافة الالكترونية بطريقة كبيرة و متزايدة وبخاصة مع توفير خدمة الانترنت مجانا في الولايات المتحدة الامريكية وبلاد العالم المتقدم، بحيث اصبحت الصحافة جزءاً من تطور وتوزيع شبكة الانترنت(49).

لقد تزايد الاتجاه في الصحف على مستوى العالم الى التحول الى النشر الالكتروني بسرعة كبيرة ففي عام 1991 لم يكن هناك سوى 10صحف فقط على الانترنت تم تزايد هذا العدد حتى بلغ 1600 صحيفة عام 1996 وقد بلغ عدد الصحف عام 2000 على الانترنت 4000 صحيفة على مستوى العالم كما ان حوالي 99% من الصحف الكبيرة والمتوسطة في الولايات المتحدة الامريكية قد وضعت صفحاتها على الانترنت(50).

حيـث بدأت غالبية الصحف الامريكية تتجه الى النـشر عـبر الانترنت خلال عامي 1994- 1995 (51) حيث زاد عدد الصحف اليومية الامريكية التي انشأت مواقع الكترونية من 60 صحيفة نهاية عام 1994 الى 115 صحيفة عام 1995 ثم الى 368 في منتصف عام 1996، وتعد صحيفة (الواشنطن بوست) أول صحيفة امريكية تنفذ مشروعاً كلف تنفيذه عشرات الملايين قامت من خلاله عام 1994 ببث العديد من موضوعاتها مقابل بدل شهري لايتجاوز العشر دولارات ويتضمن نشرة تعدها الصحيفة يعاد صياغتها في كل مرة تتغير فيها الاحداث مع مراجع وثائقية واعلانات مبوبة واعلانات للخدمة المتبادلة، واطلق على هذا المشروع اسم

(الحبر الرقمي) وكان فاتحة لظهور جيل جديد من الصحف الالكترونية التي تخلت أول مرة في تاريخها عن الورق والاحبار، والنظام التقليدي للتحرير والقراءة لتستخدم جهاز الحاسوب وامكانياته الواسعة في التوزيع عبر القارات والدول بلا حواجز او قيود .

ولم يكن هذا المشروع سوى استجابة للتطورات المتسارعة في ربط تقنية الحاسوب مع تقنيات المعلومات، وظهور نظم وسائط الاعلام المعدة وماتحقق من تنام لشبكة الانترنت عمودياً وافقيا، واتساع حجم المستخدمين والمشتركين فيها داخل الولايات المتحدة ودول اخرى عديدة وخاصة في الغرب، والبدء قبل ذلك بتأسيس مواقع خاصة للمعلومات ومنها معلومات اخبارية متخصصة مثل الرياضة والعلوم وغير ذلك(52).

لقد حققت (الواشنطن بوست) من خلال بدء ظاهرة الصحافة الالكترونية منفعة كبرى للقراء(53) باتاحتها الفرصة للجميع للاطلاع على ارشيفها الموسع كما ان بدء النشر الصحفي على الانترنت فتح آفاقاً رحبة كيفت المنتج الصحفي حسب الطلب على نطاق واسع Mass Customization اذ تكمن قوة الصحيفة الالكترونية من اختلافها بالنسبة لكل قارئ، فبدلاً من ان يحصل مليون شخص على الصحيفة نفسها يومياً اصبح يتاح لهم الوصول الى القدر نفسه من المعلومات الا ان كل واحد منهم يستخدم تلك المعلومات بطريقة متفردة وشخصية للغاية، او سوف يستطيع ملايين القراء تصميم صحيفتهم الالكترونية حسب احتياجاتهم الشخصية.

ففي عام 1994 اصدرت مؤسسة (Digital Ink Co) منتجا اخباريا ومعلوماتياً وزع على نطاق واسع من خلال طريق المعلومات فائق السرعة باستخدام الانترنت، وكان اول منتجاتها نسخة كمبيوترية لصحيفة الواشنطن بوست .(54)

واصدرت الـ(Digital Ink) الواشنطن بوست الالكترونية لتضم نصوصا ورسومات وصوراً ولقطات فيديو وموسيقى ووسائل سمعية وتم تصميمها لاستخدامها في اجهزة الكومبيوتر والكابل التلفيزيون والخدمات اللاسلكية(55).

وقدمت صحيفة الواشنطن بوست الالكترونية اكثر بكثير مما تقدمه المنشورات الصحفية المعتمدة على الورق(Paper Based) صحيفة حيث وفرت الاخبار باستخدام الوسائط المتعددة، وليس بمجرد استخدام صور وكلمات تقليدية اي انها تجاوزت ما تعرضه الصحف عادة لتقدم النصوص الكاملة للاحاديث، والمزيد من الاخبار المحلية وخصصت صفحة كاملة

للبرامج الترفيهية لمدينة واشنطن وضواحيها. اما عن الاعلان فتجاوزت مجرد القصاصات الصغيرة المألوفة التي كانت تعرض في الصفحات الداخلية للصحف المطبوعة، واما ماهو اكثر اهمية فهو ان الوصول الى تلك الثروة الجديدة من المعلومات سيكون اكثر سهولة عن نظيرتها الورقية(56).

ان الصحيفة ذاتها تطورت للتفاعل مع القراء فبدلاً من ان يضطر القراء للتنقيب في اكوام من ورق الصحف، اصبح بإمكانهم الوصول مباشرة الى مايريدون من معلومات ومع تطور الاجهزة اضحى الاتصال الالكتروني. يوفر لهذه المؤسسات أفضليات وامتيازات عن نظيراتها في العالم، بل ان توفر امكانية التواصل مع مستخدمي الكمبيوتر المتصلين في شبكة المعلومات (الانترنت) يعد الان من الركائز الاساسية لبنية الاتصالات التحتية في دول العالم المتقدمة. وفي العمل الدعائي تتقدم الوسائل والموضوعات حتى يكاد يكون من المستحيل حصرها وتحديدها نهائيا فعلى الرغم من ان هذه الشبكة قد احدثت ثورة عالمية في مجال الاتصالات الاانها بالمقابل استخدمت من قبل بعض الدول المصدرة والمنتجة للمعلومات وسيلة لحرب المعلومات وهيمنة الدول الغربية الصناعية على الدول النامية لبقية وسائل ومصادر نقل المعلومات كالصحف والمجلات والتلفزيون والكتب .....الخ . فعشرات الملايين من الكلمات والمعلومات التي تضخها اربع وكالات انباء على سبيل المثال لاالحصر في ثلاثة دول غربية صناعية هي الولايات المتحدة الامريكية وانكلترا وفرنسالايقابلها سوى العشرات من الالاف من الكلمات والمعلومات التي تضخها وكالات انباء الدول النامية جميعها .وهو امر مثير للجدل لاسيما المعلومات المخصصة للاستهلاك المحلي في اشباع الرغبات من المعلومات الاعلامية للمواطنين في عموم دول العالم ومنها الدول النامية. وتشير دراسة لمجلة hesEditor and Publi (57) rالى ان الصحف الالكترونية ستكون هي المصدر الرئيس للاخبار بالنسبة لمدراء الشركات الذين يحتلون مواقع تنفيذية عليا خاصة فيما يتعلق بالاخبار الاقتصادية واخبار الاعمال، وهذا يشير الى ان الانترنت وماتحمله من صحف الكترونية وخدمات اخبارية سيكون لها دور مؤثر في تشكيل النخبة التي تتحكم في الاقتصاد العالمي وتتخذ القرارات الاقتصادية، وتؤثر بالتالي على الادارة السياسية للمجتمعات وللعالم، كما ان هذه النخبة سوف تدعم هذه الصحف الالكترونية باستخدام الاعلانات .

ولذلك فانه يمكن أن نلاحظ بوضوح ارتباط تزايد الصحف الالكترونية والخدمات الاخبارية على الانترنت بتزايد ظاهرة الاحتكار والتركيز في ملكية الشركات التي تقوم بانشاء خدمات اخبارية أو تمتلك صحفاً الكترونية، وان هنالك صراعاً بين هذه الشركات للسيطرة على هذه الوسائل الاتصالية الجديدة كما سيطرت على وسائل الاتصال التقليدية(58).

فهذه الشبكة الحديثة احدثت بالفعل ثورة في مجال الاتصالات والوسائل الاعلامية المختلفة، واحدثت قفزة كبيرة ومتطورة في نقل المعلومات المختلفة وبالاخص في عملية النشر الالكتروني للصحف .

ففي شهر نيسان في عام 1997 تمكنت صحيفتا اللوموند والليبراسيون من الصدور بدون ان تتم عملية الطباعة الورقية بسبب اضراب عمال مطابع الصحف الباريسية، الصحيفتان صدرتا على مواقعها في الانترنت وللمرة الاولى تصرفت ادرة التحرير كما لو أن الوضع كان طبيعياً وقامت بأصدارهما بشكل كامل وتم الاعداد لهما كما هو الحال يومياً، وبصرف النظر عن وسيلة (البث)/ الورق المطبوع(59)، حتى ان المحطات الاذاعية اشارت في اطار استعراضها للصحف اليومية أي موضوعات اللوموند والليبراسيون مثل كل يوم، وكانما كانت في غرفة الصحف .كما ان الصحفيين مارسوا عملهم اليومي بشكل طبيعي الا ان كلا منهم شعر بضرورة تقديم شيء جديد واضافي، وذلك لان العلاقة مع القارئ كانت مختلفة بعض الشيء هذه المرة .

ويبدو ان هذه الحادثة كانت لها اثر ايجابي من اجل تطوير الصحف الفرنسية على شبكة الانترنت.

ظهور الصحف على الانترنت:

في آيار 1992 صدرت شيكاغو اونلاين CHICAGO ONLINE كأول صحيفة الكترونية في الولايات المتحدة الأمريكية على شبكة امريكا اونلاين تم اصدارها بواسطة شيكاغو تريبيون. لقد كانت حركة ظهور الصحف على الانترنت بطيئة وبالتحديد على الويب التي ظهرت في مطلع التسعينات(60)، يقول مارك ديوز MARK DEUZE (61): (كانت الاخبار من الملامح الاساسية للشبكة في الثمانينات. ولكن في الويب تأخر ظهور الاخبار وواحدة من اهم البدايات مجلة وايرد WIRED MAGAZINE وقد ظهرت في كانون الثاني

1993م، وهذا العام شهد ايضاً انطلاق اذاعة الانترنت ومنها بدا الاخرون من صحف ومجلات يأخذون علماً).

(وفي جميع المراحل السابقة كانت الصحف موجودة على الشبكات التجارية مثل كمبيوسيرف واميركا اونلاين وبرودجي ونظم لوحة النشرة الالكترونية). وفي عام 1994م بدأ انتشار الصحف على الانترنت واهم هذه الصحف ومعظمها في الولايات المتحدة صحيفة بالو التو الاسبوعية PALO ALTO weekly في شباط ومجلة سي نت في آذار وهي متخصصة في الكومبيوتر والانترنت، وصحيفة رالى نيوز اند اوبزيرفر RALEGH News And Observer و هذه اوجدت لنفسها موقعاً في الويب. والديلي تلغراف البريطانية daily Telegraph في تشرين الثاني وفاينشينال تايمز financial Times في تشرين الثاني ايضاً ودالاس مورننغ نيوز dallas morning news وايرش تليمز the irish times الايرلندية في كانون الأول)(62).

يقول (ديوز) عن تجربة ديلي تلغراف في الشبكة (هي واحدة من أوائل مواقع الصحف الاوربية على الانترنت التي تصدر منذ تشرين الثاني 1994 ولديها مليون مشترك في نسختها الالكترونية، ويمثل ذلك بداية خروج الانترنت الى العالم العريض ويعد عام 1995 م العام الذي ضم اكبر عدد من الصحف غير الاميركية بشكل واضح. ومن بينها صحيفة الشرق الاوسط العربية التي اوجدت لنفسها موقعاً في الشبكة في شكل صورة نص، وقبل هذا التاريخ كانت معظم الصحف من الولايات المتحدة وعددها 60 صحيفة في شبكة الانترنت او في شبكات أخرى)(63). (وفي عام 1996 بدأ المستخدمون حول العالم في الالتفات الى الانترنت كمصدر للمعلومات الصحافية، ففي 19 نيسان حدث انفجار مبني البلدية بأوكلاهوما الاميركية، وقد نقلت الشبكة التقارير الصحافية والتصريحات الحكومية وقائمة الضحايا . وبعد الحادث وفر موقع أخبار اليوم (Newsday) في برودجي خارطة تفاعلية للمدينة، ونشرت الاسوشيتد برس أول تقرير عن الحادث في الشبكة بجانب رسم ايضاحي يصف القنابل التي استخدمت في تفجير المبني(64). كذلك نشرت خطة سلام البوسنة في 28 تشرين الثاني كإحدى اهم الوثائق التي نشرت في الشبكة وحولت اليها الانظار كمصدر للاخبار(65). وبدأت اعداد كبيرة في الصحف الكبيرة غير الاميركية في الظهور في الشبكة فاحتلت الغارديان البريطانية gardian tge موقعها في 1 نيسان والعالم الالمانية die welt في آيار ويوري شيمبون

yomiuri shimbun اليابانية في حزيران واساهي شيمبون asahi shimbun اليابانية في آب والشعب la nacion الارجنتينية في كانون الاول ولوموند الفرنسية le monde بجانب الصحف الاميركية الاكبيرة مثل واشنطون بوست التي اظهرت في يوليو على شبكة interchange في نيسان ويواس ايه توداي usa today في نيسان(66).

يقول الدكتور عماد بشير (لقد توافرت الصحيفة اليومية العربية الكترونيا لاول مرة عبر شبكة الانترنيت في 9 أيلول 1995 ونشرت صحيفة الشرق الاوسط في عددها الصادر في 6 أيلول من ذلك العام خبراً على صفحتها الاولى اعلنت فيه انه ابتداءً من 9 أيلول 1995 سوف تكون موادها الصحيفة اليومية متوافرة الكترونياً للقراء على شكل صور عبر شبكة الانترنيت، الصحيفة العربية الثانية التي توافرت على الانترنيت كانت صحيفة النهار التي اصدرت طبعة الكترونية يومية خاصة بالشبكة ابتداء من الاول من شباط 1996، ثم تلتها الحياة في الاول من حزيران 1996، والسفير في نهاية العام نفسه)(67).

(لقد ارتفع عدد الصحف في جميع انحاء العالم بحلول عام 2000 الى 2600 صحيفة في الانترنت ادت خدمات اخرى متصلة بالشبكة وخدمات منفصلة بجانب 1200 محطة تلفزيونية لها مواقع تعريفية او مواقع خدمات وارتفع عدد الصحف مرة اخرى في 2002 الى 3250 صحيفة)(68).

الترتيب الزمنى لتطور النشر الصحافي الشبكي(69):

الترتيب الزمني لتطور النشر الشبكي:

في عام 1969 اطلق نظام ديالوغ dialog وهو قاعدة بيانات شبكية في بالو التو بكاليفورنيا palo alto california بواسطة شركة لوكهيد كورب، وقد تطور النظام سريعا ليحتوي بحلول عام 1972 على مائتي قاعدة بيانات تحوي 70 مليون سجلا .

1970- في 14 كانون الاول 1970 ظهرت اول اشارة لخدمة التليتسكت في المذكرات الداخلية ل بي بي سي .

1971- في 9 شباط تقدمت بي بي سي بطلب براءة اختراع للتليداتا كأول نظام تليتكست سمي لاحقا سفاكس في اليوم نفسه مررت مفوضية الاتحاد الاوربي تشريعا لبناء شبكة اوروبية باسم ايرونت euronet وابتكر راي توملينسون اول برنامج بريد الكتروني لاربانت في المدة نفسها تم اختيار اول نظام تليتكست في الولايات المتحدة بواسطة مؤسسة ميتر mitre corp بتمويل من المنظمة الوطنية للعلوم .

1972- في 23 تشرين الأول اعلنت بي بي سي عن خدمة سيفاكس بخطة تحوي جملة من الاختبارات في اليوم نفسه تم أول عرض لاربانت في مؤتمر في واشنطن .

1973- في كانون الثاني تم اول عرض جماهيري لسيفاكس في لندن وفي الشهر نفسه تم اول ربط دولي لاربانت مع انكلترا وبلجيكا في نيسان 1973 طرحت وحدة خدمات المعلومات في صحيفة نيويورك تايمز اول خدمة بحث في 6 من قواعد المعلومات عبر الاتصال الهاتفي .

1974 - عرضت مختبرات هيئة البريد البريطانية british post office أول مرة نظام فيوداتا viewdata وهو أول نظام فيديو تكس تمت تسميته لاحقا بريستل prestel في العام نفسه تم أول مرة استخدام كلمة انترنت في ورقة مؤتمرية قدمها فينتون سيرف وبوب كان .

1975- انطلقت خدمة تيلتكست اخبارية لرويترزعبر تلفزيون كيبل في منهاتن manhattan cable televison باسم نيوزفيو newsview . فرنسا بدأت برنامجا طموحا لتطوير نظام الهاتف الذي قاد الى ابتكار كتاب الهاتف الالكتروني، ونظام للفيدوتكس كذلك بدات كندا تطوير نظامها الخاص للفيدوتكس الذي اطلقت عليه تليدون telidon .

1976- بدأ اول عرض للفيوداتا في 13 كانون الثاني -اطلق عليه بريستل لاحقا- في كانون الاول من العام نفسه نشر المجلس الامريكي للاتصالات في واشنطن قواعد عامة تقضي بإفساح مجال في اشارات التلفزيون لاستخدامها لبث التليتكست.

1977-بدا عدد من الصحف البريطانية تجارب لتوصيل المعلومات عبر نظام بريسنل وفي امريكا افتتحت داو جونز نظاما للاخبار والاسترجاع news retrieval وهو يقدم مواد صحفية من وول ستريت جورنال، في العام نفسه اعلنت فنلندا عن انطلاق خدمة الفديوتكس في العام نفسه اعلنت تليفونيكا telefonica الاسبانية عن اطلاق خدمة فديوتكس باسم ليبرتكس lbertex يمكن توصيلها بدول اخرى باستخدام تليتيل او بريستل .
1978- في تشرين الأول بدأت خدمات بريستل الاختيارية في لندن .في 16 شباط انطلق أول نظام لوحة النشرة الاخبارية الالكتروني (bulletin board system bbs) في شيكاغو بواسطة وارد كرستنسن ward christensen وراندي سويس randy suess في المانيا بدات بيلدشير ماتكست لاbildschirmatext للفيديو تكس تجاربها في آذار بدأت اليابان أولى التجارب الميدانية لنظام كابتن captain الذي حمل ضمن خدمات صحافة الكترونية في الولايات المتحدة نظم اتفاق تشاركي بين فاينانشيال تايمز financial times واكستيل extel خدمة صحفية الكترونية مشتركة لبث اخبار اقتصادية عبر نظام بريستل اختبرت سي بي اس cbs نظام سيفاكس وتم ايضاً تجربة برامج الانتيوب antiope في تلفزيون kmox tv في سانت لويس st. louis في هولندا وفرنسا والى ابان جرت اختبارات للفيدوتكس وتجارب في آب على التليدون في كندا وفي اسبانيا على الفديوتكس، في العام نفسه جرى اول عرض اعلامي بنظام بالهيبر ميديا hypermedia aspen movie map التي تم تصميمها بواسطة باحثي معهد ماساشوسيتس للتكنولوجيا.
1979 -اجريت تجارب مفتوحة للتليتكست والفيدوتكس في بريمنجهام وكندا والسويد واليابان وبدأ اول استخدام تجاري لبريستل كأول نظام فيدوتكس وظل يعمل حتى 1994، في العام نفسه بدأت خدمة يوزنت usenet وهي شبكة مجموعة اخبارية في جامعة شمال كارولينا في 17 ابريل اصبحت نايت رايدر knight rider اول جهة نشر في الولايات المتحدة تعلن عن اطلاق خدمة فديوتكس باسم فيوترون viewtron .

1980- في هذا العام بدا العرض الجماهيري لخدمة منيتل minitel الفرنسية للفديوتكس الصين ايضاً بدات في تطوير كتاب هواتف الكتروني باسم ctde chiese eelephone directory enquiry في هولندا بدا كرانتل krantel وهو كونسورتيوم صحفي تأسس في آيار في التعامل مع الفديوتكس عبر نظام فيدتل viditel في 25 نيسان بدأت خدمة اسوشيتدبرس الاخبارية على الفديوتكس videotex wire في البث في تموز 1980 اصبحت كولومبوس ديسباتش columbus dispatch اول صحيفة تقدم نسخة الكترونية عبر شبكة كومبيوسيرف التي اصبح لديها حوالي 3,600 مشترك .

1819- اعلنت المؤسسة الوطنية للعلوم عن توصيل شبكة اربانت بعدد من الجامعات الامريكية في 28 آذار بدأت صحيفة لابريسيان لبيريه la parisien libere الفرنسية في تقديم نسخة شبكية online في التليتيل.

1982- بدات احدى عشرة صحيفة امريكية يومية بث نسخها الالكترونية عبر شبكة كومبيوسيرف التي اصبح لديها 10 الاف مشترك بدات ايضاً خدمة فيدوتكس غيتواي gateway التي تديرها تايمز ميرور في 15 كانون الأول 1972 بدات خدمة تليتكست لصحيفة لدانبروري نيوز تايمز danburury news times بدأت ستار تكست كأول صحيفة تقدم خدمتها عبر الفديوتكس الكومبيوتري في فورت ورث بتكساس fort worth texas .

1983- بدا تطوير نظام اسم الميدان للانترنت internet domain name system في جامعة ويسكونسن wisconsin كذلك بدات شبكة فيدونت fidonet وهي شبكة تخزين واسترجاع ابتكرها توم جيننغز tom jennings في العمل في العام نفسه بدأت اربانت استخدام برتوكول tcp/ip .

1984- بدات خدمة شبكة جانيت janet -joint academic nework العمل في انجلترا في 16 تشرين الثاني من العام نفسه انشأت يواس ايه توداي نسخة الكترونية باسم usa today update وهي عبارة عن ملخص للاخبار الاقتصادية في شبكات ترينتكس trintex مينتل minitel .

1985 - في 21 تشرين الثاني اعلنت جنرال الكيترك general elfectric co اطلاق شبكة جينيgenie لمستخدمى الكومبيوتر الشخصي .

1986 - في 16 أيلول اعلنت نيويورك تايمز وكوفيدا covidea عن اطلاق نيويورك بلس new york pluse وهي خدمة صحفية معلوماتية لمستخدمي الكومبيوتر.

1990 - في 5 ايلول بدأت برودجي prodigy في تقديم خدمتها العامة داخل الولايات المتحدة وخلال شهر اصبح لديها 500 الف مشترك في 15 تشرين الاول قدمت ماونتن نيوز في دينفر mountain news. denver تجربة لمدة 8 اسابيع لخدمة قائمة اخبارية ala carte edition على الفيدوتكس وقد اغلقت في 15 ايلول اخرج تيم بيرنرز لي لغة الـ html في معهد سيرن بسويسرا و في نهاية العام اخرج بيرنرزلي الـ (w w w).

1991 - في 17 آيار اعلنت سيرن المواصفات القياسية للوب في تشرين الثاني اعلنت شركة تربيون الصحافية tribune co العمل على اصدار عدد من صحفها الكترونيا.

1992 - في آيار صدرت صحيفة شيكاغو اونلاين chacgo online كأول صحيفة الكترونية على شبكة اميركا اونلاين تم اصدارها بواسطة شيكاغو تربيون في 15 آيار صمم بي وي pei wei الطالب في جامعة ستانفورد stanford university مستعرض فيولا viola لليونكس في شباط 1992 نشرت فلوريدا توداي من جانيت gannett folrida today محتوياتها على شبكة كومبيوسيرف مركزة على برنامج الفضاء الامريكي في آيار أيضاً ظهرت اخبار الانقلاب في روسيا في الانترنت بواسطة glasnet and relcom قبل ان تنقله شاشات التلفزيون في 9 حزيران ألغى الكونغرس كل ما يعيق الاستخدام التجاري للانترنت .

1993 - في 30 نيسان أعلن سيرن في سويسرا ان تكنولوجيا الويب اصبحت متاحة للاستخدام لاي شخص في 10 آيار صدرت سان خوزية ميركورى san jose mercury news على شبكة اميركا اونلاين في آب صدر مستعرض موزاييك على بيئة ويندوز من قبل جامعة الينوى university of illinos في أيلول قالت مجلة تايم time انها ستصدر خدمة صحافية على شبكة امريكا اونلاين في 2 أيلول أصدرت

middlesex mass news صحيفة انترنت على مستعرض الجوفر في تشرين الاول صدر اول موقع للصحافة الالكترونية الشبكية بواسطة جامعة فلوريدا في 12 شباط أعلنت واشنطن بوست انها ستنشئ شركة ديجتال انك digital ink كشركة منفصلة لاستكشاف مزايا وافاق الشبكة وقتها اعلنت ديترويت فري برس detroit free press انها ستبدأ النشر على كومبيوسيرف انشأت صحيفة ua el priodico de ca nyaالاسبانية خدمة شبكية الكترونية عبر سيرفيسكوم servicecom.

1994- في 19 كانون الثاني صدرت اول صحيفة تصدر بصفة منتظمة على الانترنت هي بالو التو ويكلي palo alto weekly في كاليفورنيا وكانت تظهر مرتين في الاسبوع مجانا انشأت ستريت تايمز the straits times في سنغافورة شبكة isdn بين وكالات الاعلان والصحف 13 آذار أنشئت خدمة اكسس اتلانتا access atlanat الصحفية في برودجي بواسطة اتلانتا جورنال اند كونستيتيوشن atlanta journal and consttution في آذار أيضاً اعلنت واشنطن بوست انها ستضع خدمة خاصة باسم على شبكة انترجينج في 31 آذار انتجت برودجي برنامجا باسم washington post extra جورنالست journalist وهو اول برنامج للكومبيوتر يمكن المستخدم من انتاج صحيفة الخاصة في نيسان تأسس ترب دوت كوم trib.com كمقدم خدمة للانترنت والخدمات الاخبارية بواسطة كاسبر وايو casper wyo و ستار تربيون star tribune وهو يشمل صحيفة انترنت باسم electronic signpost في تموز اصدرت نيويورك تايمز خدمة تايمز times على شبكة اميركا اونلاين وكانت في معظمها مواد ادبية وثقافية تعرضت وقتها للنقد في 20 تموز انشأت مينابوليس ستار minneapolis star tribune خدمة شبكية صحافية هي الثانية على انترنت في 24 آب أعلنت سان خوزيه ميركوري نيوز انها ستبدأ خدمة انترنت في الخريف وأعلنت ميركورى سنتر mercury center اطلاق نيوز هاوند newshoundو هي خدمة قصاصات صحافية الكترونية في 7 أيلول اعلنت نيويورك تايمز انها ستضع اعلاناتها المبوبة على الانترنت لمدة 6 شهور على سبيل التجربة في 9 أيلول اعلنت شبكة دلفي delphi ان صحيفة صنداي تايمز اللندنية sunday times ستبدأ في اصدار خدمة شبكية في تشرين الاول صدرت لوس انجليس تايمز ونيويورك نيوز داي على شبكة بردوجي في الاول من

تشرين الثاني ادى اضراب نقابي الى توقف صدور صحف سان فرانسيسكو اليومية مما قاد المضربين الى اصدار صحف منافسة في الشبكة منها free press and the gate في 22 تشرين الثاني أعلنت مايكروسوفت توفيرها لاخبار الاتحاد الوطني لكرة السلة nba على الشبكة والاسطوانات المضغوطة في أيلول أعلنت سان خوسية ميركورى اصدار نسخة شبكية تجريبية في أيلول أيضاً اصدر اطفال في مدرسة متوسطة في روسيا صحفية مدرسية على الانترنت باسم glasnet في 7 ايلول صدرت ديلي تلغراف البريطانية daily telegraph على الوب .صدرت ايضاً لوكسومبيرغ ايروب اونلاين luxembourg europe onlinf بتمويل من ثلاثة ناشرين اوربين في 24 آب اعلنت نيو ستريتس تايمز new straits times من سنغافورة ان عددا من الصحف الاسيوية مثل سنغافور بزينيس ومليورن ان ايج وسيدني مورننغ singaporees business times melbourne age sydney morninig gerald وضعت اخبار على الانترنت.

5919 -في آذار أعلن موقع شيكاغو او نلاين توفيره اعلانات مبوبة باسم كارير فايندر career finder وقد حقق انتشارا سريعا في مارس عقدت سيرن ورشة عمل للصحافيين لمدة يومين حول الوب حضرتها حوالي 250 مؤسسة صحافية اوربية في آيار اصبح عدد الصحف في الانترنت حوالي 150 صحيفة في 10 حزيران صدر تصريح من روبرت موردوخ rupert murdoch بانه سيضع كافة صحف مجموعة كورب الاخبارية وهي 130 صحيفة على شبكة الانترنت خلال عامين في 18 حزيران صدرت ستار تريبون او نلاين star tribune online من مينابوليس على شبكة انترجينق intechange في 17 تموز صدرت واشنطن بوست التي اصبح اسمها الان ديجتال انك digital ink في انتر جينج التي اشترتها ايه تي اند تي a t& t. في 21 آب بدأت يواس ايه توداي تقديم محتوياتها مجانا على الانترنت. في 28 آب أعلنت startext وهي اقدم صحيفة على نظام البي بي اس انها ستوفر خدماتها على الانترنت الان اصبح عدد من اهم الصحف الاسيوية على الشبكة مثل صحيفة الصين اليوم the china daily اوتسان الماليزية utusan كومباس الاندونسيسة اساهي شيمبون اليابانية asahi shimbun .في تشرين الاول صدرت بوسطن غلوب boston globe في

موقع عالى المستوى يضع كافة مجموعة بوسطن ميديا في موقع واحد في نفس الشهر اطلق موقع greenpath com. وهو قاعدة بيانات ضخمة متخصص في اعلانات الوظائف ياخذ مادته من نيويورك تايمز، واشنطن بوست ، بوسطن غلوب ،لوس انجليس تايمز،شيكاغو تربيون ،سان خوزية مير كوري. بنهاية 1995 قالت مجلة ايدتور اند ببليشر الامريكية edtor and publisher انه اصبح هنالك 330 صحيفة اونلاين منها 38 على نظام بي بي اس و 45 على اميركا وانلاين، برودجي و كومبيوسيرف و 230 على الانترنت. هنالك ايضاً بحسب المجلة المذكورة 11 صحيفة اسيوية و 5 من استراليا ونيوزلاندا 2 من افريقيا واحد من الشرق الاوسط.

1996 - فتحت نيويورك تايمز موقعها في الشبكة للجمهور بتسجيل مسبق مع استثناء مواطني الولايات المتحدة او من يعيشون فيها الذين يمكنهم الوصول الى المحتويات مجانا، في شباط اعلنت شيكاغو اونلاين تحقيق ارباح من وجودها على اميركا او نلاين لتصدر في 14 آذار بكامل محتواها على الانترنت. في نيسان اعلن اتحاد الصحافة الامريكي news paper association of america naa ان هنالك 175 صحيفة يومية في امريكا الشمالية موجودة على الشبكة. والعدد الموجود في انحاء العالم يبلغ 775 اصدارة صحافية .في نفس الشهر وضعت لومند le- monde نسخة الانترنت. في 1 آيار اعلنت اسوسيتد برسassociated press افتتاح موقع تجربي باسم the wire يمكن استخدام محتوياته للصحف المشاركة فيه . في تشرين الأول أنشئت اسوشييتد برس اونلاين لتقديم خدمات اخبارية شبكية .

1997- اعلنت بوليتزر pulitzer عن منح جوائزها ايضاً للمقالات الصحافية التي تنشر في الانترنت .

1997-في 14 تموز أنهت نيويورك تايمز رسوم الدخول الى مواقعها لمستخدمين من خارج الولايات المتحدة .

1998- اعلنت 25% من الصحف الامريكية انها حققت ارباحا من وجودها في الانترنت خلال مؤتمر E&P interactive newspaper 1999.

شبكة الانترنت والصحافة الالكترونية:

اصبح الانترنت وسط اتصالات عالمياً رئيسياً واصبح بعد ذلك ميزة اساسية في حياة المواطنين والحكومات ففي اذار عام 2000 أقترب عدد مستخدمي الانترنت في انحاء العالم الى 300 مليون شخـــص، واكثر من بليون صفحة شبـــكة في 5 ملايين من الحـــاسبات الالكـــترونية(70). وعلى الرغم من الاهتمام بالاصدارات والنشرات محفوظة الحقوق ومختلف انواع القنوات ونتيجة لمثابرة الناشرين بدأت تستكشف اسواق جديدة لعائدات الانترنت، وكأستجابة بتحسين في المعلومات وتقنية الاتصالات أصبحت الاخبار والمعلومات في أي جزء في العالم ممكنة القراءة بنقرة على الزر، وسارعت الصحف لاستغلال هذا التغير التقني فحرصت الصحف الرئيسة على الظهور الدائم على شبكة الانترنت كأحد مقومات وجودها المهني والتكنولوجي .

وقد تجسدت علاقة الانترنت بالمطبوعات الصحفية في ظل مايأتي:

اولاً:ان غالبية الصحف اليومية في الغرب وفي العالم العربي تدير مواقع الكترونية خاصة بها، وتصدر طبعات الكترونية وتشير احصائيات مؤسسة نيوزلنيك الامريكية في نهاية عام 2000 الى ان عدد الصحف التي تدير مواقع على الشبكة في العالم قد وصل الى 4900 جريدة منها 2000 جريدة امريكية بينما لم يتجاوز عدد الصحف الالكترونية على الشبكة ثمانين صحيفة في نهاية عام 1994، وهذه الارقام تشمل الصحف اليومية والاسبوعية والدوريات والمجلات وغيرها من المطبوعات، وبينما تتبوأ المطبوعات الامريكية مركز الصداره من حيث عدد المواقع الالكترونية فان المطبوعات غير الامريكية تشكل نسبة 43% من اجمالي المواقع هذه(71).

ثانيا:ان عددا لابأس به من كبريات الصحف في امريكا واوربا واليابان قد فصل مابين الجريدة المطبوعة، والنسخة الالكترونية من حيث الادارة والتحرير وطبيعة المحتوى، ومصادر الدخل والانفاق لكل منهما، مثال ذلك صحف (الواشنطن بوست) والنيويورك تايمز و(الشيكاغو تربيون) الامريكية والفايننشال تايمز اللندية، واصبحت النسخ الالكترونية بوابات اعلامية شاملة تجد محتواها على مدار الساعة طيلة ايام الاسبوع، وتسبق في كثير من الاحيان النسخ المطبوعة في نشر الاخبار(72).

ثالثاً:ان عددا من هذه المواقع الالكترونية المملوكة من دور النشر الصحفية يعد اليوم من انجح البوابات الالكترونية على الشبكة من حيث عدد الزوار او المشتركين، وحجم الدخل الاعلاني بحيث اصبحت هذه البوبات مستقلة تماماً عن النسخة المطبوعة، وتقدم خدماتها على مدار الساعة الاانه يجدر القول واستنادا الى تقرير مؤسسة نيوزلنك فأن اقل من ثلث الصحف الالكترونية على الشبكة حالياً يجني ارباحاً، بل ان عددا لابأس به من الصحف اغلق مواقعه الالكترونية (مائة صحيفة خلال تموز عام 2000 بسبب الخسائر)(73).

رابعاً:ان هناك مواقع اخبارية الكترونية نشأت في بيئة الانترنت او مايسمى اليوم (بالفضاء التفاعلي)، وحققت نجاحاً باهراً الى حد دفعها للخوض في عالم النشر التقليدي ايضــاً اي مايسمى (بالهجرة المعــاكسة)ومثــال على ذلك مجلة دبليو اي آر ايه دي)(74).

مواقع الصحف على شبكة الانترنت:

يبدو ان المواقع على الشبكة الدولية التي بدأت تدرك معنى الانترنت الحقيقي بدأت تعتمد النهج (الاميبي)ان جاز التعبير بمعناه الايجابي، وهذا بالضبط ما انعكس على بعض المواقع التي تطور من مداخلها وتصاميمها .لتغدو بوابات حقيقية لمختلف مجالات الحياة، بل ان بعض المواقع اتخذ لنفسه مجالاً محدداً فوجد ان فضاء الانترنت اكثر شمولية من ان ينحصر الموقع في تخصص وبالتالي يحرم نفسه من ضيافة قطاع اكبر من المرتادين، وهذا تماماً ماتمت ملاحظته في موقع (75)(sahafa.com) الذي بدأ صحفياً متواضعا الى ان اكتسى بالعديد من المداخل شملت خدمات التجارة الالكترونية، والتسليات والخدمات المالية والصحية، وشؤون الانترنت والعديد من المتفرقات التي تجذب المستخدم، فعلاوة على مدخل الصحافة اليومية الاسبوعية والشهرية ومواقع الاعلام المرئي والمسموع فقد تم تخصيص مساحة للدردشة ومساحة للنقاش ولكنها في بدايتها وتحتاج الى تنشيط. كما تم تخصيص قائمة ابجدية بمواقع اهم خطوط الطيران العربية والاجنبية، يتميز الموقع بتصميمه المباشر والجاد بعيدا على فوضى الحركة التي تتعب المتصفحين التي غالباً ما نلاحظها في المواقع الشخصية او المبتدئة، وبعيداً عن فرص الحركة في الصفحة الامامية تمكن الموقع من توجيه اهدافه مباشرة الى المستخدم دون ارباك.

ان عدد مواقع الصحف اليومية على الانترنت بلغ في فرنسا 534 موقعا وفي المانيا بلغ عدد المواقع 756موقعاً وفي المكسيك 630 موقعاً وفي الولايات المتحدة الامريكية 2794 موقعاً حسب احصائية عام 2002،وان حجم انتشار الصحف التي تملك مواقع على الانترنت زاد بنسبة 0.6% بين عامي 2002.2003 (76).

وافادت دراسة أعدتها الجمعية العالمية للصحف تناولت 1429صحيفة أن ثلث هذه الصحف بقيت عائدات موقعها مستقرة، وحوالي نصفها ارتفعت عائداتها لكن معظم المواقع مازالت تواجه خطر زوالها، وتشكل نسبتها 58% اي بتحسن طفيف عما كانت عليه في عام 2002 حيث كانت 63% وتحقيق 16 % منها فقط ارباحاً مقابل 15% في عام 2002 (77).

وتعد صحيفة دير ستاندارد (der standard) اول صحيفة باللغة الالمانية تدخل الى عالم الانترنت وذلك في فبراير عام 1995 (78).

الاعلان الالكتروني:

صاحبت نشوء الصحافة الالكترونية وانتشارها بشكل كبير في فضاء الانترنت ظهور نماذج اعلانية افرزتها مواقع الانترنت ابرزها أنموذج الشريط الاعلامي (79)(banner) الذي يقوم بوظائف الاعلان التقليدي المعروف في الوسائط الاخرى المقروءة منها والمسموعة، وقد اخذ الشريط الاعلاني بالتحول اكثر فاكثر نحو (الاعلان المتحرك) ليحمل اكثر من رسالة اعلانية في ذات المساحة او ليجذب انتباه المتصفحين نتيجة حركته الملفتة .

وبرزت شبكات متخصصة بتبادل الشريط الاعلاني تقدم خدماتها باتباع نظام الوساطة والمقايضة اذ تزود الموقع الراغب في الاعلان عن ذاته بشريط اعلاني يضم مجموعة اعلانات تتناوب الظهور على صفحات الموقع فيما بينها، ويجري التحكم بظهورها من قبل قاعدة بيانات الشبكة وتتولى الشبكة في المقابل الاعلان عن الموقع المذكور في مواقع ويب اخرى ترتبط بها باتفاقيات مشابهة .

وكانت شبكة لينك اكسجينج (linkexchange com.www .) اول من وفر هذه الخدمة في فضاء الانترنت، وفي دراسة أعدها ونشر نتائجها حديثا مكتب اعلان انترنت (80) (internet advertising bureau) قدرت الانفاق الاعلاني باستخدام انترنت بمبلغ 980 مليون

دولار امريكي خلال الربع الاول في عام 1996بزيادة بلغت نسبتها 271% قياساً بالربع الاول من العام السابق.

واذا كان حجم الانفاق الاعلاني في الانترنت لازال ضئيلا قياسيا بالانفاق الاعلاني في الوسائل التقليدية، الا ان معدلات نموه المرتفعة وتواصل هذا النمو الموجب خلال السنتين السابقتين (2002-2003) على التوالي وازدياد عدد المعلنين وشمولية اصناف السلع والخدمات المعلن عنها تظهر ان قبول الانترنت كوسط اعلاني اخذ بالاتساع، وان اعتمادها عالميا كبيئة اعلانية اصبح امراً نهائياً لاجدال فيه(81).

ان مصدر الدخل الرئيس لموقع الصحف الالكترونية هو من الاعلان المتكرر على كل صفحة وهو مايسمى باعلان اللافتة(82) وقد جربت طرق عديدة لاحتساب قيمة الاعلان منها ان يتم دفع مبلغ لوسيلة الاعلان كلما نقر المستخدم على المساحة الاعلانية طلبا لمزيد من المعلومات، الا ان هذا الأنموذج لم ينتج لان اعداداً قليلة فقط من المتصفحين تقوم بالنقر على اللافتة الاعلانية ليتم توجيهها الى موقع المعلن، ولهذا فقد تم اعتماد نظام اخر الى جانب الاول يعتمد على محاسبة المعلن عن كل الف صفحة تم تصفحها، وبالتالي رؤية الاعلان عليها وهو ما اصطلح على تسمية الكلفة لكل الف صفحة، قد يبدو هذا الاسلوب بسيطا وحتى بدائيا الا ان حقيقة الامر هي غير ذلك، فالاعلان على الانترنت يعطي المعلن سيطرة بين وسائل الاعلان الاخرى لايصال رسالته للمستهلك .فهو يستطيع ان يطلب ان لايظهر اعلانه الا لمتصفحين قادمين من الاردن فقط، او من امريكا فقط او من اي بلد بعينه كما انه يستطيع ان يطلب اظهار الاعلان لفئة عمرية معينة او للذكور دون الاناث، او للمهتمين بالرياضة لا لقارئ الاخبار السياسية ويتم ذلك باستخدام برتوكولات التعريف بالمستخدم من خلال مزودي خدمة الربط بالشبكة ومن خلال قوائم التسجيل التي يقوم المتصفحون بتعبئتها عندما يشتركون في خدمات البريد الالكترونية، او يقومون بالتنسيق من خلال الشبكة وبالطبع فان احتساب قيمة الاعلان يتغير حسب متطلبات المعلن نفسه، اضف الى ذلك انه بامكان المعلن مراقبة نتائج حملته الاعلانية بشكل مستمر من خلال الشبكة فلا مجال للتلاعب في الارقام هنا.

فضلاً عن الاعلان التجاري فقد نجحت كثير من الصحف الالكترونية في استحداث مصادر اضافية للدخل من خلال الاعلانات المبوبة على الشبكة التي تدر ارباحاً كبيرة سواء للصحف المطبوعة او الالكترونية خاصة في الغرب(83).

فضلاً عن دخل الاعلان فان كثيرا من الصحف الالكترونية تبيع محتواها لموقع متخصصة على الشبكة كمواقع السيارات والعقار والمرأة والموسيقى، كما يفرض عدد من الصحف الالكترونية مثل النيويورك تايمز مثلاً على زوار موقعها تسجيل انفسهم واعطاء معلومات خاصة عنهم(84) مقابل تصفح الموقع مجانا، وقد سجل حوالي 11مليون شخص أنفسهم في موقع الصحيفة هذه المعلومات يعاد استخدامها من خلال حملات التسويق المباشر كما انها تباع بمبالغ طائلة.

وهناك مؤشرات تدل على ان مجال النشر والتوزيع الالكتروني للصحف هو مجال يمكن ان يحقق ارباحاً، حيث تشير مجلة كولومبيا جورنالزم ريفيو الى ان الانفاق على اعلانات الانترنت في الولايات المتحدة الامريكية فقط قد بلغ 4.6بليون دولار عام 1999كما بلغ اجمالي الانفاق على مواقع الصحف على الانترنت 368 مليون دولار عام 1999 نفسه(85).

الصحيفة الالكترونية والقراء:

ان كل وسيلة من وسائل الاعلام الجماهيرية المعاصرة (الصحافة، وكالات الانباء، الاذاعة والتلفزيون)، هي نتاج مرحلة تاريخية محددة تميزت بمستوى معين من تطور القوى المنتجة(86) فوجدت الصحافة المطبوعة منذ قرون، ولكن ظروف نضوج الرأسمالية في منتصف القرن التاسع عشر وبالنسبة لاوربا الغربية وامريكا تحولت من وسيلة اعلامية لفئة منتجة الى وسيلة اعلامية جماهيرية ودعائية معبرة عن مصالح الاقتصادية والسياسة والايديولوجية والاجتماعية ليس لشخصيات وافراد محددين بل للطبقات الاجتماعية .

وفي نهاية القرن التاسع عشر كان بحوزة الدول الرأسمالية الكبرى صحافة مطبوعة قوية ووكالات انباء(87) ومن اجل اداء المهام الاعتيادية للصحافة المطبوعة كوسيلة اعلام جماهيرية ودعائية ينبغي ان تكون القاعدة التقنية الطباعية (البوليغرافية) تحت تصرف مالكي الصحف والمجلات، ولايحتاج القارئ بالضرورة الى اية تقنية من اجل تقبل النتاج المطبوع او كميته .

ولذلك يرى الكثير من الخبراء، ان تدفق الصحف سوف يستمر طالما استمر تدفق القراء على هذه الوسيلة واستمر المعلنون(88) في الانفاق على الاعلانات في الصحف الالكترونية، وهناك الكثير من المؤشرات على التزايد المستمر في عدد مستخدمي الانترنت، وعلى تزايد

هؤلاء في الاتجاه للانترنت في الحصول على الاخبار خاصة بعد ان ازدادت ارقام عدد مستخدمي الانترنت في المنازل حيث اشارت دراسة قامت بها مؤسسة نلسن/نتريتنغز البريطانية(89) التي تعنى بقياسات الانترنت الى ان عدد مستخدمي الانترنت في المنزل عام 2002وصل الى ذروته حيث احتفظت امريكا الشمالية بمكانتها كصاحبة اكبر حصة من مستخدمي الانترنت في العالم بنسبة بلغت 40% وبلغت نسبة الاستخدام في اوربا والشرق الاوسط وافريقيا معاً 27% واسيا 22%.

وفي بداية السبعينيات وتحديدا في اب 1972 انشأت في الولايات المتحدة الامريكية بمبادرة من نيويورك تايمز وول ستريت جورنال اول بنك للمعلومات في مجال وسائل الاعلام يعتمد التقنية ليبدأ سباق محموم لتطوير اقسام توثيق وجمع ومعالجة الاخبار، وذلك من اجل استغلال (المناجم) الهائلة من الاخبار التي يسميها البعض (ذاكرة)العالم(90) .

وقد عرفت اوربا في بداية الثمانينيات مع ظهور افاق امكانية استخدام الجمهور لبنوك المعلومات طفرة كبيرة في عدد الشبكات والخدمات بمبادرة مؤسسات البريد والاتصالات في دول القارة، بريستال في بريطانيا، بلتشرمتكست في المانيا ، تيليتال والمنيتال في فرنسا، ومن بين هذه التجارب تميزت المينتال في فرنسا بالنجاح اذ استطاعت ان تكسب بعداً شعبياً تمثل في ملايين المستخدمين بكثافة .

اما في امريكا الشمالية فان اخفاق المجموعات الصحفية في مجال الفديو ماكس (نايت ويدر وتايمز ميرور)او التيلينكس (تايم انك) قد سرع من تطور الشبكات البسيطة للحواسيب مثل الـ(بابيلار) الكندي(91) .

في عام 1990 درست مجموعة نايت ريدر محاولة استخدام طرقٍ جديدة لتوزيع الصحف والاتصال بالقراء، واستحدثت جريدة نايت ريدر نيوز طريقة جديدة لوضع الجريدة على قرص cd بعد استخدام الحاسوب وتحاول ايصالها الى اكبر عدد ممكن من القراء بواسطة بيعها بسعر مغر، حيث حاولت الوصول الى مخاطبة المرأة واخبار البورصة بعد ان توصل روجر فيدلر مصمم المعلومات في الصحيفة الى طريقة توصيل الاخبار اليومية من خلال اجهزة كومبيوتر محمولة في اليد، حيث انتهى الى ما اسماه قرص الصحيفة الذي يحل محل النسخة المطبوعة .

وقد ادت مبادرة (نايت ريدر night reader) الى الاستغناء عن الكثير من الصحفيين التقليديين، مما جعل القائمين عليها لايسيرون بتطويرها على وفق مايتمنون بعد ان انتقد عدد كبير من المختصين تجربة(نايت ريدر)(92).

الانترنيت والاخبار:

المحاولة الاولى لاستخدام وسيلة الكترونية لتقديم الاخبار على الشاشة كانت في بداية السبعينيات وشملت تقنية النص التلفازي، وخدمات prestelالبريطانية التي بدأت في عام 1973 (93) هي واحدة من اوائل انظمة النص التلفازي في العالم، ومع ذلك في عام 1993 أصبحت هذه الخدمة مهجورة بسبب السعر المرتفع حيث لم يستخدمها اكثر من 30 الف مستخدم، وجرى الحال كذلك لخدمة minitel الفرنسية في عام 1975ومحطاتها تحوي على دليل الهاتف وخدمات مجانية للمستخدم، واستمرت minitel في تقديم خدماتها لغاية عام 1986 ليستخدمها ثلث الشعب بعد ان تم نصب 2.2 مليون محطة خدمات حيث قدمت خدمات والعاب فضلاً عن الاخبار والمعلومات كاستخدام رئيس .

نظام النصوص التلفازية قدم كذلك في عدد من اجزاء العالم حيث قدمت خدمات النص التلفازي الياباني captain في عام 1979، وفي العام نفسه شهدت كندا ترويج خدمة telidon للنص التلفازي.

وفي الولايات المتحدة حاول الامريكيون تطوير النظام الاول (startext) لتقديم الاخبار والمعلومات في عام 1981ثم جاء (keycalm) بتجربة sun timeso chicag بين عامي 1982-1986، وهي فكرة مشابهة للنص التلفازي مصممة لتقديم خدمات المعلومات لمجموعات التلفاز بواسطة تخصيص المحطات التي يجب على ذلك المستخدم شراؤها، واغلقت جميع المشاريع في عام 1986 بعد خسارة قدرها 30 مليون دولار .فشل النص التلفازي بسبب الاستجابة البطيئة لاعلام المستخدم والنصوص واطئة التصميم والطبيعة غير التفاعلية للنظام(94).

مزايا وخصائص الصحافة الالكترونية

بعد أن كان العالم يواظب على اقتناء الصحف والمجلات ويطالع الانباء عن طريق الصحافة المكتوبة، او مايطلق عليها التقليدية بدأ يتحول الى وسيلة جديدة جاءت نتيجة التطورات الهائلة في عالم المعلومات والانترنت الذي ادخل مفهوماً جديداً للصحافة، وأضاف جانباً جديداً ومثيراً في ذات الوقت في مفهوم الاعلام، إن المتغيرات التي احدثتها ثورة الانترنت احدثت بلا شك تحولاً كبيراً في الاعلام الذي كان قاصراً على المشاهدة عبر الاقنية الفضائية، والصحف المقروءة.. والاذاعات، ولكن الشبكة العالمية التي جمعت الصفات السابقة مضيفة اليها سمات العصر المعلوماتي المتمثلة في مايوفره الانترنت من معلومات دائمة ومتجددة في الوقت نفسه فضلاً عن ثرائها, كل ذلك اضحى سمة تنبئ بانقلاب في المفاهيم السائدة للاعلام(95).

ويبدو ان العالم الالكتروني هذا الهم شركات اعلامية بفكرة مواكبة العصر المعلوماتي الذي قلب ايضاً مفاهيم النشر حيث يعكف الخبراء على وضع اسس جديدة للخروج بالصحافة الورقية الى مايليق بعصر التكنولوجيا خاصة في الغرب حيث ولدت تجربة النشر الالكتروني التي تشهد طفرة فريدة في الوقت الحاضر(96).

ان عدداً من كبار الناشرين يستفيد من التطور التكنولوجي وتعد صحيفة (الواشنطن بوست) مثالاً لذلك.

حيث قدمت صحيفة (البوست) الالكترونية ماهو أكثر بكثير مما تقدمه المنشورات الصحفية المعتمدة على الورق حيث وفرت الاخبار باستخدام الوسائط المتعددة وليس بمجرد استخدام صور وكلمات تقليدية أي انها ستتجاوز ماتعرضه الصحف عادة لتقدم النصوص الكاملة، والمزيد من الاخبار المحلية وقدمت صفحة كاملة للبرامج الترفيهية، اما عن الاعلان فتجاوز مجرد القصاصات الصغيرة المألوفة التي يلقى بها الى الصفحات الاخيرة للصحيفة إذ ان صحيفة الـ(بوست) تضمنت المزيد من المعلومات عن منشوراتها.

لقد نمت الصحافة الالكترونية بشكل مثير ومفاجئ وشكلت مصدراً اخبارياً مهماً ومتزايداً، وكما حصل في السابق مع التلفزيون فقد غطت المساهمات الفردية للانترنت غالبية

الاحداث الاخبارية في المحطات لحظة حدوثها(97) ولقد خدمت احداث التتويج الملكي لعام 1953 في بريطانيا والانتخابات الرئاسية الامريكية في عام 1960 ومصرع الرئيس كندي في عام 1963، وأول انسان مشى على سطح القمر نيل أرمسترونك عام 1969 التلفزيون وساعدت على انشاء وتكوين وسيط اخباري ثابت ورصين، اما بالنسبة للصحافة الالكترونية فان اعلان نتائج الانتخابات الرئاسية الامريكية في عام 1996 على الشبكة قد لفت انتباه الناس الى قوة هيمنة هذا الوسيط الجديد(98)، ويثير العديد من داعمي شبكة الانترنت الى أنها توفر فرصاً جديدة ومهمة لارسال وبث الانباء التي يستفيد منها قراء هذه الشبكة ولقد بدأت العديد من الصحف في بث معلومات الكترونية عبر هذه الخدمة قبل ان يظهر الوسيط الالي والانترنت، الا ان حضور هذه الصحف كان محدودا لغاية قيامهم بنشر نسخهم الالكترونية على الشبكة الالكترونية(99):

خدمات الصحافة الالكترونية:.

ان التطور الحاصل في الوسائل الاعلامية الجديدة سيعطي للناس السرعة والحرية في التنقيب عن الموضوعات التي تهمهم(100) وسوف يحصلون على معلومات من المستحيل ان تسعها أطر الصفحات الورقية العادية في وقتنا هذا، اذ من الممكن ان تبحث عن تفاصيل بعينها حول اية شبكة في العالم مما لا يتاح حالياً في الاخبار اليومية بوجه عام.

وهكذا تتطور قدرة القراء على الوصول الى مزيد من المعلومات، وسوف تحتوي الصحيفة الالكترونية على مجموعة افضل من الاحداث الاخبارية والصفحات الرياضية والاعلانات المبوبة على نحـو اكثر تفصيلاً، وبذلك تكـون وسيلة اكثر شـمولاوتفاعلا وتنوعاً(101).

وتحقق الصحيفة الالكترونية منفعة اخرى للقراء حيث يستطيع القارئ الاطلاع على الارشيف بشكل موسع، فيستطيع المطالع للبحث بتفاعل عن المقالات المهمة واستعادتها، وسوف تكون لتلك الخاصية ميزة كبرى(102)، ان نشر افضل مقال عن احدث الاخبار سيظل دائما هو صاحب الاهمية الاولى الا ان مايميز الصحف الالكترونية هو تقديم أكثر المعلومات شمولاً وافضل الوسائل للوصول اليها(103).

وهنا يمكن لنا ان نقول ان كلما تطورت الصحف الكترونية لتصبح الكترونية تلاشى الحد الفاصل بين الانواع المختلفة لوسائل الاعلام، فاليوم يسهل ادراك الفارق بين صحيفة الايام وقناة (cnn) الاخبارية، ولكن ماالذي يحدث عندما نستقبل جريدة الايام على التلفزيون التفاعلي في صورة برنامج من وسائط اعلامية متعددة؟ فهل يعني ذلك اقتحام cnn عمل الصحيفة؟ وهل ستمثل لقطات الفديو الخاصة بـcnn عن الاخبار جزءا من الصحف الالكترونية؟(104)

ويمكن لنا ان نقول في نهاية المطاف ان انواع الوسائط المطبوعة ستفقد اي معنى لها وبذلك ستكون اهمية الوسائل الاعلامية المطبوعة اقل نتيجة هذا التطور لاننا اذا كان اليوم نواظب على شراء الصحف والمجلات، فاننا مستقبلا سوف نشترك في خدمات متخصصة تغنى عن شرائها فتقوم شركات التسويق الاعلامية بتسويق الصحف والمجلات والنشرات الاخبارية واية معلومات مطلوبة عبر شبكة الانترنت(105).

ان تكنولوجيا الانترنت تمنح حركة وحرية اكثر لغرض معرفة الانباء، كما تقدم الشبكة العنكبوتية العالمية (www) فرصاً عديدة أخرى للبعض حيث يمكنها تقديم صور ملونة ممتازة، كما يمكنها تزويد القراء بمعلومات وفيرة وفرص اسرع للوصول الى الانباء اولاً بأول، وبصورة اكثر تميزاً عن الصحافة الورقية(106)، وفي الحقيقة فان التوجه الى الخط المباشر يقدم للصحف مدى واسعاً من الفرص، وعلى أية حال فان التقدم السريع في التكنولوجيا قد اوجد الحاجة الى مهنيين ومتدربين على هذا النوع من الاعمال، ولهذا فان معرفة كيفية نشر الاخبار بفعالية على الشبكة يعد ضرورياً وتعد هذه المسألة مهمة جداً في ضوء الانتقادات التي وجهت للانترنت حيث ان عدداً من اوائل الصحف على الخط المباشر لاتعد صديقة للمستخدمين حيث يعاني المستخدم من صعوبة في الوصول الى كامل محتويات الصحيفة، كما ان هذا الوصول يتطلب وقتا وجهدا وتكلفة(107) وقد يؤدي التجوال والابحار في بعض المواقع الى اكتساب الخبرة خصوصاً عندما يحاول المستخدم العثور على مقالة معينة ويتوقع تغذية راجعة من خادم الصحيفة، علاوة على ذلك فان هذه الخدمة تبدو مخيبة للامال في الوهلة الاولى خصوصا لمن اعتاد منذ زمن للاستفادة منها، وفي الحقيقة فقد اقتنع بعض الباحثين بان الاتاحة الى محتويات الصحف على الانترنت كانت امتيازا يمنح لمن يمتلك من القراء الاكثر المهارات الفنية تقدما في الاستخدام(108) .

خصائص الصحافة الالكترونية:

من الضروري ذكر بعض الخصائص التي تميز الصحافة الالكترونية ومنها:

1. خاصية التنوع:

كان الصحفي يواجه مشكلة المساحة المخصصة لانجاز مقالة اخبارية ماعلى مستوى الصحافة الورقية، وبما ان الصحافة تعيش على التوازن بين الفضاءات المخصصة للتحرير والمساحات الاخرى كذلك كانت مهمة الصحفي تتمثل في انجاز عمل صحفي يوفق بين المساحة المخصصة للتحرير وبين تلبية حاجيات الجمهور(109).

وعندما جاء الانترنت الذي سمح بانشاء صحف متعددة الابعاد ذات حجم غير محدد نظريا يمكن من خلالها ارضاء مستويات متعددة من الاهتمام(110) وطريقة النص هي المحرك لهذا التنويع من الاعلام الالكتروني، الذي يمكن من تكوين نسيج اعلامي حقيقي يستخدم انماطا مختلفة من المصادر والوسائل الاعلامية ترتبط جميعا بشبكة من المراجع .

2. خاصية المرونة:

تبرز خاصية المرونة بشكل جيد بالنسبة لمستخدمي صحافة الانترنت اذ لايمكن له اذا كان لديه الحد الادنى من المعرفة بالانترنت ان يتجاوز عدداً من المشكلات الاجرائية التي تعترضه(111) ويلعب الحاسوب دورا مزدوجاً فهو من جهة الوعاء المادي الذي يؤمن الاتصال بالانترنت والتعامل معها فضلاً عن وظيفته الاساسية المتمثلة في معالجة المعلومات، وتخزينها بمختلف الاشكال والطرق وكما ازدادت قدرات الحاسوب ازدادت مرونة التعامل مع الانترنت من الناحية التقنية.

اما من الناحية الاعلامية فيمكن ذلك من خلال قدرة المستخدم على الوصول بسهولة الى عدد كبير من مصادر المعلومات، وهذا مايتيح له فرصة انتقاء المعلومات التي يراها جيدة وصادقة والتميز بينها وبين المواقع التي تقدم معطيات مزيفة مع العلم ان القدرة على تزييف المعلومات قد ازدادت كثيرا مع ظهور الانترنت التي سهلت كثيراً من عمليات تركيب الصور وتبديل الاصوات وغيرها.

وهنالك مزايا متعددة للاعلام الالكتروني نذكر منها:

1. المساحة الجغرافية:

تمكن الموقع الاعلامي ان يصل عن طريق الانترنت الى مختلف انحاء العالم على عكس عدد كبير جداً من وسائل الاعلام التقليدي التي تكون مقيدة في اغلب الاحيان بحدود جغرافية محدودة(112) وحتى اذا تمكنت بعض وسائل الاعلام التقليدية من تجاوز محليتها فانها لاتضمن نشر وسائلها الاعلامية الا على عدد محدود من المتلقين في العالم الذين تسعى غالبية الوسائل الاعلامية الى شق طريقها واستحداث نسخة الكترونية بها في الانترنت.

2. عامل الكلفة :

يبرز هذا العامل خاصة على مستوى الصحافة المكتوبة وبشكل اكبر عندما يتم تأسيس موقع اعلامي الكتروني من حيث انه يوفر على صاحب الجريدة جزءاً من تكاليف طبع وتوزيع النسخة الورقية للجريدة، ويضمن له في الوقت نفسه عددا اكبر من القراء(113)، فالصحيفة الناجحة تحاول ان توفق بين اصدار اعداد ورقية وفي الوقت نفسه تحاول انشاء موقع لها على شبكة الانترنت.

3. عنصر التفاعلية:

ان ميزة الصحيفة الالكترونية عن الورقية بل وتميز الاعلام الجديد عن الاعلام التقليدي القديم ،هي ميزة التفاعل(114) الذي يكون في بعض الاحيان مباشراً، ويتيح عنصر التفاعلية للزائر امكانية التحاور المباشر مع مصممي الموقع وعرض آرائه بشكل مباشر من خلال الموقع، وكذلك المشاركة في منتديات الحوار بين المستخدمين والمحادثة حول مواضيع يتناولها الموقع او يطرحها زوار ومستخدمو الموقع.

كما يتيح عنصر التفاعلية امكانية التحكم بالمعلومات والحصول عليها وارسالها وتبادلها عبر البريد الالكتروني، واهم خاصية اضافتها شبكة الانترنت في هذا المجال هي عملية التفضيل الشخصي للمعلومات ويتيح هذا التميز الامكانية للموقع الاخباري لاختيار الموضوعات او المقالات الاخبارية او خدمات يرغب المستخدم في الحصول عليها بشكل مسبق.

أما المنافسة بين المواقع الاعلامية الالكترونية فقد تحسم لصالح المواقع الاكثر تطوراً من الناحية التقنية والاكبر حجما على مستوى المضمون، كما ان هذه المنافسة قد تسهم في التخفيف من طموح وسائل الاعلام المحلية التي ترغب في احتلال مساحة ما على شبكة الانترنت خدمة لصالح جمهورها.

ومن المؤكد كذلك أن آليات التوصيل الجديدة سوف تستخدم مفاهيم الصحافة التقليدية فالصحيفة الالكترونية التي تظهر على الشاشة سوف تستخدم بعض تكتيكات الاخراج التقليدية لالشيء الا لان القراء سيجدونها مألوفة لديهم والشركات الاعلامية التقليدية تقوم بدور كبير في انشاء المنتجات الاخبارية الجديدة(115).

مميزات تصميم الصحيفة الالكترونية:

لقد اعتاد الصحفيون على الكتابة باستخدام أنموذج لتنظيم النص الصحفي يعتمد على علاقة خطية بين المقدمة والنهاية، أما في الصحافة الالكترونية فقد خرقت هذه القاعدة حيث اصبحت هنالك صفحة رئيسة للجريدة تحتوي على اسماء مختلف ابواب الجريدة وذلك ليتمكن القارئ من اتباع الطرق الفرعية التي تقترحها عليه للوصول الى مادته المفضلة(116) ويمكن الاشارة الى عدة عناصر ينبغي مراعاتها عند تصميم الصحيفة الالكترونية وهي:

1. كتلة النص: وهي وحدة تقسيم وعرض المادة المراد نشرها في الصحيفة الالكترونية، ويتم تصميمها لتخاطب الذاكرة قصيرة المدى، وحينما تحتوي الكتلة على اكثر من معلومة أو جزئية للحدث يتم تقسيمها في صورة خريطة بحث ويمكن ان تكون هذه الكتلة نصاً أو جدولاً أو رسماً بيانيا او خريطة ويراعي أن توضع لكل كتلة نصية جملة تكون بمثابة العنوان لها.

2. هناك مجموعة من الاسس التي يعتمد عليها بناء الكتلة النصية(117) تتمثل في :

أ- التفتيت لوحدات صغيرة.

ب- التوافق بحيث يتم وضع المعلومات المرتبطة بالفكرة الرئيسة فقط.

ج- الشكل الموحد بحيث يجب استخدام كلمات وعناوين وأشكال وترتيب ومنطق متشابه للمعلومات المرتبطة بنفس الموضوع.

ء- العنوان القابل للنقر فكل كتلة نصية أو مجموعة كتل متعاقبة ومترابطة يكون لها عنوان ويتم الاشارة الى العنوان التالي في آخر الكتلة.

3. العنوان: ويمكن تمييز نوعين من العناوين، الاول العنوان التحليلي وذلك حينما يشير العنوان الى عناصر بناء النص مثال: مقدمة، تعريف، خلفية تاريخية، خاتمة.

اما النوع الثاني فهو عنوان العرض وهو يساعد القارئ على فهم محتوى النص الذي يعقبها وهناك سمات عامة ينبغي توفرها في العنوان تتمثل في الوضوح ، الاختصار، الألفة، الشكل المتجانس مع غيره من عناوين الملف الملائمة، الارتباط بالموضوع، فتوفر هذه السمات في العنوان تجعله يؤدي وظيفته كأداة للفهم ومركز للانتباه وخريطة تنظيمية للنص(118).

4. الخريطة: حيث توضع لكل تجمع مكون من 2 الى 9 نصوص مرتبط بموضوع معين، ويتم وضع خريطة توضح الأبواب الرئيسة للجريدة في صفحة الاستقبال، كما يتم أيضاً وضع خريطة لعناوين الاخبار الرئيسة في كل باب من ابواب الجريدة، وتظهر أهمية هذه الخرائط في توضيح المسارات التي يمكن للقارئ ان يسلكها ليصل الى المادة الصحفية التي يريد قراءتها.

5. التصميم أو ترتيب العرض:حيث يتم عرض النصوص المختلفة سواء بالترتيب الأبجدي أو بالتسلسل المنطقي أو بترتيب الأهمية وليتطلب تصميم طريقة عرض النصوص المرور بعدة خطوات تبدأ بمرحلة ماقبل الكتابة ويتم فيها تحليل الجمهور الذي يستهدفه النص وتحليل النص الاصلي ووضع تصور مرئي للمعلومات(119) وينبغي ان يراعي هذا التصور احتياجات القارئ وهدف النص، ثم يتم في المرحلة التالية تحديد اتجاه النص وإمكانيات تشعبه وبعد ذلك يتم تنظيم المعلومات وفقا لوظيفتها، وفي المرحلة الاخيرة يتم تحليل المنطق الذي سيتم عرض النص به في خريطة الملف أو تحديد موقع النص داخل خريطة الملف.

6. أنواع المعلومات في النص: وقد تكون معلومات جديدة لكل القراء أو معلومات وتفاصيل إضافية لمساعدة القارئ على فهم تفاصيل هذه المعلومة الاساسية.

7. خريطة عرض النص: والخريطة تشبه الطريق الذي يحيط بمساحة من الارض ويعرض

نقاط عديدة تعد ممرات تحتوي على المعلومات ويمكن الوصول اليها عن طريق الابحار، التجول، الممرات، نقاط الالتقاء، والوصلات، والممرات تعد مجموع الوصلات بين جزر المعلومات المعزولة وهي تسمح للقارئ بالتجوال الحر داخل النص(120).

8. أنواع الممرات: هناك أنواع عديدة من الممرات (121)(منها:

1. ممرات الارشاد: وتقوم بدور المرشد للقارئ قبل قراءته لتفاصيل الموضوع .

2. ممرات التصنيف: وتتولى مهمة تنظيم المعلومات، وتجميع الأخبار المتشابهة في أحد جوانبها لتحيل القارئ اليها.

3. ممرات تنظيم الأحداث وفقاً لتسلسلها التاريخي وهي تسمح للقارئ بمتابعة الخلفية التاريخية للموضوع.

4. ممرات تنظيم الأحداث وفقا لموقعها الجغرافي.

5. ممرات تؤدي الى المعلومة التالية كما يقترحها منظم الملف هذه الممرات تسمح للقاري بالتجوال داخل النص لرغباته واهتماماته.

ان تصميم الصحافة الإلكترونية الذي يعتمد على البنية غير الخطية يعد تحدياً كبيراً للصحفي، فالقارئ اصبح يستطيع الابحار في فضاء المعلومات المتضمنة في قطع المادة التحريرية المختلفة ليكون منها وفقاً لفكرة الفصل واللصق مجموعة النصوص التي تتفق مع رغباته واهتماماته وحاجاته .

شروط بناء المواقع الالكترونية:

هنالك قصور في مواقع الصحف على الانترنت ولتلافي هذا القصور يمكن تاشير بعض معايير بناء موقع صحفي على الانترنت منها:-

1. التصميم الجيد الذي يساعد على سرعة وسهولة التصفح.

2. سرعة نشر الخبر وذلك بالاستفادة من النسخة الالكترونية عبر موقع الانترنت في بث الاخبار العاجلة التي لاتتحمل انتظار الطباعة الورقية.

3. وجود أدوات بحث عربية في مواد الصحيفة وايضاً في الأرشيف.

4. تحقيق التفاعلية بين الصحفية والقارئ، ويتحقق ذلك بتوفر امكانية التعليق الفوري على الاخبار والمقالات.

5. استخدام تقنيات متقدمة في بناء صفحات موقع الصحيفة مما يمكن لسهولة الاستخدام لزوارها وامكانية الوصول من صفحة فرعية الى اخرى بدون العودة الى صفحة الربط المركزية.

6. عمل ربط بين المادة المنشورة سواء كانت خبراً او مقالة بين المواد المشابهة على الصحيفة في مواقع اخرى.

7. توضيح بيانات الصحيفة الورقية من حيث العنوان البريدي ودولة الاصدار ورقم الهاتف والفاكس وادارة التحرير وكيفية الاشتراك وأنموذج الاشتراك عبر الانترنت .

8. الاستفادة من النشر الالكتروني على الانترنت في تمكين الكتاب والمحررين والمراسلين من ارسال مشاركاتهم الالكترونية لتسهيل نشرها وتفادي اخطاء الطباعة واعادة الادخال

9. تخصيص جزء للقارئ على الانترنت للتحديد المادة التي يود مطالعتها يومياً للوصول اليها سريعا دون عناء التصفح للموقع كاملاً.

10. الاستفادة من التحقيقات الصحفية والاستبيانات الالكترونية لعرض وجهة نظر القارئ حول قضية بعينها دون عناء البحث عن الاشخاص لاستقصاء ارائهم .

11. التركيز على النسخة الالكترونية مستقلة عن الورقية قد تأخذ طابعاً أخر وقد تضاف اليها صفحات ليست في النسخة الورقية .

12. التركيز في الصفحات الالكترونية على التوجه للعالمية دون الاغراق في المحلية لاننا الكترونيا نخاطب العالم أجمع وليس مجتمعا معيناً.

ويجب التركيز على انه في الصحيفة الالكترونية نملك تلك المساهمة المفتوحة التي من الممكن ان تضع فيها كما من الصور التي نريد فضلاً عن عدم وجود ضرورة للقص من الاخبار او المقالات لمواءمة مساحة الصفحة التي قد يكون اخذ منها الاعلان مأخذاً.

المعايير المهنية في الصحافة الالكترونية:

تتسم صحافة الانترنت بالحماسة وحدة المواجهة لكن اسلوبها واستمرار دورتها الاخبارية على مدار الساعة يطرحان تساؤلات حول كيفية تمكن صحافة الانترنت من تقديم تقارير اخبارية تنسجم مع أعلى معايير الصحافة قاطبة(122).

وتجهد مؤسسات الاخبار الرئيسة لتتمكن من تطبيق معايير اخبارية تقليدية قديمة العهد على الانترنت، لكنها تكتشف ان ليس من السهل نقل فضائل الدقة والتوازن والوضوح الى وسيلة تقوم على اساس الايصال السريع للاخبار، وفي الوقت نفسه حدوثها، وعززت تقنيات الانترنت عمل الصحفيين من خلال تزويدهم بأساليب فعالة لسبر المعلومات بعمق أكبر وتأتي القدرة على التدقيق في الوثائق وجمع المعلومات ومضمونها التاريخي وتحديد المصادر الموثوق بها من خلال تعدد الادوات المتوفرة للصحفي، كما أنها أدخلت ثقافة مختلفة بأساسها تقوم على التفاعل المتبادل وعلى عدد أقل من القواعد والقيود .

لقد كانت سرعة ايصال الخبر وفي الوقت المناسب مصدر قوة الصحافة التقليدية وقامت سمعة وكالات الانباء على كونها أول من يبث الاخبار الساخنة التي يجدها الناس منشورة في صحفهم المحلية، وخطف البث المباشر للتلفزيون هذه الميزة من الصحافة المطبوعة والان اكدت الانترنت محاسنها في سرعة ايصال الخبر في الوقت المناسب(123).

ولهذا مكنت الانترنت الصحف من العودة في عملها الى نشر الاخبار الفورية وتوسيع نطاق منشوراتها المعروفة باسمها من خلال تجديدات مبتكرة مثل اصدار نشرات أخبارية بعد الظهر مباشرة على صفحاتها عبر الانترنت.

وعند مفترق الطرق بين الصحافة التقليدية وصحافة الانترنت تصطدم محاولات تطبيق المعايير التقليدية لتحرير الاخبار مع معطيات أخرى كالحرية، وعدم التورع عن كشف المحظور، وحمل لواء قضايا معينة واتخاذ مواقف واضحة، وفي الولايات المتحدة يؤكد صحفيو الانترنت ان اللهجة الجدية للصحافة التقليدية لاتفيد على الانترنت، ويعدون وسيلتهم الجديدة معبرة على الروح الحقيقية للدستور الامريكي الذي ضمن حريات الكلام والنشر والتجمع(124)، ويلاحظ صحفيو الانترنت ان وسيلتهم الجديدة تعيد الى الذاكرة زمناً

كانت فيه اخبار الصحف تتسم بالحماسة والمواجهة المثالية فتصف (آن كومبتون) من شبكة اي بي سي التلفزيونية الاختلاف الاساس بين موظفيها العاملين على الانترنت والصحفيين العاملين في شبكات التلفزيون فتقول: نكتب بأسلوب اكثر اشراقاً ونستعمل كلمات عامية (اكثر من غيرنا) وتتميز أخبار الانترنت بغنى في التعبير لايمكنك تحقيقه في الارسال التلفزيوني، كما يمكن اجراء مقارنات مماثلة بين صحافة الانترنت والصحف اليومية ولكن هل يتناسب مثل هذا (الغنى) مع معايير العمل الصحفي الصارم؟ وهل بإمكان طبيعة صحافة الانترنت ان تتوافق مع ثقافة تشكلت تقاليدها من خلال وسيلة اخبارية اكثر رصانة؟

ان عملية إيجاد معايير للصحافة عبر الانترنت تسير قدماً متاثرة بثلاثة تطورات(125):

اولاً: ان اهم مواقع الاخبار الجديدة التي تمارس نفوذا شديداً على الانترنت تديرها الوسائل الاعلامية التقليدية كالصحف اليومية والمجلات الاخبارية والشبكات التلفزيونية وقنوات البث الرئيسة للتلفزيون الموزع للمشتركين عبر القابلوات او الاقمار الاصطناعية. وما يجعل من هذا التوجه حقيقة واقعة هو تأثير قوى السوق التي تعاملت بقوة مع شركات الانترنت .

وتقتلع قوى السوق تلك الشركات التي تعمل براس مال غير كاف أو التي تكون سمعتها الصحفية هشة او تتبع استراتيجيات تسويق ضعيفة، وتنمو من ذلك مؤسسات الاخبار الكبرى التي تملك موارد تمكنها من بناء مواقع قوية على الانترنت، وتضمن ان تعكس هذه المواقع معاييرها الصارمة في كتابة وتحرير ومنشوراتها.

ثانيا: هناك جهود كبيرة تبذل من قبل مؤسسات اعلامية كبيرة مثل (اونلاين نيوز، اسوشيتد) للتمييز مابين الاخبار العامة والاخبار التجارية نتيجة اقناع الصحفيين والعاملين على الانترنت لوضع ارشادات صارمة تشمل توصيات حول طرق تطبيق وترقية العمل.

ويقول رينش جاروسلوفسكي رئيس جمعية (جون وجيمس آل نايت) ومدير تحرير صحيفة (وول ستريت جورنال اتراكتيف)(126).

ثمة اندفاع شديد للمشروع وهناك الكثير من القرارات حول اخبار الانترنت التي تتزن بتسرع دون سبب لاتخاذها، ونأمل بتطوير وثيقة لاتوجه بل تقنع الصحفيين والعاملين في الانترنت، كذلك لكي يتم التميز بوضوح بين الاخبار والتجارة.

أما التطور الثالث الذي قد يكون الابعد تأثيراً في المعايير الصحافية فهو التفاعل الذي يتولد عندما يعلن الصحفيون عناوين بريدهم الالكتروني على الانترنت وبامكان البريد الالكتروني ان يجتذب تعليقات او ردوداً فورية على خبر نشر للتو او خبر تجري قراءته في الصحيفة في أثناء شرب القهوة في الصباح، ويقيم بعض الصحفيين عوائق لمنع هذا الاتصال مع القراء مفضلين عدم امتلاك عنوان للبريد الالكتروني، او حماية انفسهم من رسائل القراء بواسطة برنامج يقوم بغربلة الرسائل ويمنع تلك التي لايريدون استلامها.

يمكن البريد الالكتروني المراسلين ورؤساء التحرير من معرفة أقوال اشخاص قد يكونون على علم بأحد جوانب الخبر .

ويستطيعون المشاركة في وجهة نظر موثقة، كما يؤمن هذا البريد الوصول الى مصادر إضافية وامكانية معرفة ما إذا كانت القصة غير متوازنة أو غير عادلة ولعل القوة الكامنة في مثل هذا التفاعل هي امكانية مساهمته في رفع مستوى الاداء الصحافي.

يقول جون كاتز(127) الذي يكتب على نحو دوري في شؤون الانترنت على موقع (سلاشدوت كوم) ان المدهش في الامر هو مدى اعتباري مسؤولا امام القراء كما افعله فمهما تكتب يصل مقالك الى اكثر الناس اطلاعا على الموضوع وماتدركه من ذلك هو ان مقالك ليس الكلمة الاخيرة بل هو الكلمة الاولى.

سمات الصحافة الالكترونية:

وتتميز الصحف الالكترونية بالسمات الآتية(128):

- تصدر في الوقت الحقيقي لتحريرها.

- تعطى القارئ الفرصة لقراءتها في أي وقت.

- تستخدم الوسائط المتعددة.

- تستخدم الاسلوب التفاعلي من خلال تكنيك النص المترابط الذي هو وصلات لنقاط داخل الموضوع او الخبر المنشور.
- تتيح فرصا واسعة في البحث والاختيار والتصفح
- تسبق الصحف المطبوعة في توقيت الصدور حيث بوسع القارئ الامريكي مثلاً تصفح الصحف اليومية الساعة الثانية عشرة مساءا في حين انها تصل الى الموزعين السادسة صباحا والى صناديق البريد عند الظهر، وبوسع القارئ المصري ايضا ان يتصفح الصحف الاجنبية والعربية في يوم صدورها نفسه بدلا من قراءتها في اليوم الثاني او الثالث من الصدور.
- تتجاوز التغطية الصحفية كل الحدود الزمانية والمكانية.
- تتضمن أشكالاً مختلفة من المعلومات التي لاتظهر في الصحف المطبوعة مثل البريد الالكتروني، وتليفونات الشخصيات العامة والكتاب والمحررين.
- تربط القارئ بمصادر المعلومات بما فيها الوثائق والخبراء.
- وسيلة سهلة ومنخفضة التكاليف واكثر اقتصادية من الورقية.

وعلى الجانب الاخر يرصد البعض(129) بعض سلبيات الصحف الالكترونية حيث يشكك في وهم التفاعل موضحاً ان قراءة تلك الصحف صعبة ومرهقة ومضيعة للوقت، ولاتتيح فرصة للتفحص والمراجعة في أثناء التصفح علاوة على فقدان القارئ لوظيفة قراءة الصورة، وتعليقها والعنوان والنص ومابين السطور ومن ثم فان الصحيفة المطبوعة اكثر ملاءمة للقارئ حيث تتيح له حرية بصرية وشعوراً بالعراقة والتفرد.

وطبقا لهذا الرأي فانه ليس من المحتم ان تتحول الصحف المطبوعة الى صحف الكترونية، حتى تستطيع ان تعيش وتستمر وانما يكفيها فقط ان تتكيف مع التطور التكنولوجي الجديد من خلال الاهتمام بالقصص الاخبارية ذات الخلفيات والادلة الموثوقة، وقليل من الاهتمام باخبار الاثارة مع الاستعانة بصحفيين اكثر شبابا وتنوعا وتعددا في التخصصات والاتجاهات، وتعزيز التفاعل مع القراء من خلال البريد الالكتروني.

وجهة النظر نفسها يتبناها روبرت ستيل وجاي بلاك(130) حيث يطالبان الصحف المطبوعة بانتهاج استراتيجية مضادة تعنى بالتكامل والشمول والعمق والتوظيف المكثف من اجل اقامة مجتمع مبدع، فالقيم الكامنة في المضمون- على وفق رأيهما- أكثر أهمية من المضمون ذاته، الامر الذي يتطلب من الصحف المطبوعة ابراز هويتها ليست كمجرد حبر على ورق، ولكن كخدمة معلومات فريدة وموثوق بها وكمصدر وحيد لنخبة من المندوبين والمحررين والكتاب ورسامي الكاركاتير .

ولذلك يمكن القول: تتزايد الحاجة الى التأهيل والتدريب الاعلامي لمواكبة تكنولوجيا الاتصال وثورة المعلومات يدلنا على ذلك ان الصحف الكبرى والشبكات الاخبارية لاتقوم بتعيين الصحفيين قبل تدريبهم على التعامل مع الانترنت واكتساب مهارات استقاء المعلومات الالكترونية، فمن غير المقبول ان يبحث الصحفي عمن يساعده في جميع المعلومات التي يريدها سواء كان امين المكتبة او مهندس الكمبيوتر .

الهوامش:

(1) د. محمود خليل، مصدر سابق، ص36.

(2) اسامة الشريف، الصحيفة الالكترونية والصحيفة المطبوعة، بحوث الندوة العلمية للمؤتمر التاسع لاتحاد الصحفيين العرب، (عمان، دار الكتب المصرية، 2000)، ص18.

(3) المصدر نفسه، ص26.

(4) خالد أبو حسن، الصحافة والاصدارات الالكترونية، جريدة الجزيرة السعودية، العدد 10426 بتاريخ 2001/4/15 Www.aljazeeranewspaper.com

(5) محمد شويلي، الاعلام الالكتروني ومفهوم الصحافة، مجلة النبأ، العدد السادس، ايار 2003، ص45.

(6) د. فايز عبد اللـه الشهري، تجربة الصحافة الالكترونية العربية على شبكة الانترنت، رسالة دكتوراه غير منشورة، جامعة شيفيلد، المملكة المتحدة، 1999، ص118.

(7) أحسان محمود الحسان، الصحافة الالكترونية الوليدة، المجلة المصرية لبحوث الاعلام، العدد 15، نيسان 2002، ص87.

(8) محمود علم الدين ومحمد تيمور عبد الحسيب، الحاسبات الالكترونية وتكنولوجيا الاتصال، (القاهرة: دار الشروق، 1997)، ص32.

(9) فريدريك فينيو، الصحيفة الالكترونية سلاح الاعلام المكتوب في ثورة الاتصالات، جريدة النهار البيروتية نقلاً عن جريدة ليبراسيون في 1998/10/20، ص10.

(10) فايز عبد اللـه، مصدر سابق، ص 102.

(11) د. محمود خليل، مصدر سابق، ص 83.

(12) مصدر سابق، ص 14.

(13) اسامة الشريف، مصدر سابق، ص 20.

(14) د. سعيد الغريب، الصحيفة الالكترونية والورقية، دراسة مقارنة في المفهوم والسمات الاساسية، (القاهرة: دار الكتاب العربي، 2000)، ص39.

(15) المصدر السابق، ص 42.

(16) جون ماكسويل، جورج أ كريمسكي، صناعة الخبر في كواليس الصحف الامريكية، ترجمة: احمد محمود، (القاهرة: دار الشروق، 2000)، ص5.

(17) محمد عارف، مصدر سابق، ص 33.

(18) المصدر السابق، ص46.

(19) فايز الشهري، مصدر سابق، ص 118.

(20) حقي ابراهيم الشطي، النشر الالكتروني، النشر الالكتروني، حضارة الحاسوب والانترنت.

nua internet surveys (june, 1998) how many online? (on line ((21)
Www.nua.i.e/surveys/howmanyonline/index

(22) عائشة عبد اللـه، التفاعل الاتصالي بين الجمهور والصحافة، رسالة ماجستير غير منشورة (جامعة القاهرة، كلية الاعلام، قسم الصحافة، 1994)، ص186.

(23) المصدر السابق، ص201.

(24) محمد عارف، مصدر سابق، ص 94.

(25) د. نجوى عبد السلام فهمي، تجربة الصحافة الألكترونية المصرية والعربية، الواقع وآفاق المستقبل، المجلة المصرية لبحوث الاعلام، ع 44، 1998، ص205.

(26) محمد عارف، مصدر سابق، ص 33.

(27) فايز الشهري، مصدر سابق، ص 156.

(28) د. نجوى عبد السلام، مصدر سابق، ص 211.

(29) عائشة عبد الله، مصدر سابق، ص 190.

* الهايبرتكس: وهو تسمية مجازية لطريقة في تقديم المعلومات يترابط فيها النص والصور والاصوات والافعال معاً في شبكة من الترابطات مركبة وغير تعاقبية مما يسمح لمستعمل النص (القارئ) أن يتجول في الموضوعات ذات العلاقة دون التقيد بالترتيب الذي بنيت عليه هذه الموضوعات وهذه الوصلات تكون غالباً من اختيار مؤلف النص أو من اختيار المستعمل نفسه وتكون بشكل عقد (note) وتربط بروابط تسمى (ksinl).

وتعد الهيبرتكست نوعاً من عمليات نسج النصوص ونعني هنا بكلمة نص أي عمل مكتوب فهي تشمل بالاضافة الى الحروف والارقام والرسوم التوضيحية والفنون والصور الفوتوغرافية، وان مايميز الهيبرتكست لايرتبط فقط بامكانيات الابحار والتصفح والقدرة على استرجاع المعلومة اكثر من مرة وايضاً التفاعلية.

(30) د. نجوى عبد السلام، مصدر سابق، ص 230.

(31) محمد الجلال، أضواء على الصحافة الالكترونية، موقع bbc العربي في 2002/2/9. Www.bbc.arabic.com

(32) فالح مرو، في عصر النشر الالكتروني، العالم يدق المسمار في نعش الصحافة الورقية، جريدة البيان الاماراتية، 12 نيسان 2001. Www.albayyan.com

(33) د. نبيل علي، العرب وعصر المعلومات، مجلة عالم المعرفة العدد 184، (الكويت: المجلس الوطني للثقافة والفنون والاداب، 1994)، ص22.

(34) عدنان الحسيني، ثورة النشر الالكتروني، جريدة الشرق الأوسط، 19 نيسان، 1995.

(35) سمير محمود، الحاسب الآلي وتكنولوجيا صناعة الصحف (القاهرة: دار الفجر للنشر والتوزيع، 1997)، ص16.

(36) شريف درويش اللبان، تكنولوجيا الطباعة والنشر الالكتروني، مصدر سابق، ص 249.

(37) محمود خليل، الصحافة الالكترونية، مصدر سابق، ص 63.

(38) الانترنت وسيلة اعلانية جديدة، دراسة اعدها ونشر نتائجها مكتب اعلان الانترنت www.iub.net

(39) المصدر السابق.

(40) د. محمد شومان، هل تقول وداعاً للصحافة والاذاعة والتلفزيون، جريدة الجزيرة السعودية، العدد 10862 في 2001/9/27.

(41) أ.د. محمد فتحي عبد الهادي، الانترنت وخدمات المعلومات، المجلة العربية للمعلومات، مجلد 22، العدد الثاني (تونس: المنظمة العربية للتربية والثقافة والفنون، 2001)، ص122.

(42) فايز الشهري، مصدر سابق، ص 69.

(43) المصدر السابق، ص125.

(44) أ.د. محمد شومان، مصدر سابق.

* التقنية الرقمية: وهي تعني عالم الارقام digital world الذي تخزن وتنقل المعلومات فيه بأنواعها المختلفة في هيئة سلاسل او تشكيلات من رقمي الصفر والواحد وهذه هي لغة اجهزة الكومبيوتر، فعندما يتم تحويل البيانات الى الهيئة الرقمية يصبح من الممكن للكومبيوتر أن يفهمها او يتعامل معها.

(45) عباس صادق، تجربة الصحافة الالكترونية على الانترنت، اطروحة دكتوراه غير منشورة، جامعة الخرطوم، كلية الاعلام، 2000، ص23.

(46)عباس صادق، المصدر السابق، ص86.

(47) فايز الشهري، مصدر سابق، ص 113.

(48) نجوى عبد السلام، مصدر سابق، ص 207 .

(49) د. سعيد الغريب، الصحيفة الالكترونية والورقية دراسة مقارنة في المفهوم والسمات الاساسية، مصدر سابق، ص 92.

(50) المصدر السابق، ص96.

(51) عباس صادق، مصدر سابق، ص 58.

(52) محمد سعد ابراهيم، الصحافة والانترنت، تكنولوجيا الاتصال الواقع والمستقبل، (المؤتمر العلمي الخامس لكلية الاعلام، جامعة القاهرة، 1999)، ص218.

(53) محمود خليل، مصدر سابق، ص 83.

(54) د. سليمان صالح، مستقبل الصحافة المطبوعة في ضوء تكنولوجيا الاتصال، (جامعة القاهرة، كلية الاعلام، المجلة المصرية للبحوث والاعلام، العدد 13، أيلول 2001)، ص52.

(55) المصدر السابق، ص83.

(56) نجوى عبد السلام، مصدر سابق، ص 209.

(57) اسامة الشريف، مصدر سابق، ص 23.

(58) انشراح الشال، الاعلام الدولي عبر الاقمار الصناعية، دراسة الشبكات الالكترونية، (القاهرة: دار الفكر العربي، 2002)، ص186.

(59) فايز الشهري، مصدر سابق، ص 201.

(60) scott a. shamp, "prospects for electronic publication in communication: a survey of potential users" .quarterly 40 (summer 1999). p.219

(61) المصدر السابق، ص222.

(62) bruce garrison, online services, internet in 1995 newsrooms .. spapewne r search journal, vol. 18, no.3-4, (summer 1997), pp.97. `

63)) فايز الشهري، مصدر سابق، ص 183.

(64) مصدر سابق، scott a. shamp, p.225.
(65) عباس صادق، مصدر سابق، ص 112.
(66) المصدر السابق، ص115.
(67) فايز الشهري، مصدر سابق، ص 190.
(68) المصدر السابق، ص192.
(69) عدد من المواقع الالكترونية منها:
Www.itknowledge.com
Www.google.com
Www.aroob.com
Www.usic.org
(70) د. نجوى عبد السلام، مصدر سابق، ص 213.
(71) شريف اللبان، مصدر سابق، ص 123.
(72) د. عباس صادق، مصدر سابق، ص 118.
(73) المصدر السابق، ص229.
(74) د. لقاء مكي، الصحافة الالكترونية، دراسة في الآفاق والاسس، بحث غير منشور، كلية الاعلام، جامعة بغداد، ص13.
(75) وجدي الواصل، الصحافة الالكترونية، وليد مؤثر، موقع اسلام اون لاين،2002/10/22.
(76) محمدي جلال، مستقبل الصحافة الالكترونية، جريدة العرب اللندنية في 2003/8/18.
(77) رامي اكرم شريم، مصدر سابق، ص 82.
(78) وجدي الواصل، مصدر سابق.
(79) حسان محمود الحسون، مصدر سابق، ص 18.
(80) سعود صالح، جعل الصحافة الالكترونية في طريقها الى الانقراض، موقع google، بحث (صحافة الكترونية).
(81) سعود صالح، المصدر السابق.
(82) د. سلوى محمد يحيى العوادلي، التسويق الالكتروني، جامعة القاهرة، كلية الاعلام، المجلة المصرية لبحوث الاعلام، العدد 17، ايلول 2002، ص53.
(83) بوب غايلز، ص118.
(84) جيرالد بيتهام، الاعلان الالكتروني، بحث منسق في المجلة الالكترونية التي تصدرها وزارة الخارجية الامريكية، عدد آيار 2001. Www.google.com
(85) المصدر السابق.
(86) د. مصطفى المعموري، التجديد الحضاري في العصر الرقمي، مجلة النبأ، العدد 86، ص63.
(87) صلاح الدين حافظ، تكنولوجيا الاتصال وحرية الصحافة والفكر، (تونس، المنظمة العربية للتربية والثقافة والعلوم، 1991)، ص97.

(88) المصدر السابق، ص101.

(89) محمد عارف، مصدر سابق، ص 78.

* أنشأت نيويورك تايمز، فايتز، وهو الاسم الذي اطلق على قسم بنك الاخبار في الصحيفة وقد تم فتحه في عام 1972.

(90) جبار محمود، الصحافة الالكترونية واتجاهات الاعلام الدولي، موقع جريدة باب الالكترونية بتاريخ 2003/8/12.

Www.bab.com

(91) المصدر نفسه.

(92) جبار محمود، المصدر السابق.

(93) مي العبد الله، ثورة وسائل الاعلام الالكترونية، جريدة الشرق الأوسط، 18 كانون الثاني 2003.

Www.asharqalawsat.com

(94) محمد مهدي طلبة، الانترنت والطريق السريع للمعلومات، (القاهرة: مطابع المكتب المصري الحديثة، 1996)، ص63.

(95) محمود علم الدين، تكنولوجيا المعلومات وصناعة الاتصال الجماهيري، (القاهرة: العربي للنشر والتوزيع، 1990)، ص41.

(96) محمد عارف، مصدر سابق، ص 18.

(97) د. حسن مكاوي، مصدر سابق، ص 22.

(98) القرية الكونية، موقع الجزيرة.

Www.aljazeera.com\2000\may\6\ev.

(99) الانترنت تقلب عالم الصحافة، جريدة البيان الاماراتية 23 تشرين الأول، 2001.

Www.albayyan.com

(100) مي العبد الله، مصدر سابق.

(101) عباس صادق، مصدر سابق، ص 116.

(102) د. عواطف عبد الرحمن، الاعلام في عصر المعلومات، جريدة الاهرام، العدد 42009، 12 أيلول 2001.

Www.alahram.com

(103) د. محمود العمر، هل تفهم لغة الكتابة في الصحافة الالكترونية، مجلة العلم، العدد 309، آيار 2003، ص117.

(104) انور بيضون، نظم المعلومات في ظل تقنية المعلومات، بحث منشور للنادي العربي للانترنت في ندوة اخلاق مجتمع المعلومات، عمان، 2002، ص3.

Www.aroob.com

(105) انور بيضون، المصدر السابق، ص3.

(106) سعد لبيب، حرية الصحافة الالكترونية في ظل ثورة تكنولوجيا الاتصال، مجلة متابعات اعلامية، العدد 43، 1994، صنعاء، ص86.

(107) المصدر السابق، ص90.

(108) أنور بيضون، ص7.

(109) د. مايكل كنيدي، الكتابة في فضاء الانترنت، بحث منشور على الانترنت للملتقى العربي لصحافة تقنية المعلومات، دبي، 2003، ص6.

(110) المصدر السابق، ص96.

(111) د. نجاح كاظم، هل مستقبل الكلمة المطبوعة مضمون في ظل الصحافة الالكترونية، جريدة الشرق الأوسط في 24 نيسان 2001.

(112) اسامة الشريف، مصدر سابق، ص 18.

(113) جمال الراشد، دور الخدمات الالكترونية في تطور الاعلام، جامعة القاهرة، كلية الاعلام، المجلة المصرية لبحوث الاعلام، العدد التاسع، ايلول 2003، ص78.

(114) سهام المؤمن، الوظيفة التفاعلية للانترنت، رسالة ماجستير غير منشورة، (بيروت: الجامعة الامريكية)، ص186.

(115) سهام المؤمن، المصدر السابق، ص53.

(116) د. نجوى عبد السلام، مصدر سابق، ص 211.

(117) د. محمد شومان، مصدر سابق.

(118) شريف اللبان، الاتجاهات العالمية الحديثة في استخدامات الوسائل الالكترونية في الاخراج الصحفي، المجلة المصرية لبحوث الاعلام، العدد 7، تموز 2000، ص111.

(119) المصدر نفسه، ص113.

(120) شريف اللبان، المصدر السابق، ص114.

(121) الياس هرمز، كيف تؤسس موقعاً على الانترنت، موقع اسلام أون لاين، 2003/10/29.
Www.islamonline.net/arabic/new-article

(122) اسامة الشريف، مصدر سابق، ص 52.

(123) د. عبد الستار جواد، عرض شامل للقوالب الصحفية واساليب التحرير الحديثة، (عمان: دار مجدلاوي للنشر، 1999)، ص190.

(124) بيتر دايسون، الف باء الانترنت، ترجمة: مركز التعريب والترجمة، (بيروت: الدار العربية للعلوم، 1998)، ص32.

(125) ارمان ماتيلا، الصحافة والانترنت، بحث منشور في موقع الاستراتيجية.
Www.alstratecheea.com

(126) رينش جاروسلوفسكي، معايير المهنية للانترنت، موقع صحيفة الجزيرة في 2001/8/12.
(Www.aljazeera.com 2001)

(127) قراء الانترنت وتوجهات الناشرين، مجموعة مقالات منشورة في موقع سلاش بتاريخ 18-2002/7/25.
Www.slash.com

(128) د. السيد بخيت، الصحافة والانترنت، مصدر سابق، ص 156.

(129) أنظر:

أ. فايز الشهري، مصدر سابق، ص 201.

ب. اسامة الشريف، مصدر سابق، ص 11.

جـ عباس صادق، مصدر سابق، ص 84.

(130) روبرت ستيل وجاي بلاك، القواعد الاخلاقية لوسائل الاعلام الالكترونية، الجمعية الامريكية لمحرري الصحف، نيويورك، 1998، ص8.

3

الفصل الثالث

الصحافة الالكترونية
والصحافة المطبوعة

العلاقة بين الصحافة المطبوعة والصحافة الالكترونية

بدأ تأثير الثورة المعلوماتية التكنولوجية يظهر على صناعة الطباعة والنشر وعلى عادة القراءة ذاتها، وان بداية العقد الاول للقرن الحادي والعشرين يشهد اتساعا متزايداً للصحيفة الالكترونية مقابل الصحيفة التقليدية التي سادت لخمسة قرون مضت(1).

إن الصحيفة الالكترونية تحمل قوة جذب وابهار جديدة تساعد على انتشارها على حساب تلك التقليدية الحالية(2) فلأنها تستخدم الوسائط الاعلامية المتعددة **Multimedia** فهي تتيح لمستخدمي الشاشة ممارسة اكثر من حاسة خصوصاً البصر والسمع بل واللمس ايضاً، فالقارئ يستطيع ان يختار مايريد ويقرأ مايحب الاطلاع عليه ويرى الصور بألوانها الجذابة ويستمع في الوقت ذاته الى الاصوات التسجيلية، ويشاهد الافلام المنقولة عبر الفديو، كل ذلك في عملية سريعة واحدة لم تستطع ان توفرها له من قبل وسائل الاعلام المختلفة: الصحافة المكتوبة والاذاعة المسموعة والتلفزيون المرئي.

جون راسل أحد كبار الاذاعيين البريطانيين في (BBC) يقول ان الخطر الاكبر يهدد الصحيفة اليومية الاسبوعية يأتي مباشرة من التكامل الحاصل بين تكنولوجيا التلفزيون المتطورة، وتكنولوجيا الكومبيوتر هذا التكامل قد يقدر في زمن ليس ببعيد على اختراق الخاصيتين الاساسيتين اللتين تهددان الصحيفة اليوم(3).

1- التوسع في كشف الاخبار دون الارتباط بعامل الوقت المحدد نسبياً في نشرات الاخبار او البرامج الاخبارية.

2- استمرار حضور الصحيفة في متناول القارئ مما يسمح له بالتصفح والمراجع والاستغراق في التأمل من دون الارتباط بسلطة اللحظة او الوقت.

لقد بدأت الصحافة الالكترونية عبر الانترنت في منافسة الصحافة المطبوعة منذ أن قامت مجلة نيوزويك الامريكية واسعة الانتشار بمتابعة فضيحة الرئيس الامريكي كلنتون مع مونيكا لوينسكي عبر موقعها على الانترنت وقبل الموعد الاسبوعي لصدور المجلة(4) واذا كانت الصحافة الالكترونية قد بدأت تغزو العالم الغربي المتقدم بقوة فان النشر الالكتروني لدور النشر

اخذ يتسع اكثر ففي حزيران عام 2000 صدر كتاب (ركوب الرصاصة) للكاتب الامريكي ستيفن كينج(5) ويضم (16) الف كلمة منشورة على شبكة الانترنت وخلال يومين فقط قرأه (400) الف شخص أي بمعدل خمسة قراء كل ثانية واحدة مقابل اجر هو دولاران ونصف الدولار فقط ثم عرض بعد ذلك مجاناً على موقع الامازون الشهير متحدياً أي محاولة للنشر التقليدي المطبوع، بينما ذكرت دراسة عن سوق الطباعة والنشر الامريكية نشرتها جريدة وول ستريت في 2002/7/17 انه بيع 1.1 مليار كتاب في الولايات المتحدة الأمريكية عام 2001 وبلغ عدد الصحف اليومية المباعة 55.332979 صحيفة وعدد الصحف الاسبوعية 59.381894 فيما بلغ عدد المجلات المباعة سنوياً حوالي 500 مليون مجلة وهناك 65 مليون عنوان كتاب في العالم منها 26 مليون كتاب موجودة في مكتبة الكونغرس .

استقلال الصحف الالكترونية:

اذا كان الخبراء يؤكدون انه مازال امام الصحافة المكتوبة سنوات ازدهار طويلة فان انتشار الانترنت بدأ يتدخل لقلب طريقة قراءة الانباء وتغيير العادات التي درج عليها اهل المهنة(6).

فانشاء مواقع على شبكة الانترنت بات امراً لابد منه لأية صحيفة جديرة بهذا الاسم، وليبتعد العهد الذي كانت فيه المواقع الالكترونية تستعيد النسخة المطبوعة فقط بعد ان بات لدى معظم الصحف الكبرى هيئات تحرير متخصصة للنسخة المنشورة على الانترنت .

ويقول مايكل جولدن النائب الاول لرئيس شركة نيويورك تايمز (لم يعد من الممكن وضع استراتيجيات منفصلة للصحافة المكتوبة والمرئية والمسموعة والمنشورة على الانترنت)(7) مشيراً الى أن الصحيفة الالكترونية تتحلى بمزايا مختلفة تماماً عن الصحيفة المكتوبة، فهي اولا توفر كما ضخماً من المعلومات وهي ان كانت موجهة نظريا الى العدد الاكبر من القراء مثل الصحيفة فانها توفر فرصاً للوصول الى مجالات شديدة التخصص تعني مجموعات محددة من القراء. ويلاحظ لورتز مير رئيس تحرير موقع اسبوعية (ديرشبيغل) على الانترنت انه في حين تشكل المساحة مشكلة اساسية بالنسبة للصحيفة المكتوبة (تقدم الانترنت فضاء بلاحدود)، ان توجيه القارئ على الموقع بات (مهمة اساسية) وذلك بسبب الحجم الكبير للمعلومات المتوفرة ونتيجة لهذه الكثافة في المعلومات والاخبار فان الموقع تزوره مجموعات مختلفة من الناس سواء من

هواة الركبي او التكنولوجيا او متتبعي اخبار اليابان الذين سيجدون الكثير من المعلومات عن موضوعهم المفضل اكثر بكثير مما تقدمه الصحيفة الورقية(8).

وعليه اتجهت بعض الصحف الى التخصيص مثل (الغارديان)التي تقدم اربعة مواقع متخصصة عن الانباء وكره القدم والكريكت والاعلانات المبوبة، وتشكل الصحيفة الورقية مصدراً لاربعين من المئة فقط من مادة هذه المواقع التي لاتثير اهتمام سوى 10 في المئة من زواره على وفق مايؤكده سايمون وولدمان مسؤول النشر الالكتروني للصحيفة البريطانية في التقرير المقدم الى الجمعية العالمية للصحف وبمعنى اخر فان 90 في المئة من زوار الموقع يبحثون عن معلومات لاتنشر في الصحيفة، ويكمن الفارق الجوهري الثاني في ان المعلومات المنشورة على الانترنت قابلة بصورة مستمرة للمراجعة. فالنبأ في الصحيفة المطبوعة يتقادم مع الورق الذي يحمله في حين ان النشرة الالكترونية تشكل وسيلة اعلامية انسيابية متحركة دائمة التبدل والتجدد على وفق تعبير برونو جيوساني الذي يتولى امر تحديث موقع (نيويورك تايمز)(9).

قوة الصحافة المطبوعة:

يقول الدكتور ابراهيم الشامي استاذ الصحافة بجامعة الامارات: ان الصحافة المطبوعة تتمتع بعدة مميزات عن باقي الوسائل الاعلامية الاخرى تعطيها القدرة على الاستمرار في ظل مجابهة الوسائل الحديثة فيستطيع الانسان ان يقرأ الصحيفة مرات بيسر وسهولة(10).

فالمذياع والتلفزيون يفتقدان هذه الميزة المهمة كما تتيح الصحافة للانسان المتلقي القدرة على امتلاك المعلومات، وبالتالي امكانية تحليل الكلمات بشكل اكثر دقة وتفصيل فضلاً عن التعمق في تناولها للموضوعات وهذا مايجعل الصحافة اكثر تأثيرا في الرأي العام عن غيرها من الوسائل الاخرى كما تعد الصحافة الورقية الوسيلة الاعلامية الساخنة التي تثير نوعاً من التفاعل بين الجماهير والمسؤولين فهي تعد بمثابة الرقيب الذي يبحث عن الحقائق من مصدرها الرئيس لصالح الجماهير، كما ان الصحافة تعد ام الاعلام فهي لاشك تزود الوسائل الاعلامية الاخرى بالكثير من المعلومات فكانت أول الوسائل الاعلامية ظهوراً ومعايشة مع القارئ .

ان الصحافة ستظل حافظة لموقعها وسط الوسائل الاعلامية الاخرى وانها لن تؤثر عليها بالشكل الذي يروج له البعض(11) وبخاصة الانترنت، فلاشك ان الانترنت ليس باستطاعة كل

الناس استخدامه او اقتنائه كما ان الانترنت يزيد من انتشار الصحافة، فالصحيفة التي تقرأ عبر الانترنت هي الصحيفة الورقية جنباً الى جنب الصحف الالكترونية، ولكن تظل القراءة عبر الورق اسهل وايسر واكثر عمقاً من الانترنت(12).

الدكتور احمد فرحات يقول ان الكلمة المكتوبة اقوى في تأثيرها من الكلمة المقروءة او المسموعة فالعلاقة بين الانسان والقراءة عبر الورق علاقة تاريخية على مر الزمن لايمكن ان تلغى او تزول بمجرد ظهور وسيلة اخرى او وسيلة منافسة، وستظل هذه العلاقة قائمة لن تتغير حيث لايمكن للانسان ان يستغني عن الكلمة المكتوبة فهي بين يديه في المقهى وعلى جانبه في السرير، وكذلك في حلة وترحاله اينما كان(13).

كذلك من بين الاشياء التي تحفظ للصحافة الورقية استمرارها في مجابهة الوسائل الاخرى متعة القراءة في ظل سهولة العودة اليها والعمق في محتوياته(14) لذلك لايعتقد أصحاب هذا الرأي ان الصحافة الورقية ستندثر او تتلاشى في يوم ما فكل الدلائل في الدول ذات التقدم التكنولوجي تشير الى ان هناك حالة تطور متزايد للمطبوعات مما يشير بأن مستقبل الكلمة المكتوبة في ازدهار مستمر. كما ان بامكان الصحف ان تضع استراتيجية مهمة يفرض عليها تقديم ماهو افضل من غيرها، وبذلك يمكن القول ان الانترنت يؤثر على الصحافة التقليدية، كونه سيصبح دافعاً لها نحو مزيد من التطور، وضرورة الحرص على مواكبة الصحيفة لاحداث العصر وتكنولوجياته....(15)

ولايمكن للانترنت ان يقضي على الصحافة، وانما يمكن ان يؤثر عليها بنسبة ضئيلة حيث لايمكن القضاء عليها ككيان معلوماتي كبير يتعايش مع الرأي العام ويؤثر فيه بشكل فعال، فقد تعرضت الصحافة من قبل للشيء نفسه ولكنها اثبتت انها موجودة، فالصحافة اكثر من كونها ورقاً وحبراً وصوراً وانما هي كلمة لها تأثير عميق ووسيلة مهمة لاشباع رغبات الكثير من الجماهير، فالقارئ المعتاد على قراءة الجريدة يعدها متعة بالنسبة له في المقام الاول فضلاً عن مدى التأثير الذي تحدثه الكلمة المكتوبة من قوة وانتشار، وهذا مايجعل الصحافة اكثر تأثيراً على الرأي العام واكثر تميزاً على غيرها من الوسائل الاعلامية الاخرى.

ويقول المختصون: ان ضعف المادة التحريرية وعدم مواكبة الصحيفة للتطور الفكري والبشري اكثر العوامل التي تؤثر على تواجد الصحيفة على العكس من ذلك اذا ماواكبت

الصحيفة العصر وسارت في طريق الحريات ومعايشة المجتمع واصبحت تنقل نبض افكاره ومشاكله فأنه يضمن لها الاستمرار والتوصل(16).

اتجاهات العلاقة بين الصحيفة المطبوعة والصحيفة الالكترونية:

يمكن تحديد ثلاث اتجاهات حول العلاقة بين الصحافة المطبوعة والصحافة الالكترونية:

الاتجاه الاول: وهو يتوقف عند وصف الامكانات الكبيرة للانترنت ومايمكن ان توفره من فرص كبيرة للبشرية للحصول على المعلومات بشكل سريع وهو مايشير الى عدم الاهتمام بمستقبل الصحافة المطبوعة اذا كانت الصحافة الالكترونية يمكن ان تقوم بوظائفها(17).

والكثير من انصار هذا الاتجاه هم من مؤيدي رؤية مارشال ماكلوهان حول السرعة الالكترونية وان الاعتماد على النقل السريع والآني للأحداث شكل ميزة الصحافة الالكترونية من خلال نقل القصة الخبرية مع الصور الفوتوغرافية والصوت والصورة التلفزيونية.

يضاف الى ذلك ان الصحيفة الالكترونية تتمكن من تقديم نطاق واسع من الخدمات لاتستطيع الصحف المطبوعة ان تقديمه من مناقشة قضية مع القراء الاخرين والتعليق على المقالات، وتوفير الفرصة لمتابعة الاخبار في اثناء حدوثها وتطورها بشكل زمني، وكذلك فأن الصحافة الالكترونية يمكن ان تحمل الكثير من الاخبار التي كان يتم استبعادها من الصحف المطبوعة بسبب نقص المساحة حيث توفر الانترنت امكانية لتوسيع الصحيفة بتحمل الكثير من المضمون، يضاف الى ذلك العيوب الاصلية للصحيفة الورقية اذ ان ورق الصحف يترك الحبر على ايدي قراء الصحف المطبوعة فضلاً عن ماتحتاجه الصحف الورقية من وقت طويل وجهد ضخم واسطول توزيع ومن ثم فانها وسيلة متقادمة (out of date) من حيث الوقت كي تصل نسخ الصحيفة المطبوعة الى القراء(18).

الاتجاه الثاني: وهو على عكس سابقه حيث يؤكد على ان الصحافة الالكترونية لن تصبح ابداً بديلاً عن الصحافة المطبوعة، ويأتي ذلك انطلاقاً من ان تاريخ وسائل الاعلام التقليدية لم يشر الى ذلك فهو لم يشهد اختفاء وسيلة بظهور وسيلة او تكنولوجيا اخرى جديدة بل ان مايختفي هو فقط طرق وادوات انتاج فمثلا لم يعد هناك آلات (لينوتيب) في الصحف

كما ان الراديو لم يقض على الصحافة وكذا ظهور التلفزيون لم يقض على الراديو بل هناك تعايشاً وتكاملاً بين الوسائل الاعلامية المختلفة، لذا فمن المتوقع ان تحتل الصحافة الالكترونية التي تعتمد على النص والوسائط الفائقة مكانها جنباً الى جنب مع الصحافة الورقية المطبوعة(19).

ويرى اصحاب هذا الاتجاه انه اذا كانت شبكة الانترنت قد اضافت الكثير لحقل النشر عموماً الا انها لاتزال مجرد اداة مساعدة للصحافة المطبوعة في سبيل توسيع دائرة قرائها على المستوى الدولي، وتطوير الاداء الصحفي وغيرها من الخدمات المتعددة التي تقدمها الانترنت للصحف الورقية وانه لمن المستبعد ان تنقرض الصحف المطبوعة او تتراجع مكانتها امام الصحافة الالكترونية .

ويعود ذلك للميزات التي تتميز بها الصحف الورقية عن تلك الالكترونية واهمها ان الصحافة الورقية قابلة للنقل وقابلة للحفظ وتقرأ براحة اكبر من الالكترونية حيث لاتزال قراءة النص المطبوع عادة لها سحرها لدى القراء فضلاً عن انها لاتحتاج الى مهارات خاصة كاستخدام الحاسوب الالي وتقنياته، واوضح المؤتمر العالمي للصحافة عام 2001 ان سرعة وضع مواد الصحيفة على الانترنت يؤدي الى تزايد الاخطاء الموجودة في الصحف الالكترونية والمواقع الاخبارية كذلك تزايد شك الجمهور في المعلومات والمواد التي تقدمها(20).

بينما اشارت الدراسة التي قامت بها الجمعية العالمية للصحف الى أن الصحافة الالكترونية حتى الان هي مجرد امتدادات لصناعة الصحافة المطبوعة، وان معظم الصحف تقدم اكثر من نصف المضمون الذي تقدمه على مواقعها في الانترنت من خلال طبعاتها الورقية، وتكتفي باضافة بعض المعلومات العاجلة الى هذا المضمون حتى تعطي للقارئ انطباعا بانها توفر له النقل السريع للاخبار(21).

الاتجاه الثالث :ويقف موقفا مختلفا عن الاتجاهين السابقين اذ يرى انه لايمكن الحكم على مستقبل الصحيفة الورقية او حتى الالكترونية الان والواقع الحالي يقول ان منحنى تطور الصحافة المطبوعة في تقدم اكبر دائماً كي تحافظ على موقعها في الاهتمام(22).

ان الاندماج بين عالمي الصحافة المطبوعة التقليدية والصحافة والالكترونية سيزداد لاسباب اقتصادية منها(23).

1. ان دور النشر الصحفي في العالم بأسره تتجه الى تنويع نشاطاتها الاعلامية وذلك بدخول مجالات الراديو والتلفاز والمطبوعات المتخصصة واعداد المؤتمرات واستغلال الانترنت، ومثال على ذلك شركة (تربيون)التي تصدر صحيفة (شيكاغو تربيون) وتملك ايضا محطات تلفزيون واذاعات ومجلات ومواقع الكترونية وحصصاً في شركات ترفيه واتصال بالشبكة الالكترونية وهي جزء راسخ من واقع صناعة الاتصال وثورة المعلومات في المجتمعات الليبرالية التي اعتمدت مبادئ اقتصاد السوق والديمقراطية الغربية(24).

2. ان العامل المشترك بين صناعتي النشر التقليدي والالكتروني هو المحتوى المتميز فمن غيره لاتنجح مطبوعة ولا ينتشر تلفاز ولايستمر موقع على الانترنت ولهذا فان شركات الاتصال الكبرى في الغرب تزاوج بين ماتنتجه وسائل اتصالها بانواعها التقليدية وغير التقليدية لتقوم بأمثل استخدام لذلك المحتوى وذلك مادفع شركة (امريكا اون لاين)التي تدير انجح بوابة الكترونية في امريكا التي الاندماج مع شركة (تايم وورنر) وهي واحدة من اكبر شركات النشر والاتصال في العالم.

3. اضافة الى المحتويات فان دخول شركات النشر التقليدية عالم النشر الالكتروني يعتمد على نجاح وانتشار الاسم التجاري عند المستفيد فظهر اسلوب الترويج المتقاطع حيث يقوم المطبوع الالكتروني بالترويج للموقع الالكتروني الشقيق والعكس بالعكس .

وأشارت دراسة قدمت الى جمعية صحف الانترنت الامريكية عام 2004 الى أن الصحف الورقية سوف تتعرض لتأثيرات عديدة من جراء ازدهار ونمو الصحافة الالكترونية لعل قسم منها:

1. الاتجاه نحو المحلية: فالكثير من الصحف الورقية المطبوعة لاتستطيع الاتجاه الى العالمية من خلال النشر الالكتروني عبر الانترنت وبخاصة مع ضعف عائدات الاعلان الالكتروني لذا فان هذه الصحف عليها العمل على التركيز على كسب المكانة المرموقة محليا.

2. الاتجاه الى التخصصية: فعلى الارجح اننا سوف نشهد في المستقبل مزيدا من تنوع المطبوعات الورقية بحيث تلبي الاحتياجات الخاصة لنوعيات القراء كافة على مختلف ميولهم وأذواقهم واتجاهاتهم، بما يعني ان الصحف والدوريات الورقية المطبوعة سوف تتزايد في العدد نتيجة للاتجاه لمزيد من التخصصية(25).

الاساليب الفنية في تحرير الصحافة الالكترونية

ان التنافس بين وسائل الاعلام الالكترونية لتقديم افضل الخدمات لزبائنها قد جعلها تتسابق في ابتداع الاساليب الحديثة التي تجذب اهتمام الجمهور سواء من خلال مضمون المادة او اساليب تحريرها او إخراجها. فكانت عملية التحرير الالكتروني هي الميدان الرئيس الذي يجري فيه التنافس حيث اخذت كل صحيفة الكترونية اوموقع اخباري تتبنى اسلوبا او صياغة مميزة لاخبارها مما ادى الى وجود قوالب صحفية جديدة، ولغة اخبارية لها خصائصها المميزة التي تقتضي من محرر الاخبار مهارة لغوية عالية لالتقاط الالفاظ والعبارات المناسبة للمعنى المقصود(26).

ان عملية تحرير الاخبار وبخاصة في الصحف الالكترونية تحتاج الى الكثير من العناصر المميزة فضلاً عن الايجاز المطلوب في تحرير الاخبار يتدرب المحرر على معالجة الاحداث في بناء صحفي له ملامحه الخاصة، والمحرر البارع هو الذي يعد تقريره على وفق افضل الصياغات الصحفية واضعاً امامه مميزات وسيلته الاعلامية وخصائصها اولاً واختلافها عن الوسائل الاخرى.

ان تحرير الاخبار يعد عنصراً اساسياً في صناعتها مادامت وسائل الاعلام المختلفة تتعامل مع السيل المتدفق من الاخبار بحسب فلسفتها وطبيعة جمهورها ومواعيد صدورها، وان العملية التحريرية للمواد الصحفية في الصحافة الالكترونية ضرورية بسبب عامل السرعة الحاسم الذي تتسم به التغطية الاخبارية التي تحكمها المفاجأة، وتحديد الوقت والتنافس على السبق الصحفي وتحديث الاخبار على موقع الصحيفة(27). وهكذا ترسخت في كل وسيلة اخبارية قواعد اساسية وتقاليد مهنية للتعامل مع النصوص الاخبارية وجعلها تتوافق مع منهج

الوسيلة الاعلامية واسلوبها وبمرور الزمن وتقادم الممارسة اصبحت عملية التحرير الالكتروني ميدانا رحباً تجزر فيه النصوص احياناً، ويعاد تقلصها في احيان اخرى.

وان هنالك نصيحة او قاعدة لمحرري الاخبار الالكترونية تقول (اذا لم تكن هناك حاجة لكلمة معينة احذفها واذا لم تضف الجملة في توصيل المعلومة شيئاً احذفها، الحشو الزائد ماهو الاعاقة للتفكير، لاتحاول ان تكتب كل شيء متوفر عن شخص او حدث اوفكرة انك لاتستطيع ان تفعل ذلك واذا استطعت فمن يرغب في سماع ذلك)(28).

بهذه الكلمات تلخص القاعدة الاساسية في تحرير الخبر الالكتروني وهي الايجاز وحسن الاختيار ومراعاة رغبة الجمهور وطبيعته، الا انك لاتلمس ذلك في بعض الصحف الالكترونية حيث تجد اخبارها مطولة بلا ايجاز، ولاوجود للخبر القصير فهنالك معلومات ومعلومات عن الاخبار التي تحتويها .

إن اخبار وتقارير الجريدة الالكترونية تآخذ في نظر الاعتبار عند تحريرها كبناء فني مميزات وخصائص التطور التكنولوجي الذي عن طريقه يتم تصميم الصفحة الالكترونية بما تحتويه من اخبار وتقارير وصور وكاريكاتير ورسوم توضيحية تعميمات خاصة بأسماء الصفحات تلغي اخبار الوكالات والمراسلين والبحث عن المعلومات المكتوبة والصورة واستقصائها من وكالات وبنوك المعلومات العالمية مروراً بمعالجة الاخبار والتقارير وكتابة المقالات وتحريرها وتصحيحها وتصميم الرسوم والصور الفوتوغرافية واعدادها وتركيب الصفحات وانتهاءا ببثها الى مراكز اجهزة الكومبيوتر المتصلة بالشبكة العالمية.

في الصحافة الالكترونية عموماً يستخدم نظام خاص لاستعراض الاخبار والموضوعات والتقارير بشكل مغاير لما تستخدمه الصحف المطبوعة التي تستخدم الشبكة العالمية في عرض صفحاتها للمشاركين ففي استعراض لمعظم الصحف الالكترونية على الانترنت تجد ان هناك ملفات معدودات يحمل كل منها اسما او عنواناً من كلمة واحدة يعكس مضمون المادة التي تحتويها الشبكة وبمجرد التأشير عليه ينفتح امامك النص الكامل للخبر او التقرير لتطلع عليه او لطبعه على طابعة الليزر المتصله بالكمبيوتر(29). أما فيما يتعلق بالصحف الورقية المطبوعة التي تستخدم الانترنت فانها تستخدم فهرست مختلف.

ان التطور في مفهوم صناعة وتحرير الاخبار والمقالات في الصحافة الالكترونية خاصة قد جعل من المحررين ينظرون اليها على انها رسائل موجهة الى القراء وليست مجرد موضوعات، وهذا ادى الى الاهتمام بالجمهور اكثر من السابق(30). حيث ان التكنولوجيا الحديثة قد خلقت وسائل جديدة واوجدت اعمالاً اضافية للصحفي الالكتروني الذي يطلق عليه اليوم مصطلح (Electronic Journalist) بحيث اصبحت الكتابة الاخبارية للوسائل الالكترونية حقلاً كبيراً يوفر المزيد من فرص العمل لمن يريد ان يؤسس موقعاً الكترونيا او نظام بث.

لقد ظلت الجريدة والمجلة تتحكمان بشكل الاخبار التي تصل الى الجمهور قرابة قرنين من الزمن(31)، ولكن الثورة التكنولوجية في مجال الاتصالات أخذت تستقل تدريجيا وتؤسس لها تقاليد وقوالب خاصة تنسجم مع طبيعة الوسيلة الالكترونية الجديدة وخصائصها المميزة، حتى اصبح لدينا اليوم خبر اذاعي وآخر تلفزيوني واخر الكتروني كل منها يتسم بالخصائص التي تستدعيها الوسيلة الاعلامية. والواقع هو ان الاذاعة منذ نشوئها في العشرينيات والتلفزيون منذ الاربعينيات ظلا يستخدمان اساليب الجريدة في معالجة الاخبار لان كتابها ومحرريها جاءوا اليها من الصحافة اصلاً، ونقلوا معهم الارث الاخباري القديم، الى أن بدأت الاخبار الاذاعية والتلفزيونية تقترب من جمهورها وتسعى لتلبية حاجاته ومواجهة خصوصياته(32).

ان مايكتب للجريدة بالطبع يخاطب القارئ وليس المستمع، وهذا مالاينسجم تماماً مع فن الكتابة للأذن الذي استحوذ على طرائق اعداد الخبر الالكتروني وتأسس بخصائصه وميزاته التي تضع المستمع والمشاهد في اول الاعتبارات(33).

سمات الكتابة الالكترونية:

هنالك اربع سمات رئيسة للكتابة الالكترونية التي تعد احد مظاهر تكنولوجيا الاتصال الحديثة وهي(34):

> السرعة والسعة الكبيرة وامكانية استخدام مختلف انواع الاشارات سواء الكتابة، الاصوات الالون الصور المتحركة والمشاهد الحية من موقع الاحداث.

> تعد أداة لتنظيم المعلومات في مجال فضائي، فالثقافة المطبوعة اعطت البشرية نمطاً من اساليب عرض المعلومات مدوناً على الورق بينما تحمل الثقافة التي يعرضها المجال الفضائي امكانيات وافاقاً لانهائية في عرض المعلومات.

> المحرر الصحفي الذي ظل مقيداً بالتعامل مع الحروف والخطوط اصبح بامكانه التعامل مع الصوت، والرسوم المتحركة والمشاهد المصورة .

> توفر تكنولوجيا الاتصال الجديدة امكانيات الاتصال عبر شبكات المحلية والعالمية مما اختصر الزمن والمسافات امام الاتصال المكتوب الامر الذي اعطى الكتابة ماعطاه التلفون للكلمة بالقدر نفسه من السرعة والتفاعل .

أدوات التحرير في الصحافة الالكترونية :

ادخلت الصحافة الالكترونية امكانيات جديدة واتسع امام المحرر الصحفي مجال استخدام الاشارات غير اللفظية ويمكن الاشارة الى عدد من الادوات التي يحتاج المحرر الصحفي لاستخدامها في الصحافة الالكترونية(35) تتمثل في:

1. الفضاء:

فقد اصبح الصحفي يستخدم الفضاء حينما يكتب في الانترنت ويكون الفضاء الالكتروني مدخلاً لمفهوم الفضاء الوهمي Virtual Space.

2. المشاهدة:

وتتيح طرق عديدة لرؤية النص منها امكانية تصغيره او تكبيره او فتح نوافذ داخل النص، كما يتم احياناً عرض قائمة بعناوين نقاط الالتقاء في النص بطريقة فهرس الكتاب ليقوم القارئ باختيار الجزء الذي يرغب في قراءته.

3. الالوان:

يمكن للمحرر استخدام الالوان لخلق ترابط بين اجزاء النص باللون نفسه كما تتيح له فرصة استخدام الرسوم الملونة للتعبير عن افكاره.

4. الصوت :

يتاح للمحرر الصحفي استخدام الصوت كجزء من النص فالنص المكتوب لم يعد مرئيا فقط بل مسموعاً ايضاً سواء باضافة فقرة من خطاب رسمي اوموسيقي او اصوات مدمجة بمايعني ان الاشارات غير اللفظية كالتنغيم والضغط على مقاطع الكلمات اصبحت جزءاً من النص المكتوب مما يعطي بعداً جديداً للنص المكتوب.

5. الايقونات:

يلجأ المحرر في الكتابة الالكترونية الى استخدام الايقونات كرموز تدل على ماخلفها من مضمون مما خلق ثقافة من الرموز المتعارف على معانيها التي يسهل تمييزها عن بعض لذا يجب الحرص على ان تكون هذه الايقونات مفهومة بمختلف اللغات.

6. قيم النص: Text norms

لقد ظهرت امكانات جديدة للتعبير وقواعد جديدة للكتابة بدخول تكنولوجيا الكتابة والقراءة الالكترونية، لذا ظهرت اهمية معرفة كيف يتعامل ويتجاوب القارئ مع النص، ونظراً لحداثة الكتابة الالكترونية فقد يجد البعض صعوبة في كيفية الوصول الى اجزاء النص التي تهمهم أو الخروج منها.

اصبح معظم العاملين في تنضيد مواد الصحيفة وتصميمها يعملون على الحاسبات الالكترونية، وتختلف استجابات هؤلاء المحررين الذين يشكلون حاليا اكثر من نصف فريق التحرير، ولكل محرر طريقته في التعامل مع الحاسوب بحسب المادة او المزاج او الوقت، فبعضهم مثلاً يفضل كتابة افكار الموضوع وخطوطه يدوياً (بالطريقة التقليدية) قبل الشروع في كتابة الموضوع على الحاسوب(36).

واخرون ارتبطت عندهم العملية الابداعية بالكمبيوتر بكل خصائصها وطقوسها الحميمة، ولايواجه الكتاب الذين اعتادوا الكتابة على الآله الطابعة صعوبات كبيرة في التعامل مع الكمبيوتر .

بعد انتهاء المحرر من تنضيد موضوعه يحفظه في قرص جهاز الكمبيوتر الخاص به، ويرسل نسخة منه عبر الشبكة المحلية الى درج المقالات العام للصحيفة، وهو درج لاوجود له

في الواقع بالمعنى المألوف برغم انه ذو كفاءة عالية إنه درج الكتروني يتكون من عدة ملفات الكترونية محفوظة في القرص الثاني لجهاز الكمبيوتر الرئيس للصحيفة، وكل ملف في الدرج يعود الى قسم معين من اقسام الصحيفة اقتصاد، سياسة، علوم، كمبيوتر، مكاتب خارجية...الخ(37).

من هذا الدرج يسحب المصمم النصوص النهائية لتصميمها التي تكون قد مرت بعمليات المراجعة والتصحيح المألوفة، ويفضل غالبا اجراء المراجعة والتصحيح على الورق اولا لأن الدقة المطلوبة في مراجعة النصوص المكتوبة تتعب العين إذا جرت على الشاشة ساعات طويلة، ويمكن في اي مرحلة من مراحل الانتاج اصدار نسخة مطبوعة على طابعات الليزر التي ترتبط بها معظم الاجهزة ومعظم الصحف التي تستخدم طرق الانتاج الالكتروني المتكامل اصبحت مفتوحة ليس الى الخارج فحسب بل الى الداخل ايضاً، وهذا اختلاف اساسي بين الصحف الحديثة والتقليدية. ففي دور الصحافة التقليدية تتوزع اقسام التحرير والانتاج على غرف وصالات منفصلة وبنايات مستقلة احياناً، ويبدو الانتقال بين غرف التحرير وصالاته وبين اقسام المعلومات والاتصالات والتصحيح بمثابة انتقال بين عوالم مختلفة مغلقة على نفسها في كثير من الاحيان، بل ان هذه الجدران المادية بين اقسام التحرير والانتاج غالباً ماتعززها جدران اجتماعية وثقافية، أما في الصحافة الحديثة فان المساحات مفتوحة وليس فيها جدران تفصل بين الاقسام والوحدات الانتاجية المختلفة(38) ....وانما هي عبارة عن حيز مفتوح توزع فيه (عناقيد) مناضد اقسام التحرير والانتاج المختلفة حاملة على سطحها كمبيوترات شخصية مرتبطة فيما بينها بشبكة الكترونية محلية واحدة وضمن هذه الشبكة المحلية تستل الانباء والتقارير والمعلومات والصور والرسوم سواء القادمة من خارج الصحيفة او المنتجة داخلها، وتتم عبر الشبكة مراحل العملية الانتاجية الصحفية المختلفة حتى المنتج النهائي، وهي عملية مغلقة في كثير من الاحيان(39).

صحيح ان التعامل لايزال يجري بالنصوص المكتوبة على الورق لكن النص الاصلي لاينتقل على اوراق من يد الى اخرى، بل يتدفق في لحظات على هيئة اشارات الكترونية عبر الشبكة المحلية.

الانتاج الصحفي الالكتروني:

ان اكثر التطورات في الصحيفة اثارة للخيال هو ماحدث لقسم الانتاج الصحفي فهذا القسم الاساسي الذي كان يتكون عادة من اجهزة التنضيد والتصوير والرسوم والتصميم والتركيب ومعداتها لم يعد يحتل بمجموع حجمه البشري والفني والمكاني وتكلفته اكثر من ربع الحجم العام للصحيفة، بل اقل من ذلك اذا عرفنا ان قسم بث الصفحات الجاهزة قد تحول الى مجرد لمسة انامل من المصمم على لوحة المفاتيح أو المؤشر (الفأرة)، ففي الانتاج الالكتروني يقوم شخص واحد امامه جهاز كمبيوتر والى جانبه جهاز (الماسح Scanner) بجميع عمليات الانتاج ابتداءً من تصميم المواضيع والصفحات وتجهيزها بالخطوط والرسوم والصور، ومروراً بتنفيذها وتركيبها وتصويرها وطبع الافلام وانتهاء ببث الصفحات الى مراكز الطبع في العواصم العالمية، وهنا لايتم استخدام ورق لصق ولاصمغ ولاقياسات للصور ولا احماض ولاماكينات ضخمة مكلفة حيث تنقل الصور الفوتوغرافية المرسلة الكترونياً عبر الشبكة المحلية والصور الفوتوغرافية الورقية تحول عبر (الماسح Scanner) الى شاشة المصمم مباشرة، وعلى الشاشة تجري للصورة عمليات تعديل قياساتها ومواصفاته المختلفة(40).

لاتحتاج الصحف - التي تنتج الكترونيا -الى ارشيف تقليدي يحتل ادراجاً ومساحات واسعة، والمعروف ان مركز معلومات الصحيفة هو ذاكرتها التي تحتوي على مليارات المعلومات المخزونة على شكل معطيات الكترونية في ادراجها الخاصة وفي بنوك المعلومات الفورية، وشبكة الانترنت، بنك (ديالوج) الامريكي مثلاً يضع تحت تصرف الصحف المشتركة فيه ملايين المعلومات منها على سبيل المثال احدث المعلومات حول آلاف الشركات العربية وغير العربية، ومحتويات عشرات الالوف من المجلات العلمية والتكنولوجية والاقتصادية والسياسية، ويتم تحديث محتويات هذه المجلات والمطبوعات التي تضاف الى بنك (ديالوج)يحتوي ايضا على ملايين براءات الاختراع أكثر من 55 بلداً(41).

ان غرفة الاخبار تدار اليوم بواسطة طرفيات الكمبيوتر حيث يقوم المحررون بكتابة تقاريرهم بواسطة مفاتيح تشبه لوحة مفاتيح الآلة الكاتبة، حيث تظهر الكلمة على شاشات العرض الضوئي وان استخدام الحاسب الالكتروني في عملية التحرير الصحفي غير من كتابة الاخبار والتقارير والمواد الصحفية الاخرى، فمعظم الصحف اصبحت حاليا تزود المحررين

باجهزة كومبيوتر على مكاتبهم داخل قاعة التحرير او تزود المرسلين الخارجيين بأجهزة كمبيوتر صغيرة بالغة الدقة والتعقيد وخفيفة الوزن وصغيرة الحجم وتتوافر فيها جميع امكانات الحاسبات الكبيرة ومن خلالها يجمعون المادة ثم يحررونها ويدققونها نحويا واملائيا ثم يرسلونها الى ادارة تحرير الجريدة.

وفي الواقع ان المحررين تعلموا بسرعة كيف يكتبون موادهم باستخدام الكمبيوتر واستطاعوا بهذا تجاوز الكثير من المراحل التي كانت تستنفذ الوقت والصبر ولاتؤدي في النهاية الى النتيجة المرجوة، فاليوم يستخدم المحرر الكمبيوتر لانجاز الكثير من العمليات مثل :الكتابة والتعديل والتصحيح، التدقيق النحوي والاملائي، تحديد حجم وكثافة الحروف، تحديد اتساع الجمع، رسم الجداول والاشكال البيانية ،التزود بالرسوم، ومعالجة الصور، بل اصبح قادراً على اخراج مادته الصحفية بنفسه بمعنى ان يقوم بدور المحرر والمنضد والمخرج الصحفي كل هذا وهو جالس على مكتبه ليس امامه سوى حاسبه الشخصي الذي ينجز من خلاله كل هذه المهام وبمنتهى الدقة والكفاءة .

اشكاليات التحرير الصحفي الالكتروني:

على الرغم مما سبق ذكره فلابد من الاعتراف بأن استخدام الحاسبات الاليكترونية في مجال التحرير الصحفي لايحظى بالحضور المكثف نفسه في مجال ونقل وتفسير المادة الصحفية او في مجال تصميم المطبوع الصحفي حيث لم يشهد هذا المجال ظهور برامج متكاملة تقوم بتحرير النص الصحفي لتشبه تلك البرامج التي تتعامل معه كشكل مرئي على الصفحة في مجال التصميم وهي برامج النشر المكتبي.

ويأتي مصدر الصعوبة بشكل اساسي في ان التعامل مع المادة الصحفية كشكل مرئي على الصفحة يختلف كثيراً عن التعامل معها كمادة حاملة لمضمون في اطار لغوي معين يصعب قولبة الاسس التي يقوم عليها انتاجه في اسس ومنهاج واضح يتم بعد ذلك التعامل معه في صورة برامج تقوم بتحرير النص بما تشتمل عليه عملية التحرير الصحفي كافة من خطوات بالكفاءة نفسها التي تقوم بها برامج اخرى بالتصميم التيبوغرافي لهذا النص(42).

وقبل ان نعالج هذه الاشكالية بالتفصيل فانه يجدر بنا القول انه برغم الصعوبات المختلفة التي تواجه انتاج برامج لتحرير النصوص الصحفية تشابه البرامج بتصميم هذه النصوص الا ان ذلك لم يعرقل من مسألة دخول الحاسبات الى مجال التحرير الصحفي بمعنى آخر، فقد اصبح مصطلح التحرير الالكتروني Electronic Editing من المصطلحات المتداولة في مجال التخصص، وكذا في قاعـــات التحرير وخصوصاً في الصحف التي تصدر في الدول المـــتقدمة(43).

وعملية التحرير الصحفي التي كانت تتم بشكل يدوي في الماضي باستخدام الورقة والقلم لتصويب الاخطاء التحريرية (لغوية-اسلوبية-معلوماتية) داخل النص، اصبحت تتم اليوم الكترونيا، وتتكون المعدات المطلوبة لعملية التحرير الالكتروني من حاسب الكتروني مزود بوحدة عرض بصري وشاشة ولوحة مفاتيح Keyboard وماسح ضوئي Scanner والة طباعة ليزرية 44) Laser Printer).

اما البرامج اللازمة لتشغيل هذه المعدات فهي نظم معالجة الكلماتWord Processing، ونظم معالجة الكلمات هذه يتم من خلالها استخدام الحاسب لادخال وتخزين وطباعة مستندات النصوص (Text)، وتتيح هذه النظم للمحررين العديد من وظائف التدقيق والتحرير والتعديل مثل اضافة وحذف نص، تحريك الكلمات والجمل والفقرات من موضع لآخر داخل النص، ابراز جزء من النص بواسطة وضع خط اسفله او رفع وخفض الحرف عن مستوى السطر او المحاذاة لليمين او اليسار او ضبط النص في الوسط بالنسبة لهوامش الصفحة وكذلك الترقيم التلقائي للصفحات.

ويمكن تلخيص وظائف معالجة الكلمات فيما يختص بالتنسيق فيما يلي(45):

- تحديد وحذف وتحريك ونسخ وتنظيم النصوص .
- تصعيد وتنزيل النصوص عن الخط القاعدي.
- تبويب الفقرات وتغيير المسافة بين الفقرات.
- استخدام لوحات المواصفات ولوحات المواصفات الدائمة.
- البحث عن النصوص واستبدالها .

> ربط كتل النصوص.

> انسياب النصوص حول كتلة اخرى.

> تكبير وتصغير حجم كتل الصورة والصور ذاتها.

> تحريك الصور.

> لصق النصوص داخل كتل الصور.

وعموما، فنظم معالجة الكلمات تتيح للمحرر كتابة خبره مباشرة وعمل المراجعات واضافة التصويبات ومزجها الى المتن في تدقيق لايعطل افكاره، فهناك دائما امكانية وحيز لاضافة جملة او فقرة في اي مكان على النص، وقد يتم العكس حذف جمل او فقرات كل ذلك يتم، وتغلق الفجوة التي حدثت فورا، مما يعطي للمحرر قدرة على تسجيل افكاره اولاً بأول، وللمحرر ان يعمل في اكثر من نسخة في الخبر نفسه والتحول من واحد لاخر بدون تعطيل العمل .

وهذه النظم تتيح ايضا طباعة اكثر تقدما وسرعة من الطباعة بالآلة الكاتبة، فحين يطبع المحرر مادته باستخدام لوحة معالجة الكلمات يشاهد المادة على الشاشة ويتم تخزينها في ذاكرة الحاسب الالكتروني، ومن الممكن -كما ذكرنا -احداث اية تعديلات عليها بسهولة كبيرة من خلال اعادة الطباعة او تصحويب الاخطاء كما يمكن لمدير التحرير استعادة هذه المادة على شاشة العرض الخاصة به للمراجعة النهائية وابداء اي ملاحظات قبل اصدار التعليمات للحاسب بنقل النص المطبوع -خلال الطابعة -على الاوراق(46).

اما عن اساليب ادخال البيانات فهي متعددة لعل من اشهرها(47) :

> الادخال المباشر عن طريق لوحة المفاتيح حيث يتم النسخ على شاشة العرض الضوئي ثم تخزين المادة في جهاز الحاسب .

< النسخ بالماسح الضوئي Scanner Copy حيث يتم تصوير النسخ التي يضعها المحررون عن طريق آلة التعرف الضوئي على الحروف. وتقوم هذه الآلة بالقراءة الاليكترونية للنسخة ثم يتم ادخالها الى الكمبيوتر .

> الادخال من كمبيوتر الى كمبيوتر ويستخدم في حالة وكالات الانباء التي ترسل المادة من خلال كومبيوتر الى آخر بدرجة كبيرة من السرعة، بحيث لانسمع شيئا ولكننا نقرأ ملاحظات كما هو موجود على النظام .

> وهناك اسلوب اخر من اساليب الادخال وهو يعتمد على استخدام الكلام او اللغة المنطوقة.

فبعض نظم الحاسب الان مزودة بميكروفون لادخال البيانات المنطوقة، ويتم استخدام ادوات خاصة يمكنها ادراك الكلمات المنطوقة وتحويلها الى سلسلة من الوحدات الرقمية، وهي تشبه تماما طريقة ادخال الكلمات المطبوعة على لوحة المفاتيح .

التقنيات المساندة للتحرير الصحفي:

اذا كان الدور السابق للحاسب الالكتروني في عملية التحرير الصحفي يتمثل في مجرد تحويل عملية يدوية الى عملية آلية، فقد ظهرت مجموعة من البرامج التي يمكن ان تخدم في بعض جوانب المعالجة التحريرية للنصوص الصحفية وتقدم هذه البرامج هذه النوعية من المعالجات التحريرية بشكل آلي ويتعامل المحرر معها كمستخدم او كمنفذ لاوامرها فقط(48).

فان كان التصحيح الطباعي والهجائي واللغوي احد الجوانب الرئيسة في عملية التحرير الصحفي فان بعض برامج Software Program المختصة بمعالجة الكلمات تحتوي اليوم على "المدقق الاملائي" هذا النوع من البرامج يمكن المحرر من تصحيح الاخطاء الاملائية عن طريق مقارنة الكلمات الموجودة في النص مع قائمة الكلمات الموجودة في القاموس الالكتروني، والتي قد يصل عددها الى 72.000 كلمة يمكن زيادتها بواسطة المستخدم(49).

وهناك بعض القواميس الالكترونية تقدم قائمة بالكلمات المتشابهة كتابة والكلمات المتشابهة لفظا وعلى سبيل المثال اذا ظهرت في النص كلمة (Fone) فان القاموس الالكتروني يزود المحرر بكلمات مشابهة لها مثل (Phone) ليختار المناسب منها(50).

وبعضها الاخر يقدم اضافة لهذا قائمة او مجموعة المفردات التي تستخدمها طبقة معينة او اصحاب مهنة معينة .

والى جانب القواميس الالكترونية العامة هناك القواميس الالكترونية المتخصصة بالاضافة الى المدقق الاملائي فقد ظهرت حديثاً برامج تشتمل على مدقق نحوي للنصوص يستطيع معاونة المحرر في ضبط نصه، وتدقيق مابه من اخطاء دون الحاجة الى مراجع لغوي مثل هذه البرامج تزود المحرر بالكلمات المترادفة والكلمات المتضادة للاختيار فيما بينها(51).

وتساعد في معرفة الاخطاء في علامات الترقيم، وتحديد جنس الكلمة المستخدمة وترمز له احصائيات دقيقة كعداد الكلمات والجمل المستعملة المكررة، ويستطيع المحرر باستخدامه لمثل هذه البرامج ان يجد المعدل الوسطى لطول الجملة الكترونيا ومقاييس الانقرائية والعديد من المؤشرات الاخرى التي تدله على ان الرسالة الاخبارية يمكن فهمها واستيعابها بالنسبة لفئة معينة من المتلقين ومع انتشار برامج النشر وقبلها برامج معالجة الكلمات أو النصوص انتشرت ايضاً برامج ونظم مدققات الاملاء العربية بشكل متواز، وان لم يكن بالحجم نفسه وتكون الكلمة خاطئة املائيا عندما تخالف ماتعارف عليه اهل اللغة من قواعد للكتابة (وفي حالتنا اللغة العربية) سواء ما ارتبط بالبناء الصرفي للكلمة ام بحالتها الاعرابية والنحوية أو رسمها الاملائي وينتج الخطأ عمليا عن تغيير في احرف الكلمة تبديلا أو زيادة أو نقصان، أو تغييرا في رسم الحرف أو التشكيلات المرتبطة به كموضوع الهمزة والحركات وعلامات الترقيم.

وتنقسم نظم التدقيق الاملائي (في اللغة العربية) الى نوعين(52):

الاول: هو انظمة تدقيق املائي موجودة داخل برامج معالجة نصوص او برامج نشر مثل :

> مدقق الاصدار رقم 6 من برنامج Word of Windows اصدار شركة ميكروسوفت.

> مدقق الاصدار رقم 1،2 من برامج الحاسب الدولي اصدار شركة Eastern Language System.

> مدقق الاصدار 1،3 من برنامج الاستاذ الذي تنتجه شركة صخر (العالمية سابقاً).

> مدقق الاصدار رقم 2،1،7 من برنامج Wintex من اصدار شركةWinsft.

الثاني: هي انظمة تدقيق املائي مستقلة في شكل برامج مثل:

> مدقق ابجد هوز لانظمة المعلومات العربية.

> قاموس اللغة العربية والمصحح الهجائي للدكتور بشاي سعد اصدار شركة The Arabic Software Center .

> معجم الكلمات العربية والانكليزية.

> قاموس المورد الانكليزي.

> المدقق النحوي سيبويه.

وبرامج سيبويه على سبيل المثال تقوم بأداء عدة وظائف تشمل تصحيح الاخطاء النحوية وتدقيق الاملاء، وفحص علامات الترقيم والاعراب والتشكيل، وتوفير الاحصائيات الدقيقة كعداد للكلمات المستعملة المتكررة، ويقوم المدقق النحوي داخل هذا البرنامج بتصحيح الاخطاء النحوية في الكتابة العربية فعند الاستدلال على خطأ نحوي في النص تظهر شاشة بها شرح مبسط للخطأ وكيفية اصلاحه ، كما يحتوي البرنامج ايضا على مدقق املائي (Spell Checker) يكتشف الخطأ في كتابة الكلمة، ويقترح بدائل تصحيحها ،اما الوظيفة الثالثة فتتعلق بعلامات الترقيم كما ان البرنامج ايضاً قادر على اعراب الكلمات العربية حسب موقعها في الجملة ثم يقوم بوضع علامات الضبط (التشكيل)طبقا لقواعد اللغة العربية المعروفة(53).

وتغطى الوظائف السابقة عمليات التصحيح والمراجعة الخاصة بالنصوص الصحفية كافة وتعمل هذه البرامج بالتوافق مع الاجهزة الشخصية بنوعيها حيث تعمل في بيئة الآبل ماكنتوش Apple Macintosh كما تعمل في بيئة الويندوز (Windows) في الاجهزة آي، بي، ام IBM والمتوافقة معها بما يعطيها فرصة كبيرة للاستخدام في الاجهزة الشخصية المختلفة، وقد ادخلت النسخ الحديثة من برامج النشر المكتبي هذه الوظائف ضمن ماتقوم به من معالجات نصية الامر الذي اعطاها قوة اضافية في التعامل مع المادة الصحفية.

ان التحدي الذي يواجه العاملين في مجال التحرير الصحفي بالحاسب الاليكتروني اليوم -كما هو الحال في مجالات عمليات اخرى عديدة -هو مدى امكانية انتاج برامج قادرة على التعامل مع النص الصحفي الذي يتولى المندوب الصحفي كتابته، وبرامج قادرة على التعامل التحريري مع هذا النص بعد كتابته عن طريق المندوب(54).

من المتصور ان يستطيع برنامج على هذا النحو القيام بالعمليات التحريرية الاتية عند اعطاء الحاسب اوامر بذلك(55):

> اختيار العناوين الصحفية المناسبة للنص الصحفي ايا كان تصنيفه (خبر-تقرير-تحقيق-حوار-مقال)، فمن الممكن من خلال اعداد برنامج لتحليل النصوص بناء على تخطيط منهجي واضح ودقيق، ان يتم اختيار-او بعبارة ادق اقتراح -عدة بدائل للعناوين الصحفية التي تناسب النص ليقوم المحرر بدوره باختيار الاكثر ملاءمة للسياسة التحريرية لصحيفته.

> اجراء الاختصارات المناسبة على وحدات النص الصحفي اللغوي كافة والتي تشمل:

- اختصار الكلمات وبصفة خاصة داخل العناوين .

- اختصار الجمل، وخصوصا داخل المقدمة .

- اختصار الفقرات وذلك على مستوى النص الصحفي ككل .

> التصحيح اللغوي والاسلوبي للنص الصحفي بما يتناسب مع القواعد التي تحكم الاداء اللغوي العربي من ناحية، والخصائص الاسلوبية للمدارسة الصحفية والمتطلبات الاسلوبية الخاصة بالفن الصحفي من ناحية اخرى .

> اجراء بعض الترتيبات الشكلية على النص الصحفي ومن ابرازها:

- تقسيم النص الى فقرات.

- التحقق من مدى مراعاة استخدام علامات الترقيم واستخدامها في تحرير النص كلما ظهرت الحاجة الى ذلك .

> اقتراح الصور المناسبة للمادة الصحفية .

مهام الاخبار الالكترونية:

يطلق مصطلح الاخبار الالكترونية (Electronic News) على الاخبار الاذاعية والتلفزيونية واخبار الانظمة السلكية (الكابلية) التي تنتج اخبارها المحلية الخاصة وكذلك اخبار انظمة تليتكست(Tele text) التي توفر للمشاهد الاخبار والمعلومات التي يختارها(56).

ان المحرر الناجح هو الذي يهذب ويشذب النص الاخباري ليبقى على ماهو ممتع ومهم، فتحرير الخبر الالكتروني يبدأ باختصار المعلومات ثم الكلمات والعبارات وهذه عملية اسلوبية تحتاج من المحرر الى مهارة لغوية عالية وذوق فني وحس صحفي بطبائع جمهور الاخبار ويمكن اجمال مهمة الخبر الالكتروني بالنقاط الاساسية(57):

1- التحقق من المعلومة.

2- معرفة القوانين.

3- التحرير من اجل المشاهد والمستمع سوية.

4- التأكد من عدم الانحياز.

5- فهم خصائص الوسيلة الاعلامية المستخدمة.

ان هذه النقاط مجتمعة تعمل على خلق صورة لهيكل الخبر الالكتروني في ذهن المحرر الذي يمتلك ادوات صنعته. وتشكل الصحف ووكالات الانباء العربية والاجنبية مصدراً اساسيا للاخبار في وسائل الاعلام الالكترونية، وعلى رأسها الصحافة وبالذات مايتعلق منها باخبار الشؤون العربية والدولية.

وهي تعد مصدرا رئيساً لتلك الاخبار وان نسبة الاخبار المستقاة من صحف ووكالات انباء عربية واجنبية في الصحف الالكترونية 80% فقط فيما تتوزع نسبة العشرين بالمئة الباقية على مصادر اخرى كالمراسلين للصحف الالكترونية او الانترنت في احيان قليلة وغيرها .

ويبدو ان وكالات الانباء والحالة هذه قد نجحت الى حد كبير في فرض خطابها الاعلامي على الصحف الالكترونية، حيث ان وكالات الاجنبية نجحت في تشكيل الخطاب الاعلامي للصحف لاسباب عديدة ابرزها سبقها وريادتها في الاعلام الامر الذي دفع الصحف للسير على خطى الوكالات برغم انها يجب ان يكون لها خصوصيتها التي تعبر عن خصوصية واوضاع وتطلعات المجتمع بشكل عام(58).

ان الوكالات الاجنبية ليست فقط غير موضوعية في كثير من الاحيان، بل انها تمارس دور البوابة الاعلامية على الصحف الالكترونية فتبث ماتشاء من اخبار ومعلومات وتحجب ماتشاء وحسب وجهة النظر التي ترغب بخدمتها .

والتفتت الصحف الالكترونية في الاونة الاخيرة الى الدور الذي تقوم به وكالات الاخبار، فبدأت تعمد الى تحرير الاخبار التي تستقيها من تلك الوكالات وان الصحف الالكترونية والمواقع تتدخل في الاخبار المستقاة من وكالات اجنبية في محاولة منها لمنع تسريب معلومات تهدف الى ثبيت ماتراه تلك الوكالات كمسلمات او اصطلاحات وكلمات معينة حيث يجري تحديد الخبر وحذف او تغيير بعض الكلمات والاصطلاحات المستخدمة فيه بهدف تحييده ومنع خدمة اتجاه محدد على حساب اخر من خلاله(59).

وفي كل الاحوال فان هناك معايير محددة تضبط اختيار الاخبار المستقاة من وكالات الانباء الاجنبية التي يتم نشرها في الصحف الالكترونية، والتي عادة ماتتشابه الى حد كبير، وتتمثل هذه المعايير بمدى اهتمام المواطن او القارئ بالخبر أو مدى قرب الخبر وبعده عن دائرة اهتمام القارئ الى جانب علاقة الخبر بالقضايا العربية فضلاً عن الاخبار التي تمكن المواطن او القارئ من معرفة مايدور حوله في العالم.

معايير مصداقية الأخبار:

تستقي الصحف في احيان قليلة بعض الاخبار المتعلقة بالشؤون العربية والدولية من مواقع متعددة على شبكه الانترنت، لكن ذلك لايتم الابعد التحقق من صدقيتها وتطبيق المعايير نفسها المتعلقة بالخبر والصورة عليها ذلك ان درجة الصدقية في مواقع الانترنت مثار شك القارئ، وبالتالي لابد من الحذر من هذا الجانب ومحاولة اضافة لمسات تتعلق بالصدقية على الاخبار المستقاة من مواقع الانترنت.

وتصل نسبة الاخبار المستقاة من مواقع على الانترنت الى 15% فقط وليس اكثر من ذلك، والسبب يعود الى ان قصب السبق في المتابعة ونشر الخبر والحصول عليه مازال لوكالات الانباء الاجنبية وليس لمواقع الانترنت التي تستقي الكثير من اخبارها من وكالات الانباء .....(60)

استخدامات الحاسب الالكتروني في مجال تصميم المطبوعات الصحفية:

يشير مصطلح تصميم المطبوعات الصحفية الى معنيين متعاقبين:

أولها: وضع الهيكل العام والثابت لكل جريدة -أو مجلة-من عدد لآخر وهو جزء لايتجزأ من شخصية الصحيفة ومكانتها في نفوس القراء(61) .

وثانيها: تنسيق عناصر كل صفحة في كل عدد بشكل دوري غير ثابت يتميز بالتنوع، وقد اصبحت انظمة النشر المكتبي تلعب دوراً كبيراً وان لم يكن الدور الاساسي في تصميم المطبوعات الاعلامية بشكل عام، وهناك العديد من المؤسسات والجهات التي اصبحت تستفيد من هذه الانظمة في تصميم المطبوعات الخاصة بها خصوصا بعد قيامها بادخال انظمة الحاسبات الشخصية(62).

وقد استفادت الصحف العربية من امكانات برامج النشر المكتبي في تصميم صفحاتها، وذلك بدرجات متفارقة لما اصبحت تمثله الحاسبات الشخصية المستعينة بهذه البرامج من تكنولوجيا رخيصة ونظيفة ايضا في جميع المواد الصحفية وتصميم صفحات الجرائد والمجلات.

فقد تزايدت امكانات الاستفادة من هذه البرامج في جميع المواد الصحفية لما تتميز به من كفاءة في جمع المادة بأحجام مختلفة وبفونتات (اشكال حروف) مختلفة ايضاً.

وقد دعم من قيمة هذه البرامج في تصميم صفحات الجرائد والمجلات ماصبح يساندها من برامج اخرى خصوصا مجموعة البرامج المتعلقة بمعالجة الصور(63).

وتسمح هذه البرامج باجراء تعديلات وتغيرات لا حصر له على الصورة فنستطيع على سبيل المثال اقتلاع رأس امرأة ووضعه فوق جسم رجل، أو نقل صورة شخص من غرفة المكتب مثلاً لوضع الصورة من مكان مختلف تماماً (على شاطئ البحر مثلا) وهي ممارسات ذاع صيتها.

ويمكن تصنيف برنامج النشر المكتبي المتوفرة حاليا في فئتين اذا مانظرنا الى اسلوب تعامل هذه البرامج مع عملية تصميم الصفحة(64).

وتعتمد الفئة الاولى على مفهوم الكتل وينتمي اليها برنامجا الناشر الصحفي والناشر المكتبي، ويستخدم الاخير لاعمال النشر الخفيف وللصحف غير الملونة.

اما الاول فيستخدم في اعمال النشر الاكثر تشعباً ومع الصحف الملونة. وبرغم العديد من المميزات التي يتمتع بها هذان البرنامجان، الا ان الناشر المكتبي يصنف من بين البرامج الخفيفة والثاني من البرامج المتوسطة...

وتعتمد هذه الفئة من برامج النشر على مفهوم الكتل ويفترض هذا المفهوم ان كل العناصر التي يتم وضعها على الصفحة تأتي داخل كتل مخصصة لها. فلا يمكن مثلا استيراد نص او صورة قبل فتح كتلة صورية على الصفحة واستيراد النص او الصورة داخلها .

اما الفئة الثانية من برنامج النشر وابرازها برنامج بيج ميكرو فلا تعتمد على الكتل بل على الصفحة نفسها اي ان البرنامج لايفرض فتح كتلة معينة لاستيراد عنصر داخلها بل يشدد على العنصر نفسه وكيفية وضعه على الصفحة.

وتظهر درجة مرونة هذا المفهوم عند استيراد الرسوم او الصور فبدلاً من فتح كتلة صورية وبالتالي جلب الرسوم او الصورة بداخلها يكتفي المستخدم بوضع الرسم على الصفحة وتتم العملية ذاتها فيما يتعلق بالنصوص فالكتابة تتم مباشرة على الصفحة في موقع مؤشر النصوص.

خصائص الكتابة للانترنت:

تختلف الكتابة للانترنت عن الكتابة للمطبوعات الورقية، ومثلما تتنوع المطبوعات لتشمل الكتب والصحف والمجلات والنشرات والملصقات، على سبيل المثال لا الحصر، ولكل واحدة من هذه الانواع اسلوب خاص في الكتابة وطريقة العرض فان هنالك اوجهاً مختلفة لمواقع الشبكة تحمل اساليب مختلفة في التأليف وتنفيذ الفكرة.

وهنالك مواقع تعتمد على النص كبناء اساسي واخرى تعتمد على الصور والمخططات كعناصر مخاطبة بصرية لعرض الفكرة. وبين النوعين تظهر أنواع مختلفة من طرق العرض في الشبكة لتخاطب أنواعاً مختلفة من القراء، ولكن في كل الاحوال فان الفكرة أكانت نصاً أو صورة يتم التخطيط لها بشكل يختلف عن التخطيط للمطبوعات التقليدية ويضع المخطط في اعتباره طبيعة النشر في الشبكة وقدرات قراء الشبكة ومستوياتهم.

مقروئية الصحافة الالكترونية

ان التغيرات التي شهدتها علاقة الجمهور بالوسائل الاتصالية قد ادت الى تناقض اعداد قراء الصحف في مختلف انحاء العالم، وبالذات في الدول المتقدمة التي تتوفر على خيارات اتصالية متعددة، فعلى سبيل المثال ظل الرقم الاجمالي لتوزيع الصحف الامريكية اليومية مستقرا عند حوالي 59 مليون نسخة خلال الاعوام 1960 حتى أوائل 1995 برغم ارتفاع عدد سكان الولايات المتحدة الامريكية من 180 مليون الى 260 مليون خلال المدة نفسها مع انخفاض هذا الرقم ليبلغ 56 مليون نسخة يومياً نهاية عام 2002 وعلى الصعيد الفردي للصحف الامريكية تشير ارقام الهيئة المهنية الامريكية لمراقبة النشر الى ان جريدة نيويورك تايمز لوحدها فقدت 42% من قراء عددها اليومي و58% من قراء عددها الاسبوعي خلال عام 69-1997 (65) .

وفي الاتجاه ذاته يشير مركز الصحافة الاوربية الى ان معدل القراء في اوربا يتناقص، ولذلك فقد خسرت الصحافة الاوربية خلال عام 1997 وحده (12) مليون قارئ(66).

ولقد تحولت هذه التحديات الى سعي الصحافة بوجوب الاهتمام بالانماط الاتصالية الجديدة للتقنية الحديثة التي تمثلها الصحافة الالكترونية، وحفزت هذه الصحف للافادة من الاتصال الالكتروني الذي اتاحته شبكة الانترنت عبر اصدار صحف او نسخ الكترونية من اصداراتها المطبوعة، وقد أثارت احدى الدراسات التي اجريت عام 2000 من ان 87% من الصحف الامريكية المطبوعة تنشر نسخاً الكترونية من اصداراتها المطبوعة(67).

ان التلفزيون والصحافة الالكترونية بشكل عام يكتسحان كل وسائل الاعلام الاخرى في نسب القراءة والاستماع المتداولة عالمياً واقليمياً أو في توسع شبكات الاعلام او في الانتشار الحقيقي او في الايرادات الاعلانية .

ان الصحافة التي تواجه تحدي عدم ارتفاع نسب قراءة الصحف في العالم تحاول ان تتصدى لهذه المعضلة من خلال البحث عن قراء جدد، ومن ذلك تطوير التوزيع والترويج لحقائق جديدة ومنها عصرنة تقنيات وصناعة الصحافة .

فصحيفة (الاندبدنت) البريطانية تضع كل قدراتها واستراتيجيتها للتأثير في نسبة الـ 10% او الـ 20 او 30% التي لاتقرأ من الجريدة، وجريدة (ليبراسيون) الفرنسية غيرت من نفسها على الانترنت شكلا ومضمونا وسياسة عامة لتكون اقرب الى الجمهور الواسع الذي يستخدم الانترنت فزادت من عدد الصفحات والابواب والزوايا والاهتمامات ولونت صورها اكثر لتكون مشوقة عملية اكثر عند القراءة(68).

وصحيفة اللوموند باشرت فلسفة جديدة لمهمات الصحيفة وصيغ الاخراج الجديدة بعد تطوير موقعها على شبكة الانترنت بما جعلت عدد القراء يزدادون على نسخها الالكترونية يوماً بعد آخر(69).

وفي رأي الخبراء ان الصحيفة مهما بلغت من التطور والمضمون الجذاب والشكل اللافت وهيئة التحرير المبدعة والترويج الاعلاني الفاعل تبقى عاجزة عن الانتشار الواسع اذا لم يرافق ذلك استخدام امثل لمزايا شبكة الانترنت ومايمكن ان تقدمه من تقنية تكون لها مزايا ايجابية سواء على ازدياد عدد قراء الصحيفة على الانترنت او على عوامل اخراج الصحيفة وتحريرها والخدمة التفاعلية التي تقدمها للقراء.

وان المحررين والناشرين يجربون الاساليب الجديدة لاجتذاب القراء بما في ذلك القصص القصيرة والمزيد من الاخبار التي تقدم بطرق جديدة ففي عام 1997 استطاعت اكثر من 600 صحيفة تقديم خدمات صوتية لمعلومات على الطقس والرياضة، واتاحت الوصول الى قواعد المعلومات الخاصة بها على شبكة الانترنت(70).

يقوم الاعلام الجديد على التكامل والتداخل فهو يجمع كل مزايا وسائل الاعلام التقليدي ويزيد اليها ميزة التفاعل المباشر وازالة الفروق بين المرسل والمستقبل(71) فتبادل المعلومات والافكار سيتم في اتجاهين بصورة سريعة وفورية، وسيكون بمقدور افراد الجمهور استقبال وارسال الرسائل في اي وقت وسيتمكنون ايضا من مخاطبة بعضهم البعض بعيدا عن مصدر الفكرة او المعلومة، اي ان سلطة المصدر والوسيلة الاعلامية ستتقلص وقد يوجه شخص او وسيلة ما رسالة اعلامية لجمهور يحدد الا ان التفاعل حول هذه الرسالة قد يختلف تماماً عن اهداف صاحب الرسالة الاصلي، فالرسالة هنا تتحول الى نص يتفاعل حوله كل افراد الجمهور او بالتحديد الافراد الذين لديهم رغبة وقدرة في التفاعل حول هذه الرسالة النص، ولاشك ان

هذا الوضع يخلق اشكالا جديدة للتفاعل الاجتماعي واساليب للربط او حتى التلاعب بالوقت والمساحة(72).

أساليب الاتصال في الصحافة الالكترونية:

هنالك عدد من أساليب الاتصال التي توفرها شبكة الانترنت للقراء منها:

1- الاتصال التفاعلي:

على الرغم من الطبيعة الخاصة بشبكة الانترنت التي تتميز بامكانية الاتصال التفاعلي المباشر بين المستخدم (القارئ) والموقع الموجود على الشبكة (الصحيفة الالكترونية) وان هذا التميز يعد واحداً من اهم سمات وخصائص النشر الالكتروني، اضافة الى اهمية تميز العمل الصحفي بالانية والمباشرة في تلقي ونقل الاخبار والمعلومات وتبادلها مع الاطراف ذات العلاقة، الا ان هناك غيابا للاتصال التفاعلي المباشر الذي يمكن الاستفادة منه عبر غرف الحوار (Chat) والمرسال(Messenger) والاجتماع على الشبكة (Netmeeting) في عدد من الصحف الالكترونية، ومع ذلك تهتم بعض هذه الصحف بتقديم الخدمات التفاعلية من خلال منتدى الكتاب الذي يتيح للقراء التعليق على المقالات المنشورة يومياً بالصحيفة وخدمة الصحفي الالكتروني وهي عبارة من مساحة للحوار بين القراء انفسهم(73).

2- الاتصال غير المباشر:

وتتميز بعض الصحف الالكترونية بتقديم خدمة منتدى الكتاب التي تتيح امكانية اطلاع القراء على المقالات المنشورة فيها مفهرسة بحسب الكاتب او الموضوع مع امكانية اطلاع القراء الكترونيا على ماتتضمنه هذه المقالات مع نشر الردود اسفل المقال الاصل ليمكن الاطلاع عليها من قبل القراء ويقتصر تفاعل بعض الصحف الالكترونية مع القراء من خلال البريد الالكتروني وعلى رغم امكانية استخدام البريد الالكتروني من قبل القراء لارسال بعض المشاركات الصحفية او الاقتراحات او الاستفسارات الا ان رد الصحف على مايرد فيها بطريقة غير مباشرة تخضع للتحكم عبر The Webmaster مما يعني فقد المباشرة والانية في هذه الخدمة(74).

3- الاتصال المتنوع:

أتاحت الصحافة الالكترونية الفرصة للتعامل مع الجمهور بوصفه جمهوراً متنوعاً وغير متجانس حيث يمكنها ارضاء مستويات مختلفة من اهتمامات الجمهور بقدر تنوع جمهور الصحيفة ذاته، فالمتخصص سيتاح له التغلغل بعمق في الوصلات المرتبطة بالموضوع لاشباع رغبته في الحصول على المعلومات، ويعد الهايبرتكس Hyper text هو المحرك لهذا التنوع في تقديم المعلومات وذلك بخلق شبكة حقيقية من المعلومات بينما سيكتفي آخرون بمستوى سطحي من المعلومات تستخدم مداخل متنوعة ومصادر متنوعة ووسائل مختلفة، ويتم الربط بينها بشبكة من الوصلات الامر الذي يغير من اساسيات العمل الصحفي مثلما يغير من اساسيات القراءة ذاتها(75) .

لذا فقد ظهر تساؤل اخذ يطرح نفسه حول العلاقة المتصورة بين الصحفي وقرائه حينما تتاح لهم حرية اختيار طريقة قراءة المواد التحريرية بما تحتويها من وصلات الكترونية تمكنه من القفز الحر من نص الى اخر، الهيبرتكست يجعل القارئ حراً سواء تبني طريقة القراءة الخطية التقليدية او باتباع طريقة فردية في قراءة النص وفقا لرغباته فلم يعد الصحفي واثقا من متابعة القارئ للنص من بدايته الى نهايته دون الانتقال الى نص اخر(76) كما ان الهيبرتكست Hyper text يقلب المعطيات التقليدية لانتاج واستغلال المعلومات، فلم يعد هناك مايمنع من استخدام الانترنت في انتاج الاحداث الجارية وايضا الارشيف التاريخي المرتبط بالحدث وهي تعد امكانات غير محدودة فقد اصبح القارئ يستطيع ان يطلب من جريدته المرئية على شاشة الكمبيوتر مالم يكن ينتظره من الجريدة المطبوعة او المسموعة او المرئية.

واصبح بامكانه التعمق في الحدث من خلال التعرف على تفاصيل خلفيته التاريخية والجغرافية والاقتصادية والفكرية، فكل قارئ يستطيع بطريقة فردية التعمق في موضوع معين باستدعاء الوصلات المناسبة لاهتماماته من خلال خدمات قواعد المعلومات المرتبطة بالنص .

فالانترنت تسمح بالمزج بين الصحيفة اليومية والراديو والتلفزيون ووكالات الانباء كما تتيح ربط الاحداث الجارية بخدمة الارشيف الصحفي لتقدم للقارئ مختلف التفاصيل التي تهم(77).

وتتيح الانترنت لمستخدميها من جانب اخر خدمات اخرى متنوعة وجديدة ومثيرة مثل استخدام اليات البحث الذكية التي تقوم بالبحث عن الاخبار والمقالات في المواقع التي يحددها لتجلبها الى جهازه الخاص.

جمهور قرّاء الصحافة الالكترونية:

برغم الاعتراف بالدور النشط والمتزايد لوسائل الاعلام في بناء وتشكيل وتوجيه الجمهور الا اننا لانستطيع التسليم بأنها الحد الفاصل في هذا الاطار، والا اعتبرنا المسألة ظاهرة احادية من حيث مصدر التكوين، وبالتالي يصبح ذلك دعماً للرؤى التي تنظر الى الرأي العام على انه مكون سلبي ازاء وسائل الاعلام، وقد اصبح ينظر الى الرأي العام اليوم على انه رأي ايجابي ونشط وهذا يعني ان جمهور وسائل الاعلام ليس جمهوراً سلبياً، ولكنه يوفر من خلال الدور الذي يقوم به مفهوم الحركة بين عناصرها المختلفة فنجده يقبل أو يرفض، يهتم بمستويات معينة او لايهتم، تتعدى استخداماته وعادات الاستخدام وغيرها من انماط السلوك الاتصالي.

والجمهور ظاهرة ثنائية من حيث مصادر التكوين، فهو عبارة عن تجمع يتم تشكيله أما من خلال الاستجابة لوسائل الاعلام بما تحمله من مضامين وماتوظفه من ادوات او من خلال القوى الاجتماعية الاخرى التي تعمل بمعزل عن وسائل الاعلام وذلك من خلال ادواتها الاتصالية الخاصة(78).

ولذا فان وسائل الاعلام لاتتعامل مع الجمهور من فراغ الامر الذي يخطو به دائما نحو مساقات النضج، فعندما تتعدد المصادر التي يعتمد عليها الجمهور في تكوين رأيه او بناء اتجاهه فان ذلك يعني مقداراً اكبر من النضج في حركته حيث يصبح من الضروري على القائمين على الوسيلة الاعلامية ان يأخذوا في الاعتبار طبيعة السياق المحيط بافراد الجمهور عند اعداد الرسالة الاتصالية لذلك ضمانا لاحداث التأثير المستهدف منها(79).

وقد اصبح فحص السلوك الاتصالي لافراد الجمهور هما اساسياً لدى علماء الاجتماع والباحثين في مجال التسويق بمفهومه العام (سياسي- اجتماعي - سلعي) كونه هدفاً رئيسا للعديد من الشركات والمؤسسات البحثية لدراسة الجمهور الحالي والممكن والمتوقع لوسائل الاعلام في اطار عدد من المحددات(80):

1. انماط استخدام وسائل الاعلام والعوامل الديموغرافية التي تحكم هذا الاستخدام.

2. محددات استخدام وسائل الاعلام في اطار اهتمامات واحتياجات الجمهور.

3. اتجاهات استخدام الجمهور لوسائل الاعلام كجزء مما تقدم به هذه الوسائل من وظيفة سد الفراغ في الوقت لدى الجمهور.

4. تقييم الجمهور لاراء وسائل الاعلام فيما تقوم به من وظائف مثل التسلية ونقل المعلومات وخدمة الاهتمامات العامة .

5. اسلوب استقبال الجمهور لبعض الادوات الاتصالية الجديدة كالصحافة الالكترونية والتلفزيونية التفاعلي وغيرها.

6. المستقبل المتوقع لوسائل الاعلام التقليدية في اطار منافسة الوسائل الاتصالية الجديدة لها فيما تقوم به من وظائف .

ان ذوبان معطيات الثورة في مجال المعلومات مع ثورة تكنولوجيا الاتصالات ادى الى فرز تقنية اتصال تعتمد على الحاسبات الشخصية كمكونات صلبة (مستمدة من ثورة الاتصال) وعلى المعلومات كمبرمجات (مستمدة من ثورة المعلومات) الامر الذي ادى الى خلق وسيلة اتصالية تعتمد على أنموذج اتصالي مغاير للأنموذج الاتصالي التقليدي ومناخ اعلامي مباين للمناخ القائم، وادى كل ذلك الى خلق سيناريو بديل للحوار القائم بين المتلقي ووسائل الاتصال بما يبعث على الرغبة في اعادة النظر في المعطيات الحالية لشرح ووصف وتفسير العلاقة بين الجمهور والوسائل الاتصالية الذي تلعبه الاخيرة في تشكيل وتوجيه اعتقادات واتجاهات الاول(81).

ان دخول الحاسوب الى عالم الاتصال هو تحول العملية الاتصالية الى حالة تبادلية بين المرسل والمستقبل، بمعنى ان الاتصال هنا سيكون ذا اتجاهين حيث تزداد درجة التفاعل بين طرفي العملية الاتصالية وسيعلو دور المستقبل في هذه الحالة ليس فقط الى الدرجة التي يستطيع معها ان يفسر او يطلب المزيد من المعلومات حول وحدة اعلامية معينة بل سيصل الامر الى تحول المستقبل العادي في حالة الاتصال التقليدي الى منتج للمادة الاعلامية .

واذا كانت حرية تداول المعلومات تعد مرتكزاً اساسياً من مرتكزات حرية الاعلام ومؤشرات لقياس درجة هذه الحرية داخل مجتمع من المجتمعات فان النبوءة التكنولوجية تطرح

مستقبلا افضل في هذا الجانب.. فحرية التداول داخل النماذج الاتصالية الخطية تعني في الاساس حرية المرسل في البث المعلوماتي وحرية المستقبل في التلقي والمعرفة الامر الذي يعبر عن حالة استقبال سلبي للمعلومات من جانب المستقبل وايجابية معلوماتية من جانب المرسل اما في ظل الأنموذج الاتصالي ذي الاتجاهين، فان المتلقي ستكون لديه القدرة على انتاج مادة اتصالية يمثل فيها دور المرسل حتى لو كان فرداً عادياً من افراد الراي العام دون ان ينتمي الى الممارسين المنتمين للعمل الاعلامي.

اننا في ظل التطور في تكنولوجيا الاتصال يمكن ان نتصور مجتمعا قد تحول برمته الى مجتمع اتصالي، فالفرد الذي يمتلك جهاز حاسوب يمكن ان يجعل هذا الجهاز متصلا بخط هاتف بحيث يصبح تحت يده وسيلة اتصال قادرة على الارسال والاستقبال في ان واحد وعندما تتوفر لدى الفرد اية معلومات يبغي بثها الى فرد او اكثر فان ذلك يمكن بسهولة عن طريق التقنية المتوفرة تحت يديه.

عادات القراءة الالكترونية:

لقد أجرى اولريكا ويس(82) (Ulrika Wiss) عام 2001 في مركز المسافات المحددة في جامعة لوليا للتكنولوجيا في السويد استبياناً لمعرفة عادات قراء الصحف الالكترونية، فوجد ان للناس عادات قرائية مختلفة للصحف الورقية والصحف الالكترونية حيث تتم قراءة الصحف الورقية صباحاً في المنزل، بينما تقرأ الصحف الالكترونية اثناء النهار او المساء في العمل او المدرسة، كما ان اكثر قراءة للصحف الالكترونية كانت تجري في تتابع قصير، وهذا يشير الى ان القراء كانوا يستعرضون سريعاً الصحيفة الالكترونية ويأخذون نظرة قصيرة على الصحيفة كلما تسنى لهم ذلك.

لقد نما سوق الصحف الالكترونية نمواً سريعاً حيث نظر العديد من ناشري الصحف الانترنت على أنه طريقة اقتصادية وفعالة للوصول الى القراء فقد قدمت الانترنت املاً جديداً للصحافة التي تعاني من نقص التداول والتي تعد مهددة من قبل الجيل الجديد الذي لايحبذ قراءة نسخ الصحيفة المطبوعة(83).

ومن الطبيعي ان تختلف عادات القراءة ومطالعة الاخبار في الانترنت عنها في الصحف المطبوعة، فيجب ان يكون للقراء الخبرة الضرورية لاستخدام الحاسوب والانترنت والدخول الى مواقع الصحف وتصحيفها، كما يجب ان يعرفوا المواقع الاخبارية والصحف الالكترونية سهلة الوصول وسهلة التجول او الابحار فيها(84).

وفي الحقيقة فأنه ليست كل المواقع الاخبارية في الصحف الالكترونية هي مواقع صديقة للمستفيد (سهلة الوصول) فمواقع الصحف التي يقتنع بها القراء قد تم تصميمها حسب احتياجات القراء واهتماماتهم، كما ان هذه المواقع تكون قد عملت على جذب اهتمامات القراء.

وأشارت دراسة لمؤسسة نلسن الامريكية لابحاث الانترنت(85) الى ان غالبية قراء الصحف الالكترونية اكدوا انهم يقرأون الصحف الالكترونية في الانترنت كونها متوفرة دائماً حينما يحتاجون الى قراءتها، واشار 36.1% منهم الى كونها مواقع مجانية فيما اشاروا الى ان اهمية الطبعات الالكترونية تخدم القراء كون اخبارها آنية، وتحدث بين مدة واخرى في اليوم نفسه وتتابع تطورات الاخبار وقد ترفق القصص الاخبارية بصور تلفزيونية عن مواقع الاحداث.

في عملية النشر الالكتروني لاتستطيع اية صحيفة تقديم ارقام غير صحيحة حول عدد قرائها على الشبكة(86) لان كل موقع على الشبكة يسجل تلقائياً عدد (الزوار) الذين طرقوا بابه، بل ان هناك بعض البرامج تسجل اسم وعنوان أي قارئ

(أو أي زائر) ولكن حتى الان مازال عدد قراء الطبعة الالكترونية لاي صحيفة تبث صفحاتها على الشبكة أقل بكثير من عدد قراء الطبعة الورقية، وهذا العدد القليل لقراء الطبعة الالكترونية يعزز وجهة النظر التي لاتزال تعد النشر عبر الشبكة نوعا من الترويج للصحيفة، وينبغي عدم فرض أجور مقابلة وهناك بعض الصحف التي تبث مقتطفات فقط من اعدادها اليومية، ولاتبث الصحيفة كاملة الا للمشتركين لكن معظم الصحف يتم بث جميع صفحاتها مجانا ولايستبعد الاستمرار في النشر المجاني بصورة تجريبية حتى يتم التأكد من وجود جمهور كاف من قراء الطبعة الالكترونية مستعد للدفع ولايتوقع حدوث ذلك قبل حل مشكلة القراءة

الالية للحروف العربية ويحتاج قارئ الصحيفة الالكترونية العربية الى برامج مثل (نيتسكيب Netscape) الخاص بالتعامل مع صفحات الشبكة و(اكروبات Acrobat) الذي يتيح فتح الصفحات العربية لكن مواد الصحيفة العربية ليست معطيات الكترونية يمكن خزنها ومعالجتها مثل الصحافة الاوربية والامريكية، بل هي وثائق صورية على غرار رسائل الفاكس وبعض الصحف العربية يمكن (تقليب) صفحاتها بسهولة وفهرسة موادها واجراء عمليات التكبير او التصغير او الطبع او الحفظ كوثائق صورية وفي بعضها تتوفر ايضا المواد السياسية والاقتصادية على شكل مقالات وتقارير منفصلة(87).

الهوامش:

(1) صلاح الدين حافظ، مستقبل الكلمة المطبوعة في عصر الانترنت، وتكنولوجيا المعلومات، ندوة اقامتها جريدة السفير اللبنانية في 2000/3/28.

(2) المصدر نفسه.

(3) جان جبران كرم، الاعلام العربي الى القرن الواحد والعشرين، (بيروت، دار الجيل، 1999)، ص46.

(4) د. حسين حسن، آفاق النشر الالكتروني، موقع Google بتاريخ 2003/3/2.

(5) المصدر السابق.

(6) صلاح الدين حافظ، مصدر سابق.

(7) مايكل جولدن، استراتيجيات الاعلام الحديث، بحث منشور على الانترنت مقدم للمؤتمر العالمي للصحف الذي عقد في زيروخ في تموز عام 2004، ص3.

www. Google. com. search بتاريخ 2004/8/16

(8) مقابلة منشورة في صحيفة القبس الكويتية بتاريخ 2003/3/12، ص6.

www.alkapassnewspaper.com

(9) مايكل جولدن، مصدر سابق، ص 5.

(10) ابراهيم الشامي، الانترنت تقلب عالم الصحافة رأساً على عقب، جريدة البيان الاماراتية في 1999/11/23.

www.albayan.com

(11) د. سعيد الغريب، الصحيفة الالكترونية والورقية، دراسة مقارنة في المفهوم والسمات الاساسية، (القاهرة: دار الكتاب العربي، 2000)، ص181.

(12) د. سليمان صالح، مستقبل الصحافة المطبوعة في ضوء تكنولوجيا الاتصال، جامعة القاهرة، كلية الاعلام، المجلة المصرية لبحوث الاعلام، العدد 13، ايلول 2001، ص50.

(13) المصدر السابق، ص52.

(14) د. سعيد الغريب، مصدر سابق، ص 186.

(15) د. سعيد الغريب، في ظل مواجهة الوسائل الاخرى، الصحافة الاكثر تأثيراً والاعمق فكراً، جريدة البيان الاماراتية في تموز 2002، ثقافة البيان.

www.albayan.com

(16) المصدر السابق.

(17) أنظر:

- اسامة الشريف، مصدر سابق، ص 37.

- السيد بخيت، مصدر سابق، ص 42.

- د. نجوى عبد السلام، مصدر سابق، ص 28.

(18) أنظر:

- د. محمود خليل، الصحافة الالكترونية، مصدر سابق، ص 83.

- د. سعيد الغريب، مستقبل الصحافة المطبوعة.

- صلاح الدين حافظ، الكلمة المكتوبة في عصر الانترنت.

(19) جان شايفر، الصحافة في الولايات المتحدة الأمريكية اليوم، (واشنطن: مركز بيع للصحافة المواطنية، 2003)، ص102.

(20) المصدر السابق، ص117.

(21) الصحافة والانترنت، المستقبل للقراء ام للناشرين، مجموعة بحوث مقدمة الى المؤتمر العالمي للصحافة في زيورخ في حزيران عام 2003.

www. Google. com. search (صحافة الكترونية)

(22) أنظر:

- ميلفن مينتشر، تحوير الاخبار في الصحافة والاذاعة والتلفزيون، (دمشق: المكتبة الاعلامية، 1992)، ص62.

- د. السيد بخيت، استخدام الانترنت كوسيلة في مجال الصحافة، مصدر سابق، ص86.

- د. فايز الشهري، مصدر سابق، ص 119.

(23) د. محمد نور فرحات، مستقبل الصحافة في ظل ثورة المعلومات والتكنولوجيا، (القاهرة: من مطبوعات الاتحاد العام للصحفيين العرب في المؤتمر العام التاسع)، تشرين الاول 2000، ص47.

(24) ميلفن مينتشر، مصدر سابق، ص 79.

(25) الصحافة الالكترونية في ظل الصحافة المطبوعة، بحث مقدم الى مؤتمر عقدته جمعية صحف الانترنت الامريكية بتاريخ 2004/3/16.

صحافة الكترونية بتاريخ 2004/6/29   www. Google. com. search

(26) د. عبد الستار جواد، فن كتابة الاخبار، عرض شامل للقوالب الصحفية واساليب التحرير الحديثة، (عمان: دار مجدلاوي، 1999)، ص195.

(27) المصدر السابق، ص197.

(28) ميلفن مينتشر، تحرير الاخبار في الصحافة والاذاعة والتلفزيون، مصدر سابق، ص 82.

(29) د. السيد بخيت، الصحافة والانترنت، مصدر سابق، ص 38.

(30) المصدر السابق، ص

(31) د. عبد الستار جواد، مصدر سابق، ص

(32) د. السيد بخيت، المصدر السابق، ص56.

(33) د. فايز الشهري، مصدر سابق، ص 200.

(34) د. أحمد عبد الملك، قضايا إعلامية، الكتابة للانترنت، (عمان: دار مجدلاوي للنشر، 1998)، ص27.

(35) المصدر السابق، ص38.

(36) محمد عارف، مصدر سابق، ص 55.

(37) د. نوال عبد العزيز الصفتي، القائم بالاتصال في ظل تكنولوجيا الاتصال الحديثة، جامعة القاهرة، كلية الاعلام، مجلة بحوث الاعلام، العدد 12، ايلول 2001، ص79.

(38) د. اسامة عبد الرحيم علي، العلاقة بين فنون الكتابة الصحفية والعمليات الادراكية لدى جمهور قراء الصحف الالكترونية، (جامعة القاهرة: كلية الاعلام، المجلة المصرية لبحوث الرأي العام)، المجلد الثالث، العدد الثاني، آيار 2003، ص142.

(39) المصدر السابق، ص44.

(40) احمد علي البلوشي، الصحافة المكتوبة في عصر الوسائط المتعددة، بحث منشور على الانترنت لمؤسسة الامارات للاعلام.
www.itKnowledge.com\public-archive

(41) المصدر نفسه.

(42) محمد عارف، تأثير تكنولوجيا الفضاء، مصدر سابق، ص 16.

(43) احمد كمال حمدي، التقنية الرقمية والصحافة، جريدة الشرق الأوسط، 14 تشرين الثاني، 1995.

(44) محمد العوضي، تصميم المواقع في الصحافة الالكترونية، (الكويت: مجلة دراسات اعلامية، العدد 16، 2002)، ص38.

(45) تقرير لمجلس الانترنت الامريكي، منشور على شبكة الانترنت بتاريخ 1/ايلول/2000.
www.Usic. org

(46) المصدر السابق.

(47) Barden, Robert and Hacker, Michael Communication Technology- N.Y.: Delmar Publishers Inc., 1999, PP.25.

(48) المصدر السابق، ص47.

(49) محمود علم الدين، محمد تيمور عبد الحسيب، الحاسبات الالكترونية وتكنولوجيا الاتصال، (القاهرة: دار الشروق، 1997)، ص78.

(50) المصدر السابق، ص92.

(51) محمد عارف، مصدر سابق، ص 17.

(52) محمود علم الدين، محمد تيمور عبد الحسيب، مصدر سابق، ص 101.

(53) د. محمود خليل، مصدر سابق، ص 53.

(54) د. عبد الستار جواد، مصدر سابق، ص 83.

(55) محمود خليل، مصدر سابق، ص 58.

(56) د. عبد الستار جواد، مصدر سابق، ص 89.

(57) المصدر السابق، ص 193.

(58) د. فايز الشهري، مصدر سابق، ص 191.

(59) أحمد علي البلوشي، مصدر سابق.

(60) سعد لبيب، حرية الصحافة الألكترونية في ظل ثورة تكنولوجيا الاتصال، (صنعاء: مجلة متابعات اعلامية، السنة الرابعة، 1994)، ص42.

(61) رامي اكرم شريم، الاعلام والانترنت، (مجلة الاذاعات العربية، العدد الاول، عام 2001)، ص104.

(62) المصدر نفسه، ص106.

(63) محمد عارف، مصدر سابق، ص17.

(64) عبد الحكيم طارش، استخدامات الانترنت في وسائل الاعلام، رسالة ماجستير غير منشورة، جامعة بغداد، كلية الاعلام، 2002، ص107.

(65) سعود صالح، تجربة الصحافة في فضاء الانترنت، مجلة العربي، (الكويت: العدد الثالث، آيار 2002، ص78.

(66) المصدر نفسه، ص96.

(67) محمد أبراهيم، الصحفيون وحماية حقوقهم في الملكية الالكترونية، الاهرام، العدد 41810 في 27 آيار 2001.

(68) د. مايكل كندي، الكتابة في فضاء الانترنت، مصدر سابق، ص 26.

(69) المصدر السابق، ص29.

(70) أنظر: بحوث الملتقى العربي لصحافة تقنية المعلومات، دبي، 2002، والمنشورة على الانترنت في موقع للدراسات والبحوث الاستراتيجية.

www.Estratigea.com

(71) اسامة الشريف، مصدر سابق، ص 40.

(72) فيكي عبد الستار، مصدر سابق، ص 130.

(73) د. رأفت رضوان، تكنولوجيا المعلومات والصحافة الحديثة في القرن 21، (بيروت: دار الشروق للنشر والتوزيع، 2002)، ص86.

(74) المصدر السابق، ص90.

(75) جان جبران كرم، مصدر سابق، ص 50.

(76) د. سليمان صالح، مصدر سابق، ص 56.

(77) ميلفن مينتشر، مصدر سابق، ص 94.

(78) فيصل الياس، صحافة العالم ومقروئية الصحف، السعودية، (مجلة الانترنت والمجتمع، العدد 7، 2002)، ص16.

(79) سامي طويع، استخدام شبكة المعلومات في الحملات الدعائية، مجلة تلفزيون الخليج، العدد 7، السنة 18، أيلول 1998، ص57.

(80) المصدر السابق، ص70.

(81) د. عبد المجيد شكر، تكنولوجيا الاتصال، الجديد في انتاج البرامج، (القاهرة: دار الفكر العربي، 1996)، ص13.

(82) اولريكا ويس، عادات القراءة الالكترونية، بحث منشور على الانترنت للمؤتمر العالمي للصحافة المقام في زيورخ في حزيران، عام 2003.

(83) نصر الدين العياضي، كيف نحمي وسائل الاتصال الجماهيري، مجلة الاذاعات العربية، العدد 2، السنة 2001، ص83.

(84) د. سعيد الغريب، مصدر سابق، ص 187.

(85) د. نجوى عبد السلام، مصدر سابق، ص 221.

(86) المصدر السابق، ص218.

(87) نبيل علي، العرب وعصر المعلومات، سلسلة عالم المعرفة العدد 18، (الكويت: المجلس الوطني للثقافة والفنون والآداب، 1994)، ص301.

4

الفصل الرابع

الصحافة الالكترونية
في الوطن العربي

واقع التقنيات الحديثة في الوطن العربي

تزداد أهمية تقنية المعلومات والاتصالات في اقتصاد القرن الحالي القائم على المعرفة، وتمتلك هذه التقنية قدرة هائلة على التوحيد أو التفريق في آن واحد، وناحية التفريق هذه هي مايطلق عليها الفجوة الرقمية، وهو مصطلح يشير الى الدلالة على الفروق بين من يملك المعلومة ومن يفتقدها.

ان الفجوة الرقمية لايمكن تجاهلها، الا أنها ليست مشكلة تقنية في المقام الاول فالتقنية كانت وستظل منتجاً اجتماعياً(1)، وقد جاءت المعلومات والاتصالات بمثابة تأكيد حاسم لهذا الرأي، وبقدر مايحتاج تضييق الفجوة الى توفر الوسائل الفنية بقدر مايحتاج الى نوع من الابتكار الاجتماعي او ابتكار مابعد التقنية ان جاز القول، ان توفر المعلومات لايعني بالضرورة توفر المعرفة(2)، لقد كانت الشكوى في الماضي من القلة المعلوماتية، والان باتت المشكلة هي الافراط المعلوماتي أو حمل المعلومات الزائدة كما يطلق عليه احياناً.

إن الوجود العربي في شبكة المعلومات في مظهري اللغة العربية وفي المواقع التي تخدم العالم العربي مباشرة ومن خارجه ومازال في بدايته، وتحاول الأقطار العربية تحسين شبكات اتصالاتها البعيدة وتوسيعها كخطوة أولى نحو تحديث اقتصادياتها وتبني مجموعة متنوعة من السياسات سعياً لتحقيق هذا الهدف وجرت بعض عمليات الخصخصة وتأسيس بعض الشركات الاستراتيجية مع شركات أجنبية وتزيد بعض البلدان العربية استثماراتها في نظم تكنولوجيا الاتصالات لتساهم في تضييق الفجوة الرقمية التي تعيشها تلك الأقطار.

ان دمج ثقافة المعلومات بقطاعات الاقتصاد كافة والمهام الاجتماعية يسير بسرعة كبيرة، وان ثقافة المعلومات اصبحت الان قطاعاً هائلاً في الاقتصاد الحديث(3).

الا ان هنالك بعض المشكلات التي تعترض العالم العربي وخصوصاً عدم تنظيم قطاع الاتصالات على الرغم من وجود قدرة على التنافس في بعض الأقطار العربية، فقط الاردن هي التي قامت بإنشاء قطاع هاتفي خاص منفصل عن شركة الهاتف الحكومية في اتجاه

الخصخصة وكسر الاحتكار(4)، خلاف ذلك فإن بعض الاحتكارات الحكومية قامت بتنظيم نوع من التنافس، وقد تم ذلك تحت الضغط العالي من القطاع الخاص في مجال الاتصالات، وينعكس ذلك على تقديم الخدمة بواسطة القطاع الخاص ولان القطاع التجاري والكثير من الجامعات هم الذين اول من استخدم الانترنت في العالم العربي فان تطور الشبكة في المنطقة مرتبط بتنمية اتصالات تكنولوجيا المعلومات، وفيما عدا دول الخليج العربي حيث يوجد منفذ الى تنظيم اتصالات رقمية فان بقية الدول تحصل على الانترنت بمشاركة الشركات العالمية(5).

دخول الانترنت الى المنطقة العربية:

دخلت شبكة الانترنت الى الأقطار العربية في بداية التسعينيات شأن العديد من دول العالم بأستثناء الولايات المتحدة وأوربا(6) وكانت حكراً على المؤسسات العلمية والمنظمات الاجنبية والشركات الكبيرة، وفي منتصف التسعينيات بدأت بوادر الاستخدام خارج هذه المؤسسات مابين 1997-1999 حيث عمّ استخدامها وانشاء المواقع العربية، لقد بدأ دخول الانترنت الى الوطن العربي في تونس عام 1991 من خلال الاتصالات بشبكة المؤسسة الوطنية للعلوم

National (Scientific Foundation Network) NSFNET، بجانب كرواتيا وجمهورية الشيك وهونغ كونغ والمجر وبولندا وسنغافورة وجنوب افريقيا(7) وفي عام 1992 دخلت الكويت ايضاً ضمن الشبكة الوطنية للعلوم ثم دخلت الامارات العربية المتحدة عام 1993، ثم الجزائر ولبنان والمغرب عام 1994 ثم توالى دخول البلاد العربية حتى عام 2000 دخول المملكة العربية السعودية في نهاية 1999 ثم سوريا والعراق وليبيا والصومال(8).

وكان الاتصال بالشبكة محصوراً في مجالات الطب الاتصالي TELE-MEPI وشبكات البحث العلمي، وقد تغيرت هذه الصورة خلال التسعينيات في مجال الاتصالات في دول الخليج العربي ومع الجهود المصرية في تسريع التطور التكنولوجي الذي شمل الاتصال بالانترنت، إذ يقول طارق كمال(9) بدأت خدمات الانترنت في مصر عام 1993 بإقامة اتصال شبكي بين شبكة الجامعات المصرية وفرنسا، وكان عدد المستخدمين وقتها يقدر بألفي مستخدم في بداية 1997، ويشير الى انه تم انشاء شبكة الجامعات المصرية عام 1987 بالمجلس الاعلى للجامعات بهدف ربط الجامعات في مصر بحيث يمكنها المشاركة فضلاً عن تنفيذ نظم المعلومات المتكاملة وقد اشرف على تنفيذ الشبكة وحده تنسيق العلاقات الخارجية بالمجلس الاعلى

للجامعات التي أسهمت في اعطاء الدعم الفني والمادي في المرحلة الاولى للشبكة.

الوجود العربي على الشبكة:

أخذت المواقع العربية في الشبكة تنمو باستمرار لتشمل اوجهاً مختلفة للوجود العربي في تقديم الثقافة العربية والاسلامية ابتداء من القرآن الكريم المكتوب والمسموع والتفاسير المختلفة والحديث النبوي الشريف، ومواقع الائمة والدعاة وعلماء الاسلام السابقين والمعاصرين، والفن الاسلامي الى تعليم اللغة العربية وآدابها التي تقدمها جهات عربية وغير عربية فضلاً عن الوجود الاقتصادي من خلال مواقع المؤسسات المالية والشركات ومواقع البيع على الشبكة والتجارة الالكترونية ولنشر مواقع الاعلام والاخبار العربية والعلوم الصحية والسفر والسياحة والسيارات والاجهزة الالكترونية الى المواقع الشخصية للافراد ومواقع الادلة وآلات البحث العربية والبوابات العربية التي مازالت في بداية تكوينها.

وأدى التقدم في تكنولوجيا المعلومات الى نمو كبير في مختلف الخدمات المتاحة للتبادل دولياً حيث تستفيد الأقطار العربية استفادة مضاعفة من خلال زيادة صادراتها من الخدمة في مقابل الخدمة غير المتوفرة لديها، وبفضل النظم التفاعلية الجديدة سوف يستطيع المواطن العربي الاشتراك في عملية التنمية والانخراط فيها، ولايقف الوجود العربي في الانترنت عند الانشاء للمواقع باللغة العربية او بغيرها، فهناك كما ذكرنا انشطة اتصالية تفاعلية مختلفة تستصحب معها التعامل باللغة، يقول قصي إبراهيم الشطي كثير من الصغار يستخدمون الان برامج الدردشة CHATING واصبحت عادة لديهم ان يستخدموا الحروف اللاتينية في كتابة الجمل العربي(10).

ومع الجهود المبذولة عربياً لتحسين البنية الاساسية في مجال الاتصالات وتوسيعها وتوسيع خدمات الانترنت وكسر احتكار تقديم الخدمة وتوسيع مجالات التدريب وتحسين مستوى التعامل مع الكتابة العربية في الشبكة لتوسيع قاعدة استخدام الشبكة بين العرب داخل العالم العربي وخارجه، فإن أتساع قاعدة المستخدمين يعطي دفعة قوية للوجود العربي

وبخاصة إذا ماكان على مستوى المؤسسات والافراد الجديرين بتقديم اوجهٍ مشرقة للمنطقة العربية وقادرين على نقل الثقافة العربية الى آفاق الشبكة.

تكنولوجيا الانترنت في العالم العربي:

على الرغم من ان عدد سكان العالم العربي يصل الى (250) مليون نسمة ويسكنون في بقعة تزيد مرة ونصف على مساحة امريكا، الا انه اقل من (1%) من هؤلاء يشتركون في الانترنت، وفي تقرير لشركة الدباغ لتكنولوجيا المعلومات نشر في نيسان 2001 (11) يؤكد ان الاتصال المباشر في العالم العربي شكل اقل من مليون (953.000) في مصر والامارات ولبنان والعربية السعودية، كما يشير التقرير الى ان نسبة الاشتراك كانت قد شهدت نمواً قدره (140.6%) في الاشهر الاربعة الاخيرة مابين كانون الاول 2000 ونيسان 2001 (12) انظر الجدول رقم (5-1).

ان استخدام الحاسوب في اقطار العالم العربي وحتى في دول الخليج هو دون المعدل العالمي في عدد الحواسيب المستخدمة وفي عدد زوار مواقع الانترنت وقد وجد مسح في هذا المجال في موقع tp: //www. nw. cow/ th . zone /www /top. ntwl

ان عدد زوار الانترنت في الاقطار العربية ارتفع من (2.797.000) في كانون الثاني 2000 الى (11.209) من تموز 2001، ان مثل هكذا زيادة تشكل 300% هي غالباً تعد ثلاثة اضعاف معدل زوار الانترنت في المدة نفسها، أي هنا زيادة (106%)، وبغض النظر عن هذا النمو السريع فان تقدير التطورات الدولية لها في (2003/2002) أشار الى ان الاقطار العربية لاتزال بعيدة عن الامم الاخرى في الاشتراك بالانترنت.

جدول رقم (5-1) يبين عدد مستخدمي الانترنت في العالم العربي

النمو خلال 4 أشهر كانون (1) 2001 نيسان 2001	المشتركون من- الى المستفيدين			القطر	ت
	نيسان 2001	نيسان 2001	كانون (1) 2000		
33.5%	1204.300	181.700	161.200	الامارات العربية	1
72.3%	1132.200	152.800	130.700	لبنان وسوريا	2
42.3%	1207.200	151.800	136.400	مصر	3
140.6%	1112.500	145.000	118.700	العربية السعودية	4
14.1%	162.800	125.100	122.000	الكويت	5
21.1%	150.300	120.100	116.600	الاردن	6
26.00%	140.000	126.000	112.700	عمان	7
27.7%	115.000	16.000	14.700	تونس	8
25.9%	132.500	114.100	111.200	مراكش	9
11.1%	132.500	113.000	111.700	البحرين	10
29.4%	127.500	111.000	18.500	قطر	11
13.6%	16.300	12.500	12.200	اليمن	12
	1923.100	1338.200	1236.000	المجموع	

واجمالاً فان الاستخدام العام للانترنت قد نما نمواً سريعاً في المنطقة لاسيما بعد السماح لعموم المواطنين في العربية السعودية باستخدام الشبكة في كانون الثاني 1999، ويمكن ملاحظة ان السعودية وبقية اقطار الخليج العربي هي اكثر من غزا سوق الاتصال المباشر بالتزامن مع ارتفاع مستوى الاتصال المباشر ونمو المشتركين في العالم، ان العناصر الاساسية لاستخدام الانترنت هي (خط الهاتف+ الحاسوب+ مجهزي خدمة الانترنت)، وتبقى كلفة الوصول الى الانترنت وراء دخول بقية الاقطار العربية لها(13).

ان الازدياد الذي سيحصل في عدد مستخدمي الانترنت في العالم العربي والذي يتوقع ان يصل الى 25 مليون مستخدم في العام 2005 بالمقارنة مع العدد الحالي عام 2004 الذي يبلغ

13.5 مليوناً، ومن الطبيعي ان يلحق المعلنون بالجمهور، حيث يقدر عدد مشتركي الانترنت في الدول العربية بنحو مليون و550 الف مشترك منهم 29% في دولة الامارات و18% في السعودية و12% في لبنان و10% في مصر.

وتتوزع استخدامات الانترنت على 59% لارسال البريد الالكتروني و22% لتصفح المعلومات و13% لاغراض العمل و6% لاغراض التجارة الالكترونية.

ويقدر حجم الانفاق على المعلوماتية في الدول العربية بنحو 20 دولاراً للفرد كما تقدر نسبة الانفاق على البحث والتطوير للناتج المحلي الاجمالي للدول العربية نحو 0.4% فقط.

كما يقدر وجود 90 جهاز هاتف نقال بالمعدل لكل 1000 شخص في الدول العربية عام 2004.

المعوقات التي تواجه شبكة الانترنت في الوطن العربي:

إن دخول الانترنت الى العالم العربي يجابه عوائق عديدة(14)، من أهم العوائق التي تواجه المستخدم العربي اليوم، ضعف وارتفاع تكلفة خدمة الاشتراك في شبكة الانترنت إذا ماقورنت بالدول المختلفة فانعدام البنية التحتية للاتصالات في أغلب الأقطار العربية، وعدم مواكبتها للتطورات الحديثة في هذا المجال فضلاً عن انها بالكاد تسّد حاجة الاتصالات الصوتية ومحدودية ماتقدمه من خدمات اتصال دولي، ونقل المعلومات، كل هذه الامور مجتمعة أدت الى محدودية انتشار خدمة الانترنت وارتفاع تكلفتها وبطء آرائها مقارنة بالدول الاخرى مما ادى الى عزوف شريحة كبيرة من المستخدمين.

يقول جمال كمال الدين(15)، ان أهم المشكلات التي تواجه الأقطار العربية بأستخدامها للانترنت هي محدودية نطاق حزم الذبذبات (BANDWIDTH) ومحدودية قدرة أنظمة الهاتف الموجودة في العالم العربي التي يتصل من خلالها معظم الناس المرتبطين بالانترنت بما في ذلك دول الخليج العربي برغم بنيتها الاساسية المتقدمة وهذا يؤدي الى بطء كبير في شبكة الانترنت.

اما الدكتور نبيل علي(16) فيؤكد على ان التواجد العربي على الانترنت يرتكز على توفر قدرة القراءة والكتابة معاً، ويقصد بذلك قدرة البحث والابحار باللغة العربية لاسترجاع المعلومات وتحليلها وترشيحها فيما يخص شق القراءة والقدرة على النشر باللغة العربية، وتوليد النصوص العربية آلياً وفيما يخص شق الكتابة كما هو معروف تسود اللغة الانكليزية شبكة الانترنت وهي الهوة التي تمثل الشق اللغوي للهوة الأشمل ونقصد بها الهوة الرقمية الاشمل التي تفصل بين دول العالم المتقدم ودول العالم النامي.

ولهذه الهوة اللغوية انعكاساتها المختلفة تتمثل بـ:

1- هوة في معدل وتبادل انتاج الوثائق الالكترونية وبالتالي في نقل المواقع العربية على الشبكة وقدرتها على نقل صورة الثقافة العربية والحضارة الاسلامية.

2- هوة في تطوير المعاجم الالكترونية واستخدامها.

3- هوة في قواعد النصوص الكاملة.

4- هوة في تعليم وتعلم اللغات عن بعد.

5 - هوة في الترجمة ونقل المعارف وحوار الثقافات.

الصعوبات التي تقف وراء استخدام الانترنت في العالم العربي:

بغض النظر عن حقيقة نمو الانترنت في العالم العربي بسرعة كبيرة فان هناك العديد من المعوقات التي تقف وراء استخدام وافادة الكثير من المواطنين من وسيلة الاتصال الجديدة هذه، وعادة ماتكون هذه المعوقات اقتصادية وفنية واجتماعية وسياسية بصورة عامة. ولاعطاء صورة أوضح فيما يلي اكثر وأهم الصعوبات التي تقف حائلاً دون انتشار الانترنت في الأقطار العربية.

1- الامية:

من المؤمل ان الدور الذي تلعبه الانترنت في دعم التطورات في العالم العربي سيواجه عوائق بسبب النسبة المرتفعة للامية، فكما هو ملاحظ من الجدول رقم (5-2) فان الامية تبقى هي المشكلة الكبرى التي تواجه الاقطار العربية والتي تحد من تطور مجتمعاتها، كما تقف حائلاً دون أي خطط تعتزمها الحكومات للاستفادة من هذه التكنولوجيات الجديدة.

ان دور الانترنت كبوابة رئيسة لتعليم العالم لايزال دوراً غير فعال، حيث يفتقد الكثير من سكان العالم لمستوى التعليم الاساسي الذي يحتاجونه لكي يصبحوا مستخدمين فعالين لهذا الوسيط، وحتى في الاقطار التي استطاعت تخطي مستوى التعليم الاساسي بضمنها بعض الأقطار العربية فان الصورة لاتزال سلبية حسب تقرير لـ(باولو اومينين في عام 2001 في معهد بحوث الأمم المتحدة للتطور الاجتماعي) اذ لاحظ افتقار المدارس للتجهيزات والمعدات وازدحام الصفوف وضعف تدريب الاساتذة(17).

جدول رقم (5-2) يبين معدلات الامية عند الكبار: مقرب لعام 1999

النسبة المئوية لمعدلات الامية لدى الكبار الى عام 1999			
القطر	ذكور واناث	ذكور	اناث
الجزائر	38.4	26.1	51.000
البحرين	14.8	10.9	20.6
كومورس	42.7	35.8	49.7
جيبوتي	53.8	39.7	67.3
مصر	48.6	36.4	61.2
العراق	42.0	29.3	55.5
الاردن	13.4	6.6	20.6
الكويت	21.4	17.8	25.1
لبنان	7.6	5.3	9.7
ليبيا	23.8	12.1	37.000
موريتانيا	62.3	50.4	73.7
مراكش	56.3	43.4	69.00
قطر	20.6	20.8	20.1
السعودية	28.4	19.9	40.7
السودان	53.9	42.3	65.4
تونس	33.4	21.4	45.4
الامارات	20.8	21.1	20.2

2- الكلفة:

لاتعد الانترنت وسيطاً غير مكلف في العالم العربي مادام لايتوفر مجهزو خدمة مجانية (ISP) في أي قطر عربي كما هو الحال في اوربا وامريكا علاوة على ذلك فان كلفة الاشتراك تعد عالية جداً، وهي تشكل عائقاً كبيراً لقطاع كبير من المستفيدين المحتملين(18).

ان كلفة الاجهزة ومعدات الارتباط بالانترنت قد تحد من وصول الجميع اليها عدا فئة قليلة من العلماء والمهندسين في معاهد مراكز بحوث مختارة ومنتخبة فمن الواضح ان القيود الاقتصادية بقيت حائلاً ومانعاً قوياً تجاه نمو التكنولوجيا الحديثة في المنطقة بينما في الصومال وهي افقر بلدان العالم فان كلفة الارتباط بالشبكة تشكل مايعادل كلفة راتب ستة اشهر فقط(19).

3- اللغة:

تسيطر اللغة الانكليزية على الشبكة كما ان غالبية المواقع التي تقدم الخدمات تستخدم هذه اللغة، وبالنسبة للناطقين بالعربية فان اكثر من 300 الف صفحة فقط الى مايقارب 200 مليون صفحة تشكلها الشبكة هي باللغة العربية، وهذا مالاحظه الدكتور (حازم عبد العظيم) المدير المنفذ لشركة صخر للبرمجيات العربية حيث طورت شركته برنامج سندباد العربي لاستخدام العربية في الانترنت(20).

4- البنية التحتية:

البنية التحتية القديمة للاتصالات العربية هي عامل آخر في ضعف تطوير الانترنت، ففي بعض الاقطار غالبية ماتكون خدمات الاتصالات عن بعد مكلفة وقد لاتصل الى مسافات بعيدة كي تتمكن من تجهيز خدمات الشبكة، علاوة على ذلك فان خدمات الاتصالات عن بعد قد تكون متوفرة او غالباً ماتكون غير موثوق بها.

ان العديد من الأقطار العربية تعمل على وضع القيود على استيراد تكنولوجيا المعلومات، وهذا أيضاً يشكل عائقاً خطيراً يهدد التجارة الداخلية من الاستثمار في هذا القطاع، اما المستثمرون الاجانب الذين يرغبون في انشاء استثمارات طويلة الامد فهم يحتاجون الى بنية

تحتية مقنعة يمكن الاعتماد عليها، والمشكلة هنا تكمن في أن خطة لجمع المعلومات للبنية التحتية للمنطقة تتحرك بطريقة سطحية، وتوجد خطط قليلة في هذا المجال إلا أنها محدودة جداً، إلا أن غالبية الخطط التي يتم انشاؤها تخص شبكات متخصصة بأبحاث معينة(21).

ولكون الانترنت تعتمد اساساً على مدى اتساع الاتصالات عن بعد لذلك فأن فرقاً كبيرة من الأقطار العربية تعمل حالياً على صيانة هياكل اتصالاتها عن بعد، فمثلاً السعودية العربية بدأت بمشروع كلفته 4 بليون دولار عام 1994م وهو أكبر مشروع في تاريخ الاتصالات عن بعد خارج الولايات المتحدة بهدف توسيع وتحديث البنية التحتية للمملكة، ويعرف هذا المشروع بمشروع توسيع الهاتف -6 (TEP-6) الذي يعمل على توفير شبكة الاتصالات الرقمية التي تتضمن 1.5 مليون خط رقمي وآلاف من المعدات لتشغيل الشبكة ونقلها وتوصيلها وادارتها وآلاف الالياف البصرية والاسلاك والاعمال المدنية ومشاريع التدريب(22).

ويمكن القول أن بعض الأقطار العربية وقعت تحت وطأة الاندفاع نحو (مجتمع المعلومات) الذي سعى وليم مارتن الى رسم صفاته وملامحه على وفق معايير منها(23):

1- المعيار التقني: المتمثل في سيادة تقنية المعلومات وانتشار تطبيقها في المكتب والمنزل والمصنع والمدرسة.

2- المعيار الاقتصادي: إذ أصبحت المعلومات الآن العنصر الاقتصادي الغالب كمورد وسلعة وخدمة.

3- المعيار الاجتماعي: ويتمثل في استغلال مورد المعلومات للارتقاء في معيشة الافراد وزيادة الوعي لديهم وتمكينهم من الحصول على معلومات ذات درجة عالية من الجودة من حيث المضمون ومعدل التجدد وسرعة التحديث.

4- المعيار الثقافي: الذي يركز على ادراك القيمة الثقافية للمعلومات والمعرفة من خلال ترويج قيم مجتمع المعلومات لمصلحة الأعم والافراد، ومن ذلك احترام القرارات الابداعية والامانة العلمية فيها.

5- المعيار السياسي: القائم على حرية تبادل المعلومات مما يؤدي الى زيادة مشاركة الافراد في إتخاذ القرار.

الفجوة الرقمية بين الوطن العربي ودول العالم الاخرى:

تناولت دراسات عديدة سابقة الفجوة الرقمية بين اقاليم العالم المختلفة(24) ويتم التعبير عنها بمجموعة من التوزيعات الاحصائية لعدد من المؤشرات من قبيل عدد الهواتف الثابتة وعدد الحواسيب الشخصية وعدد مواقع الانترنت ومستخدميها منسوبة الى اجمالي عدد السكان وكما هو متوقع يأتي الوطن العربي ضمن الشرائح الدنيا لهذه التوزيعات الاحصائية، يكفي مثالاً هنا فيما يخص الانترنت ان نصيب العرب من اجمالي مستخدمي شبكة الانترنت يبلغ 0.5% في حين تبلغ نسبة العرب الى اجمالي سكان العالم 5% تقريباً (يوضح الشكل رقم (5-3)) بعض المقارنات بين الأقطار العربية ومناطق اخرى من العالم النامي وبينما تأتي المنطقة العربية في موضع لابأس به فيما يخص نسبة الهواتف الثابتة وعدد الحواسيب الشخصية الى اجمالي عدد السكان الا انها تأتي في ذيل القائمة فيما يخص عدد مواقع الانترنت وعدد مستخدمي شركة الانترنت، وبصورة عامة يمكن القول ان المؤشرين الاخرين اكثر دلالة على مستوى التنمية المعلوماتية حيث يعبران بصورة أدق عن مدى تجاوب المجتمع مع تقنيات المعلومات والاتصال.

ان لكل اقليم وضعه الخاص به فيما يتعلق بتفاعل العوامل الداخلية في عملية التنمية المعلوماتية، ومدى ثقلها سواء من حيث توسيع الفجوة الرقمية او تضييقها، لاينحصر هذا القول على مناطق العالم النامي فقط بل ينطبق بالقدر نفسه على المناطق الاكثر تقدماً(25)، فعلى سبيل المثال وبرغم اوجه التشابه والتقارب بين الولايات المتحدة الأمريكية ومجموعة الاتحاد الاوربي اعترض كثيرون على الأنموذج المقترح لتحويل دول الاتحاد الى مجتمع المعلومات حيث عابوا عليه مطابقته من حيث توجهات الاستراتيجية مع الأنموذج الامريكي الذي يستند اصلاً الى اقامة شبكة من طرق المعلومات فائقة الساعة ويعطي الاولوية للجوانب التقنية والاقتصادية ويغفل الجوانب الثقافية والاجتماعية، وهو مايؤكد ضرورة بلورة أنموذج عربي لتهيئة الأقطار العربية لدخول مجتمع المعلومات أنموذج ينأى عن النسخ والتقليد الذي تتبعه معظم السياسات الحالية تحت لهفة اللحاق بالركب المعلوماتي.

الشكل رقم (5-3) ترتيب البلدان العربية حسب مستوى ترتيب مقياس التنمية البشرية

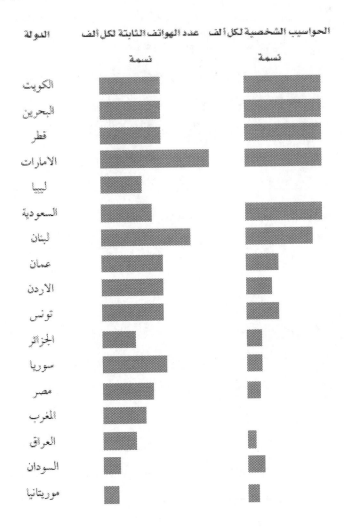

الحواسيب الشخصية لكل ألف   عدد الهواتف الثابتة لكل ألف   الدولة

نسمة   نسمة

الكويت
البحرين
قطر
الامارات
ليبيا
السعودية
لبنان
عمان
الاردن
تونس
الجزائر
سوريا
مصر
المغرب
العراق
السودان
موريتانيا

عوامل توسيع الفجوة:

هناك عوامل أساسية عديدة تعمل على توسيع مدى الفجوة الرقمية بين البلدان العربية والعالم المتقدم من اهمها(26):

> كون تقنيات المعلومات والاتصال بحكم طبيعتها ذات قابلية عالية للاحتكار والدمج، وذلك نظراً لما توفره من وسائل السيطرة المركزية وسهولة المناورة بالاصول الرمزية، وسيولة تدفق السلع المعلوماتية.

> الانتقال الى اقتصاد المعرفة، وقد ادى ذلك الى تحويل عملية انتاج المعرفة على اساس الربحية، مما أدى بدوره الى ارتفاع كلفة الحصول على موارد المعرفة.

> ارتفاع كلفة انشاء البنية التحتية لطرق المعلومات فائقة السرعة.

> النزيف المتزايد للعقول العربية، سواء الفعلي الذي يتم من خلال الهجرة، او الرقمي الذي يتم عن بعد من خلال شبكة الانترنت، وبخاصة للنخبة المتخصصة في مجال تقنيات المعلومات والاتصالات، التي تتعرض حالياً لجذب شديد من قبل الدول المتقدمة، وينذر هذا الوضع إن استمر باستبعاد الدول العربية من مجال البحوث والتطور.

> سرعة تغيير تقنيات المعلومات والاتصالات يزيد من صعوبة التخطيط التقني، ويجعل القرار التنموي الاستراتيجي رهناً بتوصيات الخبراء التكنوقراط الذين غالباً مايغفلون عن الجوانب الاجتماعية والثقافية.

ومن العوامل التي تعمل على توسيع الفجوة الرقمية بين البلدان العربية، بجانب العامل الاقتصادي بالطبع، مايلي(27):

> ضعف دور منظمات الجامعة العربية والمنظمات الاقليمية الاخرى في هذا المجال.

> قلة اهتمام بيوت التمويل العربية بمشروعات المعلوماتية، حيث تجري دراسات الجدوى في العادة على اساس اقتصادي، محض دون أن تؤخذ العائدات الاجتماعية في الحسبان.

< التضخم المطلوب في ميزانيات التعليم خاصة بعد التوسع في استخدام تقنيات المعلومات والاتصال في المجال التربوي.

ومن نافلة القول ان نجاح المنطقة العربية في تضييق الفجوة عالمياً يتوقف بصورة اساسية على نجاحها في تضييق الفجوة اقليميا يوحي هذا بضرورة اقامة تكتل عربي على اساس معلوماتي.

الواقع المعلوماتي العربي الراهن:

السياسيات والتشريعات والتنظيم:

- تفتقر الدول العربية الى سياسات معلوماتية على مستوى القطر تحدد الاهداف والاولويات والتنسيق بين القطاعات المختلفة، وتطرح البدائل الاستراتيجية لاقامة البنى التحتية ولتنمية الموارد البشرية وموارد المعلومات، واقامة الاطار التنظيمي والتشريعي لمؤسسات الانتاج والخدمات في المجالات المختلفة للمعلومات والاتصالات(28).

ومع ذلك شهدت المدة الاخيرة اهتماماً متزايداً من قبل مصر والاردن والامارات وسوريا تبلورت في صورة خطط وطنية لدفع جهود البنى التحتية في مجال الاتصالات، وتشجيع الاستثمار الاجنبي والمحلي، واتاحة خدمات الانترنت للمدارس واقامة مناطق حرة لتقنيات المعلومات والاتصالات مثل مدينة دبي للانترنت والقرية الذكية في مصر، وتلال السيليكون في الاردن(29).

- عدم وجود سياسة معلومات على صعيد العالم العربي.

- عدم وجود سياسات معلومات وطنية.

وفي غياب سياسات معلومات قطرية يصبح الغياب الحالي لسياسة معلوماتية على مستوى الوطن العربي أمراً متوقعاً، ونتيجة لغياب سياسة قوية فعالة تشكو الساحة المعلوماتية العربية حالياً مظاهر سلبية عديدة من امثلتها:

- تفشي التوجه القطاعي الذي عادة مايتسم بالانعزالية لغياب عناصر التنسيق بين القطاعات، علاوة على ذلك، فالتوجه القطاعي يتنافى في جوهره من التوجه الحالي لدمج قطاعات المعلومات والاعلام والثقافة والاتصالات.

- فوضى في اقتناء نظم الاتصالات تعوق عملية التوحيد والربط بين البلدان العربية، ومن امثلة ذلك نظم الهاتف المحمول غير المتوافقة التي لاتتيح للمستخدم العربي استخدام هاتفه بين الأقطار العربية، وقد ظهرت الحاجة اخيراً الى نوع من التنسيق يستجد من قرارات اقتناء نظم الاتصالات، مع التخلص تدريجياً من النظم القديمة غير المتوافقة.

اعادة هيكلية قطاع الاتصالات السلكية واللاسلكية:

منذ عام 1995 قامت الأقطار العربية بإعادة هيكلية قطاع الاتصالات، لقد كان ادخال الهاتف النقال وخدمات الانترنت من اهم الدوافع لاعادة الهيكلية وهي تتم عادة باتباع خطة ذات مراحل ثلاث لتحويل المؤسسات الحكومية للاتصالات الى شركات كخطوة تمهيدية لخصخصة هذه الشركات، ثم تحرير القطاع باطلاق المنافسة، على الرغم من كل هذه الجهود، الا ان عملية اعادة الهيكلية تسير ببطء، ومازال الطابع الاحتكاري وشبه الاحتكاري هو السائد لاسيما في مجال الاتصالات التقليدية(30).

وبصورة أعم تتطلب التغييرات السريعة في تقنيات المعلومات والاتصالات اجراء تشريعات سريعة، وهو عمل تعد معظم الهيئات التشريعية العربية غير جاهزة للقيام به، وأدى هذا الى ظهور فجوة تنظيمية وتشريعية زاد من تعقيد طبيعتها المثيرة للمشكلات ان المسؤولين عن التشريع والتنظيم يفتقرون الى معرفة الجوانب الفنية لتقنيات المعلومات والاتصالات، ويتعين عليهم ان يعتمدوا على مساعدة خبراء فنيين يميلون الى تقديم توصيات على اساس تقني واقتصادي محض دون ان يأخذوا بالجوانب الاجتماعية والثقافية للمعلوماتية، كما ان الجهود التشريعية حتى الان على قطاع الاتصالات السلكية واللاسلكية لاتعير أي اهتمام للمسائل التشريعية المتعلقة بتلاقي الاتصالات السلكية واللاسلكية والمعلومات والمحتوى.

تعزيز الوصول الى المعلومات والاتصالات:

ان مستخدمي شبكة الانترنت في الوطن العربي يلاحظون ويعانون من نقص الاسهامات العربية ومصادر المعلومات العربية على شبكة الانترنت، ولاشك في ان ذلك يعني وجود مجال خصب ومفتوح للمشاركة والتطوير من الباحثين العرب لتزويد الشبكة بما يثريها بالمعلومات العربية بما في ذلك المحتوى المتجسد في التراث الرمزي، ومنها النصوص المكتوبة والموسيقى والافلام وقواعد البيانات، وكذلك الابداعات الجديدة من قبل الادباء والمفكرين والفنانين ومؤلفي الموسيقى، وقد يقترح البعض(31)مزيداً من الانفاق والتحكم في هذا المجال للتأكيد على مكونات تتناسب مع الثقافة العربية وتنأى بها عن تأثير الثقافات الاخرى غير المرغوبة، الا ان ذلك لايعد شرطاً اساسياً طالما تنشط حركة تزويد شبكة الانترنت بالمعلومات الكافية حول الثقافة العربية في مختلف مناحيها.

المحتويات العربية على الشبكة العالمية:

بيّن مسح احصائي أجرته وحدة الابحاث في (عجيب كوم) البوابة العربية(32) ان اعداد مستخدمي انترنت الذين لايستطيعون الاستفادة جيداً من محتويات ويب غير العربية في ازدياد، وتوقعت الدراسة ان يبلغ تعداد هذه الفئة من المستخدمين حوالي 2.5 مليوناً مع نهاية العام 2004 أي بنسبة 50 بالمئة من مستخدمي انترنت العرب ويشير المسح الاحصائي الى ان هذه الفئة التي لاتستفيد جيداً من محتويات ويب غير العربية ستشكل الاكثرية الكبرى من مستخدمي انترنت العرب اذ يتوقع ان ترتفع بمعدل يتراوح بين 5 و7 بالمئة سنوياً.

يقول عبد القادر الكاملي رئيس التحرير والمدير العام لشركة عجيب كوم: (لم يعد استخدام انترنت في المنطقة حكراً على النخبة التي تتقن الانكليزية اتقانها للعربية)(33).

وان اللغة الانكليزية مازالت مهمة بالنسبة لمستخدمي الانترنت في الوطن العربي في بيئة هي اشبه بالقرية العالمية، لكن ذلك لايقلل من الاهمية المتعاظمة لاستخدام العربية خصوصاً اذا تعلق الامر بمواقع انترنت التي تتوجه كلياً او جزئياً الى مستخدمي الانترنت في الوطن العربي.

ان الحاجة الى المزيد من مواقع انترنت التي تستخدم اللغة العربية هي انعكاس لاتجاه عالمي الى استخدام اللغات القومية، وتخفيف الاعتماد على اللغة الانكليزية وان انشاء مواقع

حكومية على الشبكة والتحرك باتجاه الحكومات الالكترونية في المنطقة يشجعان استخدام العربية في المواقع المحلية وهذا بدوره يشجع المزيد من العرب على استخدام الانترنت.

الجدول رقم (5-4) يوضح النسبة المئوية لمستخدمي الانترنت في العالم العربي الذين لايمكنهم الاستفادة الكاملة من محتويات انترنت مالم تكن باللغة العربية

النسبة المئوية للمستخدمين	العام
1%	1995
5%	1996
10%	1997
17%	1998
25%	1999
35%	2000
45%	2001
52%	2002
58%	2003
63%	2004
67%	2005

وهو مايعكس كذلك زيادة في أعداد مستخدمي الشبكة في الوطن العربي.

الجدول رقم (5-5) المخطط البياني للتطور المتوقع في عدد مستخدمي الانترنت في العالم العربي بين عامي 2001 و2005 (مقدراً بالمليون) خلال شهر آيار

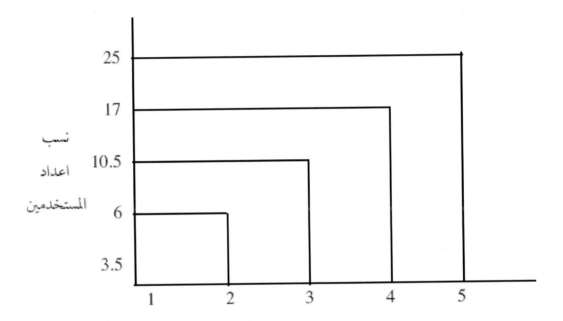

ان عدد مستخدمي الانترنت في كل الوطن العربي عام 1999-2000 لايزيد على مليون من بين 250 مليوناً هم مجموع العرب في حين أن (اسرائيل) التي يبلغ سكانها نحو ستة ملايين، هناك مليون مستخدم لها، أي واحد من كل ستة وهي نسبة عالية بالمقياس العالمي عموماً والغربي خصوصاً(34). وفي الجانب الايجابي حاولت الصحف العربية المطبوعة ملاحقة النشر الالكتروني.

فمن بين 140 صحيفة يومية تصدر في الوطن العربي كله هناك 76 صحيفة منها تمتلك مواقع على شبكة الانترنت بنسبة 54 في المائة منها 68 صحيفة تصدر في الدول العربية تمثل 89 في المائة و8 صحف عربية تصدر في الخارج تمثل نسبة 11 في المائة.

وهنالك عقبات تعوق انتشار استخدام الانترنت والاستفادة من النشر الالكتروني في الوطن العربي(35) أهمها:
اولاً: ضعف قدرة النظر للمستوى الاجتماعي الاقتصادي.
ثانياً: اتساع نسبة الامية الابجدية والامية التكنولوجية.

ثالثاً: استمرار عقلية المنع والرقابة والتقييد حتى على الانترنت بوضع ضوابط حكومية متشددة.

رابعاً: قوة وهيمنة الاحتكار الغربي لوسائل الاعلام والنشر الالكتروني على حساب فقراء العالم، ونحن جزء منهم في كل الظروف.

المواقع العربية على الانترنت:

ومع التوسعات والتطور الذي شهدته الشبكة على المستوى العالمي تطورت وتوسعت ايضاً شبكة الانترنت على المستوى العربي، وشهد عام 1997 ولادة اعداد كبيرة من المواقع العربية، فتضاعف عدد المواقع المستخدمة للغة العربية عشر مرات (أي من 35 موقعاً في بداية العام 1997 الى 350 موقعاً بحلول نهاية العام نفسه، ويقدر اعداد هذه المواقع مابين 12-13 الف موقع بنهاية عام 2000 ومن المتوقع ان تتجاوز اعداد هذا الموقع 30.000 الف موقع بنهاية عام 2005 (36).

ودلت الدراسات الاحصائية على شبكة الانترنت التي اعتمدت على العديد من المصادر كالمراكز البحثية والمجلات المتخصصة والنشرات الصادرة من الشركات والقطاعات المحلية العالمية المعتمدة لتسجيل اسماء النطاقات (والتي لاتجدها على مواقع الهيئات العربية المسؤولة بشكل مباشر او غير مباشر عن الانترنت) على ان عدد المواقع العربية قد بلغ حتى نهاية عام 2003 مايقارب 19216 موقعاً بما يمثل نسبة 0.026 في المائة من اجمالي عدد المواقع العربية البالغ عددها 36 مليون حسب احصائية (دومينستيت دوت كوم)(37) في التي تدل على المواقع saتلك المواقع التي تنتهي بالامتداد كانون الثاني 2004 ونعني هنا بالمواقع المحلية التي تدل على المواقع الاماراتية، وخلافها فيما توجد مواقع عربية وعالمية مسجلة على aeالسعودية أو وما الى ذلك org) أو (منظمات edu) أو(تعليم net) أو (شبكة comالمستوى العام المعروف بالامتداد (تجارة) التي لاترتبط بالمواقع المحلية بل بنوع نشاط القطاع، والتي لاتوجد احصاءات دقيقة حول عددها، ولكن من يتعدى 29 مليون اسم، net أو comالمفيد ان نعلم ان الاسماء المسجلة عالمياً على مستوى النطاق العام وتحتل ليبيا المركز الاول في عدد المواقع العربية المسجلة محلياً بواقع 4426 موقعاً تليها السعودية بحوالي 3158 موقعاً ثم مصر بواقع

2485 موقعاً، وهكذا الى ان يصل عند المواقع في بعض الدول العربية الى أقل من مائة موقع وهناك من الدول مايقل عدد المواقع فيها عن عدد اصابع اليد الواحدة مقارنة مع حوالي 400 الف موقع في الارجنتين، واذا ماخذنا هذه الاحصاءات بشكل تقريبي فان الجميع يتفق على قلة المواقع باللغة العربية على الرغم من ان المستخدمين العرب يدركون ذلك من هذه الاحصاءات وتصنف جميع الدراسات التي اطلعنا عليها مواقع اللغة العربية على الانترنت ضمن اللغات الاخرى التي تتمثل معاً بأقل من 4% مما يعني ان المحتويات العربية هي اقل من نصف بالمائة.

ان الحديث عن التحديات التي تواجه الاعلام العربي تجعلنا نقف امام جملة من العوامل التي هي في حقيقتها ضغوط ومعوقات تقف في مواجهة الاعلام العربي تحول دون تأديته لرسالته على اكمل وجه وهي تحديات قائمة في القرن الحادي والعشرين. ويمكن تقسيمها الى مايأتي(38):

1. تحديات سياسية: وهي تتمثل بمجموعة من القضايا الكبرى التي تواجه الاعلامي وقضية الديمقراطية والحريات السياسية في الوطن العربي، وقضايا التنمية والتبعية مما يثير مسألة ارتباط الاتصال بالتنمية الشاملة في الوطن العربي.

2. السيطرة الحكومية والقانونية والتنظيمية: وتتمثل بالقوانين والتشريعات النقابية المنظمة للاعلام والقوانين واللوائح المنظمة للمؤسسات الاعلامية والقوانين التي تكلف او تحد من الحريات وتقنن التراخيص والرقابة، وهذا يثير مسألة حرية وسائل الاعلام وديمقراطية الاتصال.

3. تحديات ايديولوجية: وهي تواجه الاعلام حينما تكون هنا ايديولوجيات للسلطة والمؤسسة الاعلامية، واخرى للكاتب وايديولوجية للقارئ وهذه تشكل تحدياً أساسياً لايمكن تجاوزه الا من خلال الديمقراطية، وهذا يثير قضية حرية الرأي.

4. تحديات تمويلية واقتصادية: وهي تتمثل بمجموعة ضغوط وتأثيرات مباشرة وغير مباشرة في الاعلام ومؤسساته وهي تتمثل بتأثيرات(39):

أ) الممول.

ب) المعلن.

ج) المستهلك (الجمهور).

د) المشترك (افراداً وحكومات).

هـ) التوزيع.

وتتمثل كذلك بمحدودية الموارد ومحدودية السوق في اطار التنافس المحلي والدولي.

5. تحديات مجتمعية: وهي ذات اشكال متعددة اذ يتمثل بعضها بالمستوى التعليمي والثقافي للمجتمع، أو مايمكن ان نسميه بالامية التعليمية والامية الثقافية وبعضها يتمثل بالمستوى الاقتصادي للمجتمع، ونضيف الى ذلك الضغوط التي تمارس من التنظيمات الفكرية السياسية والمجتمعات الطائفية وتثير هذه التحديات مسألة تأثير الاتصال في المجتمع.

6. التحديات الخارجية: وهي تتمثل بأشكال متعددة من بينها ظروف الاتصال الدولي ومنافساته، كذلك الضغوط المباشرة مثل اتصال السفارات بالمحررين او ارسال الرسائل الى السفارات فضلاً عن الضغوط الاقتصادية عبر الاشتراكات او الاعلانات الدولية.

7. تحديات مهنية: وهي مجموعة من التحديات التي ترتبط بنوعين من المؤثرات:

أ) عوامل مرتبطة بإدارة المؤسسة الاعلامية وتنظيمها وذلك من خلال اسلوب الادارة واسلوب التنظيم وكفاءة وتجانس واهداف المؤسسة الاعلامية.

ب)عوامل مرتبطة بطبيعة العمل الاعلامي، وهذه ترتبط بالمغربل (حارس البوابة) واعتبار مهنته تتمثل بالمساحة والقوت وخدمات وكالات الانباء.

8. تحديات تكنولوجية: تشكل المنافسة والتكنولوجيا الاعلامية ومارافقها من تدفق للمعلومات شكلاً من أشكال التحديات الدائمة للاعلام من حيث قدرتها على مواكبة التطورات التكنولوجية للصمود في وجه المنافسات الاعلامية المحلية والاقليمية والدولية.

ان هذه العوامل لايمكن فصلها فهي عوامل ديناميكية متفاعلة لانها ترتبط بعملية الاتصال وتشكلها.

المتصفحات العربية على الشبكة:

اصبحت الشبكة العالمية (الانترنت) تشغل حيزاً كبيراً في الحياة الحديثة حيث لم تلبث أن تسيطر على باقي نواحي الحياة في غضون السنوات القليلة القادمة، وكما اشرت سابقاً فأن أساس هذه التقنية هو اللغة الانكليزية حيث تشير دراسات اليونسكو الى ان 80% من المعلومات في الشبكة العالمية هي باللغة الانكليزية(40) ومن خلال الارقام السابقة لم تمثل العربية حيزاً كبيراً في هذه الشبكة، وبعد انتشار الشبكة على المستوى العالمي وبالكثير من اللغات العالمية سعى مصنعو الاجهزة ومنتجو البرامج الى الاسواق العربية، ولكن أصبحت اللغة العائق الكبير أو المشكلة الكبرى التي تواجههم، ومن هنا ظهر جمهور التعريب في برامج الحاسبات الالكترونية حيث انحصرت معظم خدمات التعريب هذه في وضع النص العربي على الشاشة ليفهم المستخدم العربي ان النظام تم ترتيبه بينما تظل الآلية كما هي تعامل اللغة العربية كما الانكليزية.

وتعد صخر من أكبر المؤسسات العربية التي عملت الكثير في سبيل تعريب عالم الاتصالات والحاسبات أي تعريب النظم العالمية أو تصميم برامج ونظم عربية، وقد قامت اخيراً الكثير من المؤسسات العالمية التي تعمل في مجال الكومبيوتر، وانظمتها وبرامجها عند تعريب برامجها وانتاج برامج ومستعرضات عربية لمستخدمي الشبكة الدولية من العرب ليتعاملوا مع النص العربي على الشبكة ومن هذه المتصفحات: نسيج، سندباد، الادريسي، الباحث العربي، الدليل وغيرها(41).

وتعد شبكة المعلومات العربية (نسيج) الاول من نوعها في العالم العربي حيث بدأت العمل في آيار 1997 (42) وتقدم خدماتها باللغتين العربية والانكليزية حسب رغبات المستخدم وتوفر خدمات البريد الالكتروني مع تغطية اخبارية من وكالات الانباء العالمية على مدار 24 ساعة، والتخاطب عن بعد Teleconferencing أو التخاطب الالكتروني والمنتدى الالكتروني والكثير من الخدمات وموارد المعلومات الاخرى.

اما (سندباد) فهو أول مستعرض عربي للانترنت يعتمد أسساً علمية وآليات سليمة لتعريب اشهر المستعرضات المتجول من شبكة نتسكيب، ويعمل هذا المستعرض على توفير كل ادوات التحكم في Navigatorعلى الاطلاق العالمية لكل مرتادي الشبكة wwwالانترنت التعامل معها والتواصل مع البرامج الاخرى المتوافرة على الشبكة من العرب ويجمع (سندباد): خدمات البريد الالكتروني والنشر على الانترنت والتصفح الجماعي، والتخاطب وتبادل المعلومات عبر الشبكة تعقد المؤتمرات الفديوية، وكذلك التعريب الكامل والدعم الممتاز للحرف العربي امكانية استخدام مع قاموس عربي انكليزي، وبالعكس ومدقق املائي لتصحيح الاخطاء(43).

ومع تنامي عدد الوثائق العربية على الشبكة الدولية برزت حاجة كبيرة لمحرك بحث عربي قادر على مناورة الكلمة العربية بكل اشكالها وصورها وابعادها، وذلك لمطابقتها على الوثائق التي تحوي كلمات مرادفة او متشابهة او مشتقة او تحمل المعنى نفسه فالادريسي الباحث العربي يعد الباحث الاول عن وثائق الانترنت العربية ويقوم بإيجاد كل النصوص التي تطابق نص البحث، او تشبهه وكذلك جميع اشتقاقاتها مثل الاسماء والافعال والجموع، وكذلك محلل معرفي ومدقق املائي وقاموس (عربي/انكليزي) ومفهرس آلي(44).

وبتوسع شبكة الانترنت زاد ونما كم هائل من المعلومات على الشبكة بما يجعل من الصعب الاستفادة منها وسعي الكثير من الشركات المتخصصة في مجال الحاسوب الى تطوير تقنيات البحث والمفهرس لتضمن استفادة Infoseek و(انفوسيك) Yahooسريعة وفعالة لمعلومات الشبكة ومن هذه المواقع في الشبكة (ياهو)

ويجمع هذا البحث بين انشاء فهارس Hybidوغيرهما حيث اعتمدت كل الشركات على البحث المختلط دليلية وبين البحث بالنصوص في تصميم برنامج البحث والاسترجاع في الشبكة العالمية، وقد اعتمد (دليل) صخر تقنية (ياهو) في تقنية البحث وذلك من خلال توفير ادوات وآليات عربية تقوم بإنشاء دليل عربي يهتم بالمواقع العربية فقط(45) ويعمل على ترتيبها وتبويبها من خلال تقنيات شجرة الموضوعات التي تحتوي على بدورها الى مايزيد على 4000 موضوع اكثر من 14 عنواناً رئيساً للموضوعات، وتنقسم الى 56 موضوعاً تتفرع قابلة للزيادة، أما القارئ الآلي فيعتمد عند زيارته للمواقع العربية بصورة آلية على هذا التقسيم حيث يقوم بعمل قائمة للموضوعات وحفظها في قاعدة

بيانات يستخدمها بصورة آلية في زيارة المواقع العربية على مدد مختلفة، وجمع وتحليل الصفحات تمهيداً لفهرستها بينما يعمل المصنف على قاعدة بيانات تم انشاؤها بواسطة (القارئ الآلي) على تحديد فئة كل صفحة من الصفحات المحفوظة حسب رغبات المستخدم، ويستخدم مفهرس الكلمات الرئيسة الذي يعمل على تحديد أهم الكلمات في كل صفحة مما يساعد على عملية التصنيف والتبويب، واخيراً تتكامل وحدة البث العربي مع تقنيات القارئ الالي المصفف والمفهرس للكلمات الرئيسة بصورة كاملة بحيث تتجمع نتائج البحث النهائية على اساس عناوين الموضوعات الرئيسة ومن خلال ذلك يستطيع المستخدم اختياره او داخل موضوع معين او داخل موقع معين حسب الرغبة، مما يؤدي الى الموضوعات في الدليل ويعتمد الدليل على الادريسي الباحث العربي كأداة بحث نصوص عربي مثل اعتماد ياهو Yahoo التفيستا Alta vista.(46)

الصحافة الالكترونية في الوطن العربي

أدت التطورات الايجابية في استخدام الانترنت الى تشجيع الكثير من الناشرين العرب الى الدخول في عالم النشر الالكتروني، فمنذ السنوات الاولى لظهور الشبكة العالمية فكر الناشرون العرب في استثمار النشر على الخط المباشر، حيث شجعهم على ذلك ازدياد اعداد القراء الذين ارتبطوا بالانترنت، فقد أصبحت قراءة رؤوس الموضوعات في بعض الصحف العربية التي تنشر يومياً في الانترنت موديل العصر كالصحف السعودية والمصرية والاردنية(47) وغيرها.

ولم يمنع الجدل الدائر حول مدى تأثير الانترنت على توزيع الصحيفة المطبوعة من دخول تلك الصحف عالم الانترنت من خلال طبعات الكترونية خاصة ومجانية في معظم الاحيان، وعلى العكس من ذلك فان دراسات السوق(48) أثبتت ان كثيراً من المواقع الالكترونية الخدمية والتجارية منها، اتجهت الى الصحف والمجلات للاعلان عن نفسها والوصول الى مستخدمين جدد، وبمعنى آخر فان هذه المطبوعات سواء العامة منها او المتخصصة استفادت اعلانياً من انتشار المواقع الالكترونية المختلفة على شبكة الانترنت.

الصحافة العربية نظرة عامة:

خلال العقد الاخير من القرن الماضي اصبحت بيئة العمل تشكل تحدياً كبيراً للصحافة في العالم كله، فهناك مجموعتان من العملاء (القراء والمعلنون) وهؤلاء عليهم مواجهة وسيلة النشر الالكترونية الجديدة التي يمكنها تجهيز مصدر معلومات اكثر ملائمة في تجهيز الصحف التقليدية، وعلى كل حال فأن سوق الصحافة في العالم العربي مازال صغيراً مقارنة بأوربا وامريكا(49)، ان الجدول رقم (5-6) يبين نسبة اصدار الصحف اليومية في الأقطار العربية الى جانب الاسواق الغربية، في مصر مثلاً التي يبلغ عدد سكانها 62.000.000 مليون نسمة فان كل (1000) شخص يتقاسمون (38) نسخة مقارنة بـ (332) نسخة لكل (1000) شخص في المملكة المتحدة و(324) نسخة لكل (1000) شخص في سنغافورة، ان احصائية اليونسكو لعام (2000) تشير الى ان العدد الكلي لصدور الصحف اليومية في الأقطار العربية يعد اقل من بقاع العالم، حيث يشير التقرير الى صدور (139) صحيفة يومية مقارنة بـ(1199) صحيفة يومية في امريكا اللاتينية والكاريبي و(2854) صحيفة في الولايات المتحدة الأمريكية وحدها.

ان صغر سوق الصحف هذه يمكن تفسيره بطرق عديدة، فغالبية الدول العربية تعاني من ارتفاع نسبة الامية فيها اذ تصل الى 50% في اربعة اقطار على الاقل، وهناك حقيقة اخرى وهي ان قراءة الصحف اليومية في المنطقة لم تعد جزءاً اساسياً في الحياة لدى الغالبية العظمى من المتعلمين (غالبيتهم من الشباب) إذ لم تنجح الصحف اليومية في جذب هذا السوق الذي غالبية اعضائه تعاني من الضائقة الاقتصادية(50).

جدول رقم (5-6) يوضح حركة الصحف اليومية في الوطن العربي والعالم حركة الصحف اليومية لكل 1000 شخص عام 2000

حركة الصحف اليومية لكل1000 شخص عام 2000			
الكويت	276	امريكا	20
اليابان	170	مصر	15
الامارات	161	فرنسا	13
كندا	141	تونس	1
قطر	45	عمان	580
سنغافورة	38	السودان	459
لبنان	38	موريتانيا	324
بريطانيا	31	العراق	312
الاردن	27	ليبيا	297
استراليا	27	اليمن	218
الجزائر	26	الصومال	212

الاعلام العربي في الانترنت:

لايبدو أن استعراض التجربة العربية في مجال الاعلام الالكتروني بشكل دقيق امراً سهلاً، لاسباب عديدة منها تزايد عدد المواقع العربية الالكترونية الذي وصل عام 2004 الى أكثر من 20.000 موقع(51)، والاكيد أن هذا الرقم في تغير مستمر.

وهنالك في خارطة الاعلام الالكتروني فضلاً عن وجود الصحافة الالكترونية وجود مواقع لوكالات الانباء، الاذاعة، التلفزة، الصحافة المكتوبة.

وكالات الانباء:

وكالات الانباء العربية معظمها رسمية تعبر عن رأي السلطة السياسية، وقد تأسست معظم الوكالات العربية خلال الخمسينيات وحتى السبعينيات وهي تشكل المصدر الرئيس

للاخبار المتدفقة وطنياً، والتي تستغلها بنسبة كبيرة باقي وسائل الاعلام كالصحافة، الاذاعة، التلفزيون(52).

وتوجد ستة عشر وكالة انباء عربية وحكومية الكترونية في الشبكة، تقدم خدمات اعلامية مختلفة على مدار الساعة.

وهي تعاني من صعوبات تقنية عديدة، كالبطء في اظهار المعلومات على الشاشة وصعوبة عرض الصور وانعدام استخدام تقنيات الصوت والصورة المتحركة.

البث الاذاعي العربي في الانترنت:

تتيح مواقع الاذاعات العربية فرصة التعرف على خاصية التنوع التي تمتاز بها الانترنت، فأية مقارنة بين هذه المواقع تجد ان لكل إذاعة اسلوبها الخاص في عرض موادها الاعلامية ونجد نوعين من الاذاعات(53).

أولاً: اذاعات حكومية:

يوجد خلال موقع "صحافة" ستة اذاعات حكومية رسمية عربية هي اذاعات كل من مصر، الاردن، الكويت، وهنالك اذاعات تبث Real Audio تونس، السودان، سلطنة عمان، تستخدم هذه الاذاعات في بثها برنامج مباشرة عبر هذا البرنامج فضلاً عن وجود مواقع خاصة لاذاعات عربية اخرى مثل تونس، المغرب، الجزائر، السعودية(54).

ثانياً: اذاعات خاصة:

، ويرتكز مضمونهما على المواد الترفيهية، Laune Radio, Radio One FM تمتلك لبنان اذاعتين خاصتين هما كالاغاني واخبار الفن، وكذلك وجود اذاعتين لفلسطين واذاعة للبحرين، سوريا، ليبيا.

البث التلفزيوني العربي في الانترنت:

تعد التجربة العربية للبث التلفزيوني على الانترنت في بدايتها على المستوى التقني(55)، حيث لم تتم الاستفادة من الخدمات التي تقدمها الانترنت في هذا المجال ويوجد ثلاثة عشر

موقعاً تلفازياً على الانترنت بينها ست مواقع فقط تقدم بث على الشبكة، وهي تعاني من مشاكل تقنية مع كثرة الانقطاعات في أثناء البث وعدم وضوح الصورة في بعض الاحيان(56).

الصحافة المكتوبة العربية على الانترنت:

اذا كان عدد المواقع الاعلامية الالكترونية كبيراً الى حد ما في الانترنت فان الفضل في ذلك يعود الى انتشار الصحافة الالكترونية في الانترنت حيث نجد مالايقل عن 2000 نسخة الكترونية للصحف العربية.

وربما لازال هناك أمل في ازدياد عدد الصحف في العالم العربي في حال ارتفاع وسيلة النشر الجديدة التي تستعمل على تنشيط الاحساس العام في العديد من الأقطار العربية، ان تزاوج نمو الوسائل المطبوعة ومحطات التلفزيون عبر الاقمار الاصطناعية قد اعطى دافعاً لايجاد سوق اعلانات وطنية جديدة معروفة عند أصحاب السوق بـ(سوق المحطات العربية) التي أخذ نفوذها يتزايد لأن غالبيتها يمتلكها ويحتكرها أشخاص مؤثرون.

ان نمو الاعلانات قد أدى الى حقيقة أخرى مهمة للنمو الاعلامي في المنطقة فاللاعبون الجدد في سوق المحطات العربية قد أخذوا حصة الاسد في الاعلانات المحلية والاقليمية، ففي التلفزيون وحده عام 2000 وحسب تقرير العربية للاعلانات نشرته صحيفة الاردن اليومية باللغة الانكليزية في 2001/1/15 أشارت الى ان السوق مستمر بالنـــمو بتنامي محطات الاقمار الاصطناعية العربية التي تعمل على جـــذب جمهـــور أكبر واعلانــــات أكثر، وأشار التقرير الى أن الصحف اليومية قد حسـنت مشاركاتها في سوق الاعلانات من 56% الى 63% عام 2001 (57).

النشر على الانترنت:

يزداد عدد الصحف اليومية العربية المتوافرة على شبكة الانترنت يوماً بعد يوم وبذلك يتسع النطاق اللغوي لمفهوم الصحيفة اليومية الالكترونية ليشمل اللغة العربية، علماً ان مفهوم الصحيفة الالكترونية لم يتم استيعابه بعد بالقدر الكافي من الناشرين العرب.

وتعتمد الصحف الالكترونية العربية المتوافرة على الانترنت في بثها للمادة الصحافية على ثلاث تقنيات(58) وتقنية النصوص، هذه التقنيات تختلف فيما بينها على PDF هي تقنية العرض كصورة، تقنية بي دي اف مستوى عرض وتخزين المادة الصحافية ولكنها تجتمع في عدم امكانية البحث والاسترجاع الآلي لمعلومات معينة من الطبعات اليومية الجارية او من الطبعات السابقة المتوافرة آلياً إلا في حالات محددة، وبذلك فإن الصحيفة اليومية المطبوعة وان دخلت ميدان الصحافة الالكترونية إلا انه لاتزال تفتقد إلى كثير من المزايا التي تتصف بها الصحيفة الالكترونية.

بعض الصحف العربية لاتتوافر بشكل يومي على الانترنت، والبعض الاخر ينشر الكترونياً بعض ماورد في الطبعة اليومية الورقية، فقط قلة قليلة من الصحف الالكترونية العربية تلتزم بالاصدار اليومي الالكتروني من دون مشاكل او نواقص.

ويمكن تقسيم مايمارسه الناشرون العرب على مستوى النشر على الانترنت إلى ثلاث فئات:(59)

الفئة الاولى: تعتمد سياسة الحد الادنى المتمثلة في إطلاق نسخ كربونية صماء من الصحيفة المطبوعة بأقل التكاليف ودون تكاليف تذكر والاكتفاء بالاشارة إلى ان للصحيفة موقعاً على الانترنت يقوم بدور التواصل مابين الصحيفة وقرائها اينما كانوا.

الفئة الثانية: تعتمد بناء مواقع متميزة أقرب ماتكون إلى البوابات الإعلامية الشاملة، وهي تطور في مواقعها الموجودة للوصول إلى البوابة الإعلامية.

الفئة الثالثة: تعتمد سياسة الانطلاق من الصحيفة الالكترونية دون وجود صحيفة مطبوعة اصلاً.

وتتمثل قوة البوابات الشاملة في انها تقدم لزوارها معظم مايحتاجون إليه من معلومات وخدمات من خلال حيز تفاعلي واحد.

من هذه البوابات الإعلامية من ينفرد بتقديم خدمة إعلامية توفر أخباراً وتحقيقات ونصوصاً صحافية جارية وراجعة مجهزة ضمن تصنيفات وجغرافية عامة وحسب الطلب، مع توفر نظم

بحث واسترجاع متطورة تتلاءم مع خصائص اللغة العربية وقادرة على تجاوز عدد كبير من المشاكل الخاصة بالاسترجاع الحر من النصوص العربية الإعلامية(60).

ففي الوقت الذي يتأخر فيه الناشرون الصحافيون العرب عن تطوير المواقع الخاصة بصحفهم الالكترونية والتحول إلى إصدار صحف الكترونية فعلية يزداد عدد البوابات الشاملة في العالم العربي بدءاً من "أرابيا اون لاين" ومروراً بـ"نسيج" و"بلانيت ارابيا" و"البوابة" و"عجيب" و"محيط" وبوابات أخرى قيد الانطلاق(61).

ومايميز البوابات الشاملة أن خدماتها لاتنحصر في تقديم آخر الأنباء السياسية وعلى مدار الساعة، بل تقدم أيضاً معلومات اقتصادية ومحركات بحث ومنتديات نقاش ساخنة كما تعنى بأخبار الرياضة والفن والأدب وتقدم شرائط موسيقية ومنصات لإرسال الرسائل القصيرة للهواتف الخلوية، وأقساماً للتسوق الالكتروني لشراء الكتب والاسطوانات والى غير ذلك من الخدمات(62).

فمنذ منتصف التسعينيات بدأت الصحف العربية تتواجد على الانترنت ففي 9 أيلول من العام 1995 توافرت الصحيفة اليومية العربية الالكترونية أول مرة عبر شبكة الانترنت، وهي صحيفة الشرق الأوسط على شكل صور(63).

وكانت الصحيفة العربية الثانية التي توافرت على الانترنت هي صحيفة النهار اللبنانية التي أصدرت طبعة الكترونية يومية خاصة بالشبكة ابتداءاً من الاول من شباط 1996، ثم تلتها جريدة الحياة وتصدر من لندن في الاول من حزيران 1996. والسفير في نهاية العام نفسه(64).

وحالياً تتوافر على الانترنت معظم الصحف العربية المطبوعة، وتعتمد هذه الصحف في بثها للمادة الصحافية على تقنيات مختلفة، ولكن أياً من هذه التقنيات المستخدمة لم يرتفع بالصحافة العربية الى مستوى الصحيفة الالكترونية المتكاملة. على الرغم من توافر عدد من انظمة البحث والاسترجاع المتوافقة مع اللغة العربية. منها الحياة التي تقدم محتوياتها على CD وان القليل من الصحف العربية وثقت مادتها على الأقراص الصلبة شكل نصوص قابلة للتعديل والتخزين من جديد بعد الاسترجاع من دون أي تغيير للنصوص الاصلية المحفوظة على القرص المدمج، وقد بدأت عملية التوثيق منذ عام

1995 بأسم ارشيف الحياة الالكتروني(65)، أما صحيفتا السفير والنهار اللبنانيتان فهما توفران محتوياتهما على شكل صور للحقبة السابقة ونصوص قابلة للتعديل والتخزين للحقبة الحديثة، وقد اعلنت الصحيفتان مبادرة توثيق محتوياتهما الكترونياً خلال ندوة حول وسائل الاعلام متعددة الوسائط عقدت في بيروت في 11 تموز 1997، وهنالك نوع ثالث وثق محتوياته في شكل صور غير قابلة للتعديل كما في صحيفة القبس الكويتية التي باشرت الصدور على اقراص مدمجة منذ عام 1995 (66).

بداية ينبغي التنويه الى أن الغالبية العظمى من الصحف العربية اليومية تدير اليوم مواقع الكترونية تقدم معظمها اخباراً وصوراً تم نشرها في الصحيفة المطبوعة(67)، وكتبت خصيصاً لها ولاتوجد أقسام خاصة او ادارات تحرير مستقلة للطبعة الالكترونية من الصحيفة، بل تحرص الكثير من الصحف على نشر القليل اليسير تحديث الموقع الالكتروني الا بعد صدور الجريدة مما يتصدر صفحاتها على موقعها الالكتروني، كما لايتم بساعات، كما ان التقنية المستخدمة في معظم هذه المواقع تعد بدائية فلا توجد آليات متقدمة للبحث في الارشيف، وقلما يتم التعامل مع النص العربي كنص وانما كصورة ولاتوجد مساحات اعلانية تدار من قبل برامج متخصصة للاعلان الالكتروني.

وتخلو معظم هذه المواقع من الخدمات كالاعلانات المبوبة واسعار العملات والاسهم وحالة الطقس وساحات الحوار، وغير ذلك مما يميز الانترنت من غيرها من الوسائط.

اذن لايكفي القول ان كل الصحف العربية تملك مواقع الكترونية واننا بانتظار ازدياد اعداد المستخدمين العرب، لكي يبدأ الناشرون في حصد الارباح من النشر الالكتروني، فهناك قضايا اخرى اهم مثل: رغبات المستخدم التي قد لايدخل ضمنها قراءة الصحف الالكترونية العربية بشكلها الحالي، هناك اذن قضيتان رئيسيتان الاولى(68) هي:

تقدم خدمات شاملة مهيأة للتنافس في العالم الافتراضي. تحول الصحف الالكترونية الى بوابات اعلامية والثانية هي: قضية الحرية بشكل خاص ومفهوم الصحافة الالكترونية بشكل عام.

الصحف العربية الالكترونية والخدمات التفاعلية:

لقد تطورت التقنيات التي تستخدمها الصحف العربية على الانترنت وأصبحت مواقع الصحف الالكترونية تتضمن مواقع للدردشة والبحث والتوثيق وخدمات البحث عن وظائف والحوار بين الصحفيين والجمهور، والرسوم المتحركة والخرائط.. فيما اكتفت بعض الصحف العربية Graphics فضلاً عن الصور والمخططات بعرض موجز للنسخة المطبوعة، وعمل مسح ضوئي لصفحاتها او اعادة تبويب النسخة المطبوعة بشكل آخر(69).

والصحيفة اليومية الالكترونية العربية، وان دخلت ميدان الصحافة الالكترونية لاتزال تفتقد الى كثير من المزايا التي تتصف بها الصحيفة الالكترونية(70)، فالأمر في حاجة الى استخدام تقنيات تفاعلية اكثر حداثة في وقت المقالات الصحفية المنشورة، الصوت والصورة الملونة، والحركة، واللقطات يتوقع فيه البعض ان تصاحب المرئية.

أساليب اعداد الصحف الالكترونية:

وسوف نتعرض لها من زوايا عدة تتمثل بـ:

1- طريقة التعامل مع البعض(71): اتبعت الصحافة العربية طريقتين في عملية إدخال اعدادها على شبكة الانترنت، الأولى تعتمد على إدخالها كصورة وليس كنص، حيث يتم تجهيز مواد الجريدة في صورة شريط طولي ، وحفظها كصورة وتكتفي الجريدة في هذه Photoshop من الأخبار وتحويلها إلى صورة من خلال برنامج الحالة باقامة وصلات بين صفحة الاستقبال وصفحات الجريدة المختلفة، كل وصلة مرتبطة بصورة الصفحة الخاصة بها، وهي الطريقة نفسهاالتي تعتمد عليها معظم الصحف العربية المنشورة على شبكة الانترنت، بل أن بعض هذه الصحف مثل جريدة الحياة تقوم بضغط صور الصفحات الخاصة بها بدلاً من اعدادها في صورة شريط طولي بحيث يتم اعادة نشر المواد المنشورة نفسها في الجريدة المطبوعة من حيث الترتيب والاخراج (لفك ضغط صورة الصفحة Acrobat Reader 3.0 نفسهما، ولكن يعيب هذه الطريقة ضرورة توافر برنامج) وليتم قراءتها على شاشة الكمبيوتر. ونذكر هنا ان الصحف العربية تعتمد على هذه الطريقة في نشر صحفها على

الانترنت لتفادي مشكلة عدم قدرة بعض التطبيقات الخاصة ببرامج تصفح الانترنت والمحملة على اجهزة الكمبيوتر، والتعرف على حروف اللغة العربية الا ان من عيوبها الأساسية ان تخزين الصفحة كصورة يجعلها تستغرق وقتاً طويلاً عند استدعائها من على الانترنت، كما ان هذه الطريقة تحرم الجريدة الالكترونية من استغلال الامكانات التكنولوجية للنشر الالكتروني مثل اضافة الافلام والرسوم المتحركة والأصوات واقامة وصلات بين النصوص المختلفة سواء داخل العدد نفسه، او بالأرشيف الخاص بالجريدة كما انها تبدو غير جذابة مقارنة بمواقع الصحف العالمية التي يتم ادخال المادة التحريرية كنص مما يجعله سهل الاستدعاء، وايضاً سهل التعامل معه سواء بالتعديل او اضافة الصورة واقامة الوصلات بين النص وغيره من النصوص.

أما الطريقة الثانية(72) التي يتم من خلالها التعامل مع النص فنجد أنموذجاً لها في موقع جريدة باب الالكترونية التي تتيح تصفح العدد سواء بتقنية النصوص، وهو مايتطلب توافر برنامج يتيح قراءة النص العربي من على الانترنت مثل برنامج سندباد أو برنامج تانجو، او بتقنية الصور لمن لاتتوافر عنده برامج تعريف الانترنت. فبالنقر على أي خريطة يظهر جدول بعناوين الصفحات وارقامها وعند النقر على عنوان الصفحة أو رقمها المسجل أمامها تظهر عناوين الموضوعات التي تحتويها الصفحة وبالنقر على العنوان المطلوب يظهر الموضوع الصحفي للقارئ.

2- من حيث تصميم صفحة الاستقبال: تحرص كل الصحف الالكترونية على ان تتضمن صفحة الاستقبال الخاصة بها عناوين الأبواب الصحفية المختلفة فيها فنجد صفحة الاستقبال الخاصة بالنسخة الالكترونية من جريدة الاهرام تحتوي على إيقونات ثابتة تدل على محتويات العدد تتمثل في صفحة أولي، أخبار عربية، أخبار عالمية، اقتصاد، رأي، ثقافة، رياضة، كاريكاتير، بريد قراء، ويتم عرض اشارات تعبر عن الموضوعات المختلفة في كل صفحة من تلك الصفحات، وعلى القارئ الراغب في قراءة تفاصيل الموضوع النقر على عنوان الخبر او على الصورة المصاحبة له.

3- من حيث تصميم الوصلات: تكتفي الصحف الالكترونية العربية بالوصلات بين الايقونات الموجودة في صفحة الاستقبال والموضوعات المرتبطة بها وذلك دون ربطها بأرشيف الجريدة أو بمواقع اخرى تضيف للقارئ تفاصيل اعمق عن الحدث وهي الطريقة نفـــسها التي تتعامل بها معـــظم الصحـــف العربية عند إقامة الوصلات(73).

ولكن نذكر هنا ان بعض الصحف الالكترونية العربية تقيم وصلات من صفحة الاستقبال لمواقع اخرى...

حيث استخدام الألوان(74): يقتصر استخدام الالوان في موقع جريدة الجريدة على إظهار خلفية 4 - من باللون الازرق وراء النص الصحفي، بينما تستخدم ايلاف أرضيات ملونة لابراز وتحديد الخبر، وأيضاً لإظهار العناوين المختلفة في الصفحة، أما الصحف الالكترونية الاخرى فنجدها تستخدم الالوان ولاتكتفي بتقسيم العناوين والمتن بالبنط الاسود على أرضية بيضاء كما يحصل لدى بعض المواقع الالكترونية للصحف المطبوعة.

5- من حيث استخدام الصوت والرسوم المتحركة والافلام(75): تقتصر تجربة الصحافة الالكترونية العربية على ادخال النصوص المكتوبة والصور الفوتوغرافية فقط دون محاولة ادخال لقطات من أفلام أو رسوم أو مسامع من خطاب رسمي وربما نجد في موقع صحيفة ايلاف الالكترونية أيقون يتيح سماع إحدى الاغنيات أو المقطوعات الموسيقية الشهيرة التي يتم تغييرها مع كل عدد من اعداد الصحيفة ويبدو ان استقلالية المؤسسات الصحفية عن محطات التلفزيون هي العامل الرئيس وراء ذلك.

تنشر تحقيقاتها مستعينة في تنفيذها بالوسائط المتعددة، بحيث يختار Le Mondeونشير هنا الى ان جريدة المحرر انسب وسائل التعبير لتوصيل الفكرة التي يتناولها التحقيق(76).

المشكلات التي تواجه القائمين على اعداد النسخة الالكترونية:

يبدو أن مشكلة إدخال النص باللغة العربية والتعامل معه كنص هي أبرز مشكلات اعداد موقع باللغة العربية على شبكة الانترنت(77) فرغم وجود برامج لتعريب الانترنت الا انها غير

متوفرة لدى عدد كبير من مستخدمي الانترنت في الوطن العربي، كما ان المغتربين العرب من مستخدمي الانترنت في دول العالم المختلفة قد لايتوفر لديهم برنامج النوافذ في نسخته العربية، فلاتستطيع اجهزة الكومبيوتر في هذه الحالة التعرف على الحروف العربية، وهو الأمر الذي دعا الصحف الى ادخال النص كصورة لتضمن امكانية قراءته في مختلف الظروف، نشير في هذا المجال إلى ان هذه المشكلة تواجه مستخدمي أي لغة غير اللغة الانكليزية بما في ذلك اللغة الفرنسية، ولكن بدرجة أقل لكثير من مشغلي استخدام اللغة العربية، ولكن علاج هذه المشكلة يتطلب الاهتمام بانشاء مواقع عديدة جديرة بالزيارة تستخدم اللغة العربية، وذلك لايجاد جدوى اقتصادية لتطوير برامج متوافقة مع اللغة العربية وجذب اكبر عدد من الجمهور لتصفح هذه المواقع، فما زالت اللغة العربية غائبة كلغة بحث على شبكة الانترنت، كما يرتبط بذلك ايضاً ان تعمل الدول على توفير امكانيات الاتصال بالشبكة بطريقة سهلة ورخيصة، وذلك بزيادة كفاءة خطوط التليفون والعمل على خفض قيمة المكالمات التليفونية التي تتم في وقت متأخر ليلاً وهو الوقت الذي يستغله العديد من الافراد في الاتصال بالشبكة، فهذا الأمر يعد تحدياً حضارياً ينبغي على الأقطار العربية ان تواجهه حتى تحتل اللغة العربية مكانها كلغة بحث على شبكة الانترنت.

واقع الصحافة الالكترونية العربية:

ان نظرة لعمل وانتشار بعض الصحف الالكترونية العربية الموجودة على شبكة الانترنت تشير الى عدها وسيلة لاعادة تقديم المضمون للصحيفة المطبوعة نفسه دون التفكير في التعامل مع النص، بما يتيح استغلال إمكانات الوسيلة الالكترونية التي تنقله وقد انعكس هذا الامر في(78):

1 عدم استخدام إمكانيات الوسائط المتعددة، فلم تحاول أي من الصحف الالكترونية العربية اضافة الصوت او المشاهد الحية التي تعكس الاحداث الجارية لتضيف بعداً جديداً للمادة التحريرية التي تقدمها.

2 عدم السعي إلى ربط مواقع الصحف الالكترونية بمواقع اخرى برغم امكانية إقامة وصلات تتيح التجول داخل مواقع العديد من المؤسسات والشركات الفنادق والمستشفيات التي تمتلك بالفعل مواقع على الانترنت.

3- عدم استغلال الامكانات الاعلانية للصحف الالكترونية، فهي لم تشهد اقبالاً من المعلنين برغم امكانية استغلال مواقع هذه الصحف الالكترونية لإتاحة الفرصة لتصفح الانترنت والوصول الى مواقع العديد من الشركات الصناعية والتجارية بحيث يكون موقع الجريدة هو الممر الذي يسلكه الراغب في التعرف على معلومات عن مختلف انواع المنتجات المتاحة بدءاً من برامج عروض السينما والمسرح، وحتى مواعيد وصول الطائرات وسفرها وأحدث المنتجات من سيارات وأسعار العملات والبورصة واسعار الفنادق وغيرها من الأنشطة التي قد تهم متصفح الإنترنت سواء الموجود داخل مصر او الراغب في السفر اليها.

عند تقديم المادة 4Hyper text- لم تحاول الصحف الالكترونية العربية استغلال إمكانات الهيبرتكست التحريرية بها، الامر الذي يفقد النص الالكتروني الذي تقدمه أحد أهم مقوماته، وهو اعتماده على قاعدة معلومات تسمح للقارئ بالتعمق في النص الذي يقرأه، مما يستوجب ان تكون كل جريدة الكترونية لنفسها قاعدة معلومات وفقاً لنوعية المضمون الذي تركز عليه، سواء لأسماء البلاد أو الشخصيات الشهيرة، او الوزارات والهيئات المختلفة بما يتيح للنص الذي يحرره الصحفي ان تظهر فيه عبارات قابلة للنقر كلما تعرف الكومبيوتر على احد المصطلحات التي يخزنها في ارشيف الجريدة.

5- ان مستقبل الصحافة الالكترونية العربية، يحتاج الى اعداد كوادر صحفية قادرة على جمع الاخبار بمختلف الادوات سواء بالقلم او المسجل او الفديو بحيث يختار الصحفي انسب الادوات المعبرة عن الفكرة التي يريد تقديمها لقرائه. مما يستدعي ان تهتم اقسام الاعلام المختلفة بتدريب الطالب على التعامل مع الامكانيات التكنولوجية المختلفة لشبكة الانترنت.

6- اختارت معظم الصحف الالكترونية العربية ان تكتفي بتحديث نسختها الالكترونية بعد مرور حوالي 12 يبحث عن تفاصيل أي ساعة من صدور النسخة المطبوعة برغم ان هذا الامر سيجعل القارئ العربي الذي حدث يتجه الى المواقع الالكترونية البحتة التي تقوم بتحديث مادتها كل عشر دقائق، الامر الذي يفقد هذه الصحف

الالكترونية جانباً مهماً من جوانب الخدمة المتميزة التي تستطيع ان تقدمها للقارئ وهي سرعة تغطية الحدث فور وقوعه.

7- تستطيع الصحف الالكترونية العربية زيادة الخدمات التي توفرها لتصفح الانترنت وتنويعها بحيث تجذبه الى اعادة زيارة الموقع والبقاء به والتجول داخل قائمة الممرات التي يقترحها، فيمكن على سبيل المثال تقديم خدمة التعرف على مواعيد سفر الطائرات ووصولها واسعار العملات وحركة الاسهم في البورصة وأجندة بالنشاط الثقافي والفني، كما تقدم بعض مواقع الصحف الالكترونية العربية خدمة النقاش بين القراء والمهتمين بموضوعات خاصة، واحياناً النقاش مع شخصيات سياسية او فنية او ادبية شهيرة.

مستقبل الصحافة الالكترونية العربية:

مازال عدد الصحف العربية المطبوعة على الورق يفوق بكثير عدد تلك المتوافرة الكترونياً على الانترنت وعلى اقراص مدمجة، ولكن هذا الأمر لن يطول حتى يتقلص الفارق الى ادنى مستوى لأن الاندماج والترابط بين الصحيفة المطبوعة على ورق ونسختها المتوافرة الكترونياً على شبكة الانترنت أمر لايمكن تجنبه في المستقبل ولايبالغ من يعتقد أن بعض الصحف المطبوعة قد ينسحب لصالح توافره الالكتروني على الشبكة الدولية فقط(79).

ويمكن ان نشير الى حقيقتين الأولى هي ان معظم شركات دور النشر الصحافية العالمية تتجه الى التنويع في تقديم إنتاجها، وذلك بدخول مجالات الراديو والتلفاز والأقراص المدمجة، والتوافر من خلال شركات تعنى بتوفير المعلومات الالكترونية ومن خلال المطبوعات والملاحق المتخصصة واعداد المؤتمرات ومن خلال شبكة الانترنت(80)، هذه الظاهرة بدأت تتبلور في الغرب، وهي بعيدة عنا في الوقت الراهن ربما بسبب القيود الحكومية على امتلاك وسائل الاتصال والهوة القائمة بين مطوري التقنية المطلوبة ومنتجي المعلومات من صحف يومية ودوريات اخرى، وهذه الظاهرة جزء راسخ من واقع صناعة الاتصال والمعلومات في مجتمعات المعلومات التي اعتمدت مبادئ اقتصاد السوق، وإتاحة المعلومات. أما الحقيقة الثانية فهي تتعلق بالمحتوى الذي توفره المطبوعات العربية ومن دون المحتوى الذي يعتمد على

المعلومات الحقائقية، ويتخذ من الصحافة الالكترونية طريقاً لاتنجح مؤسسات خدمات المعلومات، ولاتستمر مواقعها على الانترنت ولهذا فان شركات الاتصال الكبرى في الغرب تزاوج بين ماتنتجه وسائل اتصالها بأنواعها التقليدية وغير التقليدية لتقوم بأمثل استخدام لذلك المحتوى، وهذا مادفع شركة "امريكا اون لاين" التي تدير أنجح بوابة الكترونية في امريكا إلى الاندماج مع شركة "تايم وورنز" وهي واحدة من اكبر شركات النشر والاتصال والترفيه في العالم من خلال صفقة قدرت بمائة وعشرين بليون دولار(81).

وفيما يخص العالم العربي ومنتجي المعلومات العرب لابد من قيام تعاون وايجاد لغة مشتركة بين منتجي المعلومات ومطوري التقنيات والبرمجيات.

حتى الآن لاتوجد استراتيجية أو حتى رؤية واضحة لدى الناشرين العرب لمدى تأثير الانترنت على الصحيفة المطبوعة كصناعة وكحرفة، الا أن هناك وجهين:

الاول: اعتماد سياسة (الحد الأدنى) المتمثلة في اطلاق نسخ الكترونية صمّاء من الصحيفة المطبوعة بأقل التكاليف(82) والاكتفاء بالاشارة الى أن للصحيفة موقعاً على الانترنت يقوم بدور التواصل مابين الصحيفة وقارئها أينما كان، وهذا التوجه هو الغالب الآن.

والثاني:هو الدخول الى عالم الشبكة العنكبوتية بقوة من خلال بناء مواقع متميزة أقرب ماتكون الى البوابات الشاملة(83). وان كان هذا التوجه ضعيفاً اليوم فان هناك اشارات الى ان بعض الناشرين في العالم العربي قد بدأ في دراسة هذا الامر جدياً، مثال ذلك موقع البوابة الاخباري، واسلام اون لاين والديلي ستار اللبنانية.

وفي هذه الاثناء يزداد عدد البوابات الشاملة في العالم العربي بدءاً من الشبكة العربية (ارابيا اون لاين) ومروراً ببوابات بدأت تطل برأسها مثل (بلانيت ارابيا) و(نسيج) فضلاً عن عدد من المواقع العربية التي تقدم خدمات بعينها مثل (مكتوب) للبريد الالكتروني و(اين) و(اراب فيستا) للبحث او (اذهب الى دبي) المتخصصة بكل مايتعلق بمدينة دبي(84).

مايميز البوابات الشاملة ان خدماتها لاتنحصر في تقديم آخر الانباء السياسية وعلى مدار الساعة، بل تقدم ايضاً معلومات اقتصادية ومحركات بحث ومنتديات نقاش ساخنة، كما انها تعنى بأخبار الرياضة والفن والادب وتقدم شرائط موسيقية ومنصات لارسال الرسائل القصيرة

للهواتف الخلوية واقساماً للتسوق الالكتروني لشراء الكتب والاسطوانات والى غير ذلك من الخدمات، وتتمثل قوة البوابات الشاملة في انها تقدم لزوارها معظم مايحتاجونه من معلومات وخدمات من خلال حيز تفاعلي واحد، وحتى بالنسبة للمحتوى فان عدداً من البوابات تعاقد مع كبريات الصحف والمجلات العربية والاجنبية لشراء مقالات ومواضيع لاعادة نشرها فضلاً عن اعتمادها على وكالات الأنباء المعروفة،وشبكة المراسلين الخاصة بها. واذا كان من حتمية للتنافس في المستقبل على المستخدمين فانه سيكون بين هذه البوابات ومواقع الصحف الالكترونية التي آثر أصحابها اتخاذ التوجه الثاني وهو دخول مجال البوابات الشاملة.

مجتمع الدراسة

1) جريدة ايلاف الالكترونية

2) جريدة الجريدة الالكترونية

3) جريدة باب الالكترونية

4) جريدة اتجاهات الالكترونية

5) جريدة سودانيل الالكترونية

تنمو الصحافة العربية في شبكة الانترنت بشكل واضح، ولاتمضي مدة قصيرة الا وتؤسس صحيفة جديدة أو قديمة لنفسها موقعاً على الانترنت، وتنضم صحف عريقة مع اخرى جديدة الى الوجود الصحفي العربي في الانترنت.

ان وجود الصحافة العربية اليومية الالكترونية على شبكة الانترنت مع الانتشار الواسع لها والتطورات التي تحدث لها في اوقات متقاربة مع تطورات النشر الالكتروني العربي يستوجب وضع هذه الصحف امام البحث العلمي الجاد.

حيث أن الصحف العربية في الشبكة تختلف في طريقة عرض النصوص باختلاف صيغ النشر، فبينما تقدم (Text Form) فان اخرى تنشر مادتها بصيغة النص (Image form بعض الصحف مادتها بصيغة الصور ( ) وبينما توفر بعض PDF- Portable Document Format وعادة تقدم النصوص بصيغة الوثائق المنقولة الصحف امكانية استرجاع محتوياتها

الظاهرة والمخزنة في الاعداد السابقة فان تلك الميزة لاتتوفر في صحف اخرى، وتحتوي بعض الصحف وبخاصة تلك التي تم اختيارها على خاصية الارشيف لاعدادها السابقة بمختلف طرائق العرض في شكل ايضاحات ثابتة او متحركة بجانب النصوص.

وكذلك تحتوي بعض الصحف على آلة البحث في محتوياتها وفي حين تتيح بعض الصحف الاطلاع على محتوياتها مجاناً فان اخرى تلزم المشتركين على رسوم مقابل الاطلاع وكذلك، امتلاكها لخاصية التفاعلية في الانترنت مثل الاحالة الى المعلومات الموجودة في مكان آخر من الصحيفة، أو تلك التي سبق نشرها او ايراد المواقع ذات الصلة بموضوع النشر.

جدول رقم (5-7) يبين مواقع الصحف الالكترونية العربية على الشبكة

ت	اسم الموقع	القطر	اسم النطاق URL العنوان على الشبكة	سنة التأسيس
.1	الجريدة	الامارات	http: / /www . alJareeda . com	2000 /1 /1
.2	باب	السعودية	http: / /www . Bab . com	2001 /10 /7
.3	اتجاهات	السعودية	http: / /www . Itijahat . com	2001 /1 /23
.4	سودانيل	السودان	http: / /www . sudanile . com	1998
.5	ايلاف	المغرب	http: /www . Elaph . com	2001 /5 /21

جريدة ايلاف الالكترونية:

وهي جريدة الكترونية تصدر في المغرب العربي حيث ابتدأ البث التجريبي لجريدة ايلاف الالكترونية في 2001/5/21.

. http://www. Elaph. com- موقع الجريدة على الانترنت هو

- ناشرها ورئيس تحريرها الصحفي السعودي عثمان العمير الذي يعمل في المغرب.
- يتم اعداد الجريدة وتحريرها من قبل فريق من الصحفيين المحترفين، ومن ذوي الخبرة من مختلف عواصم العالم، وتتميز بسرعتها في نقل الخبر وتدعي الحياد والموضوعية.
- تحتوي الجريدة على ابواب رئيسية عديدة تزود القارئ بكم واسع من الاخبار والموضوعات وتشمل السياسة، الاقتصاد، الثقافة، الفن، الصحة، الرياضة،

الازياء، التسلية، السيارات، المنوعات فضلاً عن قسم خاص عن التحقيقات التي يعدها فريق الجريدة في مختلف عواصم العالم.

ويقول السيد عثمان العمير الناشر ورئيس التحرير أن ايلاف اول جريدة مهنية متكاملة تتجاوز مفهوم الصحيفة اليومية الى الوسيلة الاكثر تطوراً وتفهماً لأهمية المعلومات والاتصالات في سياق احداث حياتية، وهي مزيج من الخدمات الصحفية والتلفزيونية والاذاعية(85).

الرائدة في Knowledge Viewوتصدر صحيفة ايلاف على الانترنت باعتماد نظام نشر الكتروني حديث لشركة هذا المجال ليجسد اندماج التقنية الحديثة مع الابداع الصحفي في تجربة تدفع الصحافة العربية خطوة كبيرة الى الامام(86).

وليست ايلاف اول جريدة عربية تصدر على الانترنت الا انها اول جريدة صممت خصيصاً للانترنت بوسائط نشر متعددة من نص وصورة وصوت وافلام وثائقية وغرفة الاخبار المتعددة الابعاد والوسائط، كما ان من بحسب متطلبات ايلاف اعتماداً على Knowledge Viewمزايا نظام التحرير لايلاف الذي صممته نولدج فيو انه يربط غرف تحرير متعددة في بيروت ولندن Rapid Publishتقنية (جافا) متطورة للنشر الالكتروني والمغرب، ومناطق اخرى بشبكة تحريرية واحدة تسمح للمحررين العمل سوية وكأنهم في قاعة واحدة، والتعامل بحرية مع الاخبار والصور والافلام، كما ان من شأن نظام التحرير هذا عرض الاخبار فور حدوثها وتغييرها بشكل مستمر وبسهولة تامة من قبل المحررين، مما يعطي لمتصفحي الاخبار على موقع ايلاف للانترنت امكانية متابعة آخر الاخبار مما يميزها عن غيرها من الصحف.

وأضاف الناشر عثمان العمير نسعى لتوفير مجال متقدم وسهل للحصول على المعلومات ذات النوعية العالية   من قبل اوسع جمهور للقراء واصحاب القرار ورجال الاعمال، وذلك باستخدام آخر التقنيات ومنها مايعرض من غرفة الاخبار المتعددة الوسائط والتي تسمح للمتصفح بالتفاعل مباشرة مع الاخبار المعروضة والانتقال بالتجربة الصحفية باستخدام الانترنت لتوفير مصادر معروفة حول الثقافة والعلوم والاقتصاد والترفيه في نظام بحث

الكتروني حديث، واضاف العمير أن "ايلاف ستركز على العرض الموضوعي وغير التقليدي للاخبار لتجسد تجربة صحفية فريدة من نوعها حيث تندمج النوعية المتقدمة للخبر الصحفي مع التقنية المتقدمة"(87).

اما الدكتور علي الاعسم مدير شركة نولدج فيو Knowledge View التي مقرها في لندن، ولها فروع في الوطن العربي وفي الولايات المتحدة الأمريكية فقال "ان تطوير هذه التقنية الحديثة لايلاف يعكس عزم الشركة على توفير احدث تقنيات النشر وللصحافة العربية بالعمل مع ابرز المؤسسات الصحفية العربية وهذا جزء من برنامج استثمار بعيد المدى يرجع الى عام 1996، عندما عملنا مع بقية الناشرين العرب لانشاء ثورة الصحافة العربية الالكترونية الاولى ونوسع الآن استثمارنا في المنطقة العربية لاسيما بعد فتح مركز تطوير وصيانة واسع في مدينة دبي للانترنت"(88).

تغذي ايلاف صفحاتها من مواقع مختلفة عبر شبكة من المراسلين الموزعين في عواصم عديدة من العالم مقرها الاساسي في العاصمة البريطانية لندن والمغرب.

يطالع القارئ في ايلاف يومياً 30 صفحة غير محدودة الكمية موزعة بين السياسة والاقتصاد والثقافة والفن والصحة والرياضة والمجتمع والمرأة والشباب والازياء والبيئة وكل مايتعلق بالحياة المعاصرة، وغيرها من الموضوعات المتخصصة فضلاً عن الموضوعات التي بإمكان القارئ نفسه ان يقترحها على محرري ايلاف.

مواقع الاحداث من خلال المراسلين فضلاً عن الخبر تعتمد ايلاف على بث الصور الحية المتحركة الآنية من الذين تم تدريبهم على اسلوب ايلاف العصري حيث تكتب الاخبار وتصور وترسل فوراً على الهواء باستخدام اجهزة الكومبيوتر المحمولة وكاميرات التصوير الرقمية Digital.

ان صفحات ايلاف هي صفحات جريدة واكثر فهي تتضمن الابواب المعروفة بأفكار جديدة، وفي كل الاحوال نجد أن مقاربة المواد الاخبارية مختلفة من حيث دقة التناول وعمق المعلومات وايجازها.

تتضمن ايلاف الاقسام التالية:

السياسة، الثقافة، الكتب، الطب، السيارات، الرياضة، أنشطة مختلفة، دار الندوة، ونادي الصحافة(89).

جريدة الجريدة:

صحيفة الكترونية بالكامل تصدر في الامارات العربية المتحدة، رئيس تحريرها ومؤسسها الكاتب الصحفي الفلسطيني (محمد جبر) صدرت في أول كانون الأول عام 2000 وعنوانها الالكتروني www. aljareeda. com. وهي احدى اوائل المواقع العربية التي حاولت ان تكون بوابة لبث الاخبار العربية من خلال الشبكة وهي صحيفة مجانية تصدر باللغة العربية.

تحت الترويسة الرئيسة (الجريدة) هنالك ترويسة ثانوية متحركة تؤكد "تحرر على مدار الساعة". وقد قسمت الصحيفة محتوياتها الى:

> الوطن العربي

> اسلام وعولمة

> مقالات ودراسات

> صحة وطب

> العالم اليوم

> خارج عن المألوف

> تقارير وتحقيقات

> علوم وتكنولوجيا

> اسرة

> واحة الشعر

> حرب افغانستان والعراق

> صوت فلسطين

< الاخبار السابقة

< حدث اليوم: أهم خبر قرئ اليوم

< الجريدة مع الاخرين

< جولة في الصحافة

< الجريدة صفحتك

< قصائد

< الرياضة

(وكذلك يقدم موقعاً مجانياً للبريد الالكتروني، Chattingكما يجهز الموقع خدمة محادثة ثابتة ومستمرة) ومساحة مجانية للصفحات المنزلية وتسهيلات على شكل قوائم ارسال للمجموعات ذات الاهتمام، ويؤكد الماضية السيد محمد جبر رئيس تحرير جريدة الجريدة(90) ان الخبرة التي استقيتها على مدى العشرين عاماً كنت ارى الصحافة التقليدية وقد اصبحت في مرحلة تحول تاريخي على نمط التحولات الاخرى التي شهدتها منذ فجر التاريخ، فالفضاء الالكتروني وفر بيئة جديدة للمطبوع التقليدي أياً كان ليكون مطبوعاً الكترونياً يتميز بالعديد من الصفات ومنها:

1- التفاعلية كدمج المعلومات الخبرية بالصورة والملفات الصوتية والمرئية مهما كان حجمها، ومساحتها فضلاً عن ربط هذه المعلومة بقواعد بيانات ومواد ارشيفية موسعة من خلال التوصيلات التلقائية.

2- الفورية في النشر.

3- امكانية تحديث الخبر أو تحديثه في أي وقت ومن أي جهاز كومبيوتر في أي مكان على وجه الارض طالما انه متصل بالانترنت.

ومن هنا نشأت فكرة الجريدة الالكترونية بوصفها جريدة المستقبل(91) التي تمثل وسيلة اعلامية عصرية يمكنها ان تقدم بخمس وسائل اعلامية تقليدية مجتمعة مثل:

1- وكالة الانباء .

2- الصحيفة .

3- المجلة .

4- الاذاعة والتلفزيون .

5- القناة الفضائية .

في وسيلة اعلامية واحدة وبتكاليف مادية لاتكاد تذكر حيث لاتحتاج الجريدة الالكترونية لمبالغ طائلة لاستئجار مباني وشراء مطابع وورق وتعيين موظفين بعقود مع توفير متطلباتهم ومستلزماتهم المعيشية والمهنية.

واشار الى ان جريدة الجريدة تصنع الخبر وتتابعه على مدار الساعة، بحيث انك تجد الاخبار التي تنشر في الجريدة الالكترونية اليومية بتحديث آني من خلال شبكة من المراسلين والكتاب حيث كانت بعض الاخبار تنشر بعد اقل من ثلاثين ثانية من حدوث الخبر(92).

مضيفاً ان الجريدة انتشرت بسرعة هائلة خلال مدة قصيرة من تأسيسها مما اضطررنا الى الانتقال لموقع جديد بعد أقل من ستة اشهر لاستيعاب العدد المتزايد والمتنامي يومياً الذي يزور الموقع والذي يصنف الان من افضل المواقع العربية والاخبارية، وكذلك فان جريدة الجريدة تتوفر من خلال مايزيد عن 4500 اداة بحث عالمية، كما تتوفر مداخل للوصول اليها من عشرات المواقع العربية التي تعنى بالصحف والاخبار.

وان احصائيات الجريدة الخاصة تؤكد ان اكبر عدد من الزوار يأتي حالياً من فلسطين، والاردن والولايات المتحدة، ثم السعودية دول الخليج وتليها دول المغرب العربي ونيوزيلاندا وتشيلي ثم كندا واستراليا والهند والباكستان(93).

جريدة باب الالكترونية:

تعد جريدة باب الالكترونية واحدة من اكبر واضخم المواقع العربية الشاملة على شبكة الانترنت وهي تعد اكثر الصحف الالكترونية ثراء وضخامة من حيث محتوياتها ومحاورها

المتعددة التي تبحث في مختلف المجالات فضلاً عن الخدمات التي تنفرد بها عن سواها من الصحف الالكترونية العربية او المواقع الاخبارية الاخرى حيث يؤكد استبيان في الانترنت اجراه موقع محيط(94) في 2002/9/9 على ان جريدة باب الالكترونية هي افضل موقع وصحيفة عربية على الانترنت، وموقعها على

وان الشخصية الشكلية للصحيفة تتناسب مع اخراج الصحيفة من حيث ttp:/www. Bab. comالانترنت h وحدة الالوان ومتناغمة مع الصفحة الاولى.

ويشير عدد زوار الموقع الى اكثر من (122.851) يومياً وعـــدد الزوار شهـرياً يصـل الى (3. 808. 400) الف ويمضي القارئ اكثر من (25) دقيقة لمطالعة صفحات الجريدة.

ويقول الدكتور وليد الطويرقي المؤسس والمشرف العام على الجريدة بأن جريدة باب الالكترونية صدرت في 2001/10/7 التزمت بمفهوم التحديث الاخباري على مدار الساعة (الصدور مع كل خبر) وهو المفهوم الذي لم يكن مطبقاً على مستوى المواقع العربية الا بشكل محدود(95).

وأشار الى ان صحيفة باب الالكترونية تلقت دعماً خاصاً من عدد من المستثمرين الذين آمنوا بأهمية الانترنت وميزاته المتعددة التي تفوق أي وسيلة اعلامية اخرى.

اما السيد عمار بكار رئيس تحرير جريدة باب الالكترونية فقال ان الموقع يحتوي على مايقرب من (61) صفحة موزعة على حوالي (200) تصنيف متنوع روعي فيها ان تصاغ بطريقة جميلة وجذابة ومناسبة للانترنت وطبيعة جمهوره في نفس الوقت(96).

وتتضمن الجريدة الالكترونية فكرة الخط الساخن حيث يمكن لزوار الموقع استعراض الصفحات الشخصية لعدد كبير من المتخصصين في المجالات الشرعية والطبية والاكاديمية والعامة وتوجيه الاسئلة لمن يختاره الزائر منهم بحيث يقوم الموقع بعرض الاسئلة عليهم والاجابه عليها في الوقت نفسه، وتتضمن موضوعات جريدة باب الالكترونية ابواب متعددة منها:

دين، تعليم، المرأة، تكنولوجيا، اتصالات، اطفال، غذاء، صحة، شباب، سياحة، زواج، مكتبة باب، ثقافة وأدب، استثمار، جماليات، سيارات، استراحة، اعلام، مال

واعمال مجتمع واسرة، منوعات بوابات الانترنت، اسلاميات والى جانب محتوياتها العديدة تقدم الجريدة خدمتين اضافيتين هما:

1) اشتراك مجاني بالبريد الالكتروني لاستلام نشرة البريد الاخبارية اليومية.

2) اشتراك مقابل دفع اجور: وهذا يعني بإتاحة كامل الموقع الذي يحتوي على عدد من الاحداث لاتوفرها الخدمات المجانية، ويزور هذا الموقع نسبة عالية من القراء الذين يشكلون صناع القرار في المؤسسات الحكومية ورجال الاعمال.

وللجريدة خطة واضحة للاعلانات وعلى ضمانات طويلة الأجل لاقسامها المختلفة (الواجهة الامامية، صفحة الطقس، صفحات الاحداث.. الخ).

(للعملاء الراغبين في الحصول على اخبار باب بالكيفية التي Syndication يقدم الموقع الخدمة المعروفة بـ تناسبهم وعلى وفق أحدث الانظمة، وتحقق هذه الخدمة للقارئ؟

- المتابعة المتواصلة على مدار الساعة.

- الحصول على خدمة اخبارية متقدمة يغذيها مراسلو باب المنتشرون في مناطق الأحداث في العالم، فضلاً عن المتابعة المتواصلة لما تبثه وكالات الأنباء.

- المهنية العالية في التغطية التحريرية والفنية.

- التخلص من عناء المتابعة ونقص الخبرة والاحتراف.

- اثراء موقع القارئ بالدراسات والتحليلات والملفات الخاصة التي تنشرها الجريدة.

- التنويع الموضوعي.

- تنوع مستويات الخدمة وسهولة تكييفها ذاتياً مع طلبات القارئ دون أن يكون له حق بيعها.

وتساعد هذه الخدمة القارئ في الحصول على الاخبار والاستفادة منها بحرية كاملة دون الارتباط بموقع الجريدة، أو الالتزام بشروط قد لاتتناسب مع ظروف القارئ وسياسته وخططه وبرامجه.

الاقسام الرئيسية لاخبار باب:

- أخبار الوطن العربي والعالم.
- الاخبار الاقتصادية.
- الاخبار الرياضية.
- الاخبار العلمية والتكنولوجية.
- الأخبار الثقافية والفنية.
- الأخبار الطبية والصحية.
- الملفات والتغطية أنماطه.
- فضلاً عن الدراسات والتحليلات ومقالات الرأي وعروض الكتب واستعراضات الصحف والمجلات.

وتضمن جريدة باب للقرّاء تدفقاً اخبارياً متواصلاً على مدار الساعة يصل الى أكثر من 90 خبراً وفرصة خبرية أي حوالي 70 الف كلمة يومياً تغطي أهم التطورات والاحداث العربية والعالمية(97).

أنواع الخدمة:

1- الشريط الاخباري:

وهو عبارة عن شريط متحرك يوضع في مكان مناسب من الصفحة الرئيسية لموقع القارئ، ويتيح لزائر الموقع مطالعة عناوين آخر الأخبار والتطورات العربية والعالمية التي ينشرها الموقع في صفحته الرئيسة أولاً بأول، وذلك على مدار الساعة، وهذه العناوين متصلة بصفحاتها التفصيلية.

2- عناوين وملخصات أخبار الصفحة الرئيسة:

وفي هذه الخدمة يتم عرض أخبار الصفحة الرئيسة لموقع باب على موقع القارئ كما هي بعناوينها وصورها وملخصاتها، أولاً بأول وعلى مدار الساعة وهذه الأخبار متصلة بصفحاتها التفصيلية في موقع الجزيرة، ويمكن للقارئ التحكم في أوقات تحديثها حسب رغبة.

وتوفر هذه الخدمة للقارئ البديل الاخباري المناسب الذي يملأ به المساحة المخصصة للاخبار في الصفحة الرئيسة لموقعه.

3- أخبار الجريدة على موقع المشتركين:

وتسمح هذه الخدمة للعميل باستقبال أخبار الجريدة مع صورها ومتعلقاتها السمعية والمرئية ونشرها على صفحات موقعه بالكيفية التي يريدها، مع نسبة هذه الاخبار الى باب، أي يظهر في نهاية الخبر بين قوسين عبارة (باب) ويمكن للمشترك تحديد عدد مرات استقبال الاخبار ليقوم بتحديثها في موقعه، كما يحق له تخزينها في موقعه.

وتوفر هذه الخدمة للقارئ إنشاء صفحات اخبارية متميزة على موقعه مباشرة وتحديثها بما يتناسب مع خطته وبرامجه. بدون أي ربط مع موقع الجريدة باستثناء ذكره كمصدر.

4- أخبار البث العام:

وتتيح هذه الخدمة للقارئ استقبال أخبار الجريدة بنصوصها فقط دون صور ودون أي متعلقات سمعية ومرئية أخرى، ويحق له استخدام هذه الأخبار في موقعه دون حاجة الى نسبها الى الجريدة، وبلا أي قيد أو شرط في عرضها او استخدامها.

جريدة سودانيل الالكترونية:

أول جريدة الكترونية سودانية على الانترنت تصدر من الخرطوم انشأت عام 1998 من قبل مؤسسها ومشرفيها السيدين خالد عز الدين ومحمد علي عبد الحليم ورئيس تحريرها السيد طارق الجزولي.

http:www. Sudanile. comموقع الجريدة على الانترنت

يقدم الموقع الذي تحمل واجهته (اجعل سودانيل صفحتك الاولى) اخباراً محلية وعربية ودولية وتقارير ودراسات وملفات ثقافية وسياسية واقتصادية وفنية ورياضية، اقلام واراء، منتدى سودانيل، فنادق، معالم سودانية، من الصحف السودانية، اقلام واراء، اتصل بنا.

وكذلك تؤشر الصفحة الاخيرة لجريدة سودانيل عدد الزوار الذين اطلعوا الصحيفة لهذا اليوم، وهنالك موقع ردود افعال القراء ازاء الموضوعات التي يتصفحونها ويمكن نشرها في الصحيفة اليوم نفسه.

يقول طارق الجزولي رئيس التحرير ان مصادر معلومات جريدة سودانيل الالكترونية(98) متنوعة وتتمثل في مصادرنا الخاصة فضلاً عن مراسلينا داخل السودان وخارجه ووكالات الانباء المحلية والعالمية، وبعض الاخبار تردنا مباشرة عبر البريد الالكتروني الخاص بالصفحة وبعضها يصلنا بصورة خاصة والبعض الآخر نستقيه من الصحف المحلية والعالمية.

ويشير الى ان ترتيب الصفحات وتبويبها يكون حسب اهميتها حيث تتصدر الاخبار السياسية ثم الاجتماعية والرياضية فضلاً عن التحليلات السياسية واعمدة الرأي وتلعب حداثة المادة دورها في التبويب(99).

وعن مصادر تمويل الصحيفة اشار الى انه تواجه الصحيفة مشاكل جمة من ناحية التمويل، إذ تعتمد اساساً على الاعلانات وهي ضعيفة أو معدومة مما جعلنا نتحمل الخسائر وبلغ عدد الزوار يومياً اكثر من 60 الف زائر.

وعن عدد العاملين في سودانيل من محررين ومصممين وكادر فني أكد أن الصحيفة تضم أربعة محررين فضلاً عن عدد من المراسلين داخل السودان وخارجه وعدد من المتعاونين وتضم الصحيفة ثلاثة من الفنيين ومهندساً واحداً وتعد من افضل عشرة مواقع الكترونية في الشرق الأوسط(100).

جريدة اتجاهات الالكترونية:

جريدة يومية الكترونية تصدر عن دار المواسم للصحافة والنشر السعودية، وهي من الصحف العربية التي تصدر في المهجر من بريطانيا صاحبها ورئيس تحريرها الصحفي السعودي بدر بن المحسن صدرت في 2001/1/23 تتصدر الواجهة الامامية سبتايتل متحرك يؤكد (مرحباً بكم في صحيفة-

اتجاهـــات) وعلى اليـــسار موقع الجريدة على الانترنت www. ITIJAHAT .com.

وتحتوي الجريدة بشكل دائم على خبر متحرك في اعلى الصفحة الاولى، وهي صحيفة متكونة من اكثر من ثلاثين صفحة تتناول على جهة اليمين عناوين موجزة (اشارات) لأهم الاخبار والتقارير السياسية الاقتصادية والفنية، وكذلك في وسط الصفحة الاولى هنالك عناوين ومقدمة لمجموعة من الاخبار السياسية المهمة مع (ربط أو اشارة الى التفاصيل). Linkصور وفي نهاية كل خبر هناك

تحتوي صحيفة اتجاهات على ابواب متعددة على صفحاتها من جهة اليسار هي حسب التسلسل ثقافة، طب، مقالات، رياضة، قوافي، جرائم، اصل وصورة، شخصية، صحافة، اقتصاد، العالم يقرأ، شباب، كومبيوتر 2000، كتابة، استشارات للمرأة، اخيرة ومنتدى اتجاهات، مواقع، سجل الزوار، بطاقات اتجاهات واتصل بنا وهنالك دائماً كاريكاتير واعلان متحرك.

يقول رئيس تحريرها عن مصادر الاخبار والموضوعات التي تنشرها الصحيفة وكيف يتم استقاؤها أن الصحافة الالكترونية العربية المتواجدة على شبكة الانترنت بشكل عام هي امتداد للصحافة المطبوعة، ولايمكن ان تنفصل عنها في المرحلة الحالية وماتقرأه من صحف عربية وهي ملخصات للصحف التقليدية المطبوعة ولايكاد يستثنى سوى موقعين أو ثلاثة هم الجريدة باب ايلاف واتجاهات وبقية المواقع لايمكن ان تكون صحافة لانها لاتوظف محررين وانما تستقي معلوماتها من وكالات الانباء وشركات المعلومات والتقنية(101).

وعن كيفية تبويب وتوزيع اخبارها ومقالاتها اشار الى ان لكل صحيفة سياسة تحرير وبما يناسب طريقة اختيار وابراز الشكل الفني وطريقة العرض والتصفح(102).

الصفحات التفاعلية في جريدة اتجاهات:

1. المشاركة في المنتديات.
2. المشاركة في التصويت.
3. المشاركة في الحوار المباشر.
4. نشر الأخبار البريدية.

1. المشاركة في المنتديات:

- منتديات اتجاهات مساحات مفتوحة للتعبير وفي سياسة تحافظ على جدية الرأي والفكر بعيداً عن الاسفاف وتجريح الاشخاص والهيئات.

- حتى تستطيع المشاركة في المنتديات يجب أن تكون عضواً في الموقع.

- تقوم ادارة المنتديات بفتح أبواب النقاش في الأحداث والقضايا الرئيسة التي يتناولها الموقع، ويترك المجال أمام الاعضاء الزائرين للمشاركة بحرية تامة في مناقشة هذه الموضوعات، او مشاركات الزائرين وردودهم عليها.

- تنشر المشاركة في الموقع مباشرة فور ادخالها من قبل المشارك.

- تقوم ادارة المنتديات بمراجعة ماينشر أولاً بأول، وحذف الكلمات والعبارات النابية والخارجة عن السياسة التي حددها الموقع للمشارك في مقدمة الصفحة، ودون التدخل فيها تضمنت المشاركة من آراء أو مواقف، واذا كانت العبارات المخالفة لسياسة الموقع كثيرة ويصعب معالجتها يتم حذف المشاركة كاملة، وفي حالة تكرار المخالفة يتم الغاء العضوية في الموقع.
وأن المساحة المتاحة لنص المشاركة لاتزيد عن (500) كلمة.

2. المشاركة في التصويت:

- يعد التصويت من الادوات المهمة للموقع ولزائره على السواء فللزائر من حيث اتاحة المجال أمامه للتعبير عن الرأي، وللموقع من حيث يمكنه من قياس رأي زائريه في الأحداث والقضايا المختلفة ومعرفة مدى تفاعلهم معها ومواقفهم منها.

وان نتيجة التصويت ليست مطلقة وانها تعبر فقط عن رأي الاعضاء المشاركين فيه واستقراؤها يحتاج الى معرفة العوامل والخصائص والظروف المتعلقة بهم.

- نتيجة التصويت تظهر مباشرة في مكان التصويت نفسه، وذلك بعد لحظة من المشاركة، دونما حاجة الى اعادة تحميل الصفحة.

- لايسمح بالتصويت لاكثر من مرة واحدة للعضو الواحد، وذلك مساهمة في الحفاظ على نزاهة التصويت، ودقة نتيجته على مستوى الاعضاء المشاركين فيه.

- تتوقف المشاركة في التصويت بانتهاء المدة المحددة له والمذكورة في أسفله، وعندما تظهر النتيجة فقط.

- يمكن استعراض التصويتات السابقة وتحليلاتها باستخدام محرك البحث الخاص بها في صفحة التصويت.

3. المشاركة في الحوار مباشرة:

- تتم المشاركة في الحوار المباشر عن طريق المشاركات الحية التي يوفرها الموقع على الصفحة الرئيسية.

- المساحة المتاحة لنص المشاركة لاتزيد عن 30 كلمة.

4. نشرة الاخبار البريدية:

مجموعة من الاخبار والموضوعات المحلية والاقليمية والدولية والسياسية والاقتصادية والثقافية والعلمية المختارة مما ينشر يومياً في الاقسام المختلفة للموقع، يتم ارسالها لاعضاء الموقع في نشرة خاصة عبر البريد الالكتروني. لتمكنهم في زحمة الأعمال والواجبات من متابعة مايستجد من أحداث وتطورات. وتيسر لهم الحصول على ماقد يحتاجونه من معلومات.

الهوامش:

(1) فليب تايلور، قصف العقول، ترجمة: سامي خشبة (الكويت: منشورات اتحاد الكتاب العربي، 1991)، ص118.

(2) المصدر نفسه، ص201.

(3) ولتر ويستون، افول السيادة، ترجمة: سمير عزت، (عمان: دار النسر للنشر والتوزيع، 1994)، ص18.

(4) د. عواطف عبد الرحمن، الاعلام العربي وقضايا العولمة (القاهرة: العربي للنشر والتوزيع، 1999)، ص38.

(5) المصدر نفسه، ص81.

(6) د. السيد بخيت، مصدر سابق، ص 110.

(7) فاروق السيد، مصدر سابق، ص 32.

(8) د. سليمان العسكري، الثقافة العربية في مواجهة تحديات النشر الالكتروني، جريدة البيان الاماراتية في 25 ايار 2001 نقلاً عن مجلة العرب الكويتية 21 نيسان 2001.

(9) طارق كمال، الانترنت واستخدامه في الصحف المصرية، بحث منشور على شبكة الانترنت على موقع Google. 2001/8/12 بتاريخ

(10) قصي ابراهيم الشطي، استخدام اللغة العربية في الانترنت، جريدة البيان الاماراتية، 2001/8/12.

(11) عثمان عبد الله، الوجود العربي على شبكة الانترنت، تقرير مقدم (لورشة) تكنولوجيا المعلومات المنظمة من قبل شركة الدباغ لتكنولوجيا المعلومات، منشور على الانترنت بتاريخ 2001/4/18.

(12) د. أحمد ابو الهيجاء، مصدر سابق.

(13) حسن عماد مكاوي، تكنولوجيا الاتصال الحديثة في عصر المعلومات، (القاهرة: الدار المصرية اللبنانية، 1993)، ص20.

(14) المصدر السابق، ص208.

(15) د. أحمد أبو الهيجاء، واقع المعلوماتية في الوطن العربي، بحث منشور على الانترنت ومقدم للمؤتمر الخامس لتقنيات المعلومات في 16 شباط 2002.

(16) نبيل علي، العرب وعصر المعلومات، سلسلة عالم المعرفة العدد 184، (الكويت: المجلس الوطني للثقافة والفنون والآداب، 1994)، ص285.

(17) باولو ارميني، الانترنت اداة للتعليم، بحث منشور على شبكة الانترنت، معهد بحوث الأمم المتحدة للتطور الاجتماعي.

www.Google.Co./search-Internet

بتاريخ 2001/12/13

(18) صالح خليل أبو اصبع، تحديات الاعلام العربي، دراسة في الاعلام، (عمان: دار الشروق للنشر والتوزيع، 1999)، ص75.

(19) المصدر نفسه، ص79.

(20) شاكر لعيبي، تهافت اللغة على شبكة الانترنت، موقع الاستراتيجية 2002/5/18.

www.alastrategea.com

(21) فايز الشهري، مصدر سابق، ص 92.

(22) جمال راشد، دور الخدمات الالكترونية في تطور المجتمع، مصدر سابق، ص 53.

(23) فيكي عبد الستار، مصدر سابق، ص 132.

(24) أنظر:

- أ.د. حازم أحمد حسين، المعلوماتية والعولمة رؤية من الجنوب، موقع اسلام أون لاين في 2001/10/13.

www.islamonline.com

- عارف رشاد، شبكات الاتصال في الدول العربية، مجلة عالم الكومبيوتر، العدد 88، نيسان 1995، ص77.

(25) حسن عماد مكاوي، مصدر سابق، ص 70.

(26) د. بسيوني ابراهيم حمادة، مصدر سابق، ص 90.

(27) د. أحمد أبو الهيجاء، مصدر سابق.

(28) عارف رشاد، مصدر سابق، ص 83.

(29) المصدر السابق، ص85.

(30) د. عواطف عبد الرحمن، مصدر سابق، ص 22.

(31) ميرزا الخويلدي، العرب في سوق المعلوماتية، جريدة العرب اللندنية في 2003/12/2.

(32) احصائيات نشرتها وحدة الابحاث في موقع عجيب كرم بتاريخ 2003/7/25.

www.aJeep.com

(33) المصدر السابق.

(34) مي العبد الله سنو، العرب في مواجهة تطور تكنولوجيا الاعلام والاتصال، مجلة المستقبل، العدد الرابع، 1998، ص40.

(35) محمد عارف، مصدر سابق، ص 11.

(36) د. أمجد الماجد، مصدر سابق.

(37) www. Domenstet.com تمت زيارة الموقع بتاريخ 2002/6/28

(38) د. المنصف وناس، العولمة الاعلامية والمجتمع العربي، مجلة الاذاعات العربية، العدد الرابع، 1998، ص58.

(39) المصدر السابق، ص60.

(40) بهاء شاهين، شبكة الانترنت، (ط2، القاهرة: دار العربي، 1996)، ص159.

(41) المصدر السابق، ص162.

(42) د. أمجد الماجد، المواقع الالكترونية العربية والاعلان، جريدة باب، 28 شباط 2003.
www.bab.com

(43) المصدر السابق.

(44) مرتضى معاش، محركات البحث في الانترنت، مجلة النبأ، العدد 63، كانون الاول 2001، ص67.

(45) المصدر السابق، ص71.

(46) من المشكلات والعوائق التي تقف أمام مستخدمي شبكة الانترنت هي كثرة أدوات البحث أو كما تسمى "مراكز البحث" والتي أهمها: Yahoo, Lycos, Alta-Vista, Excite, Infoseek, Google, ...
والانترنت عبارة عن محيط عظيم الاتساع والانتشار وبالتالي فأن عملية البحث عن معلومة معينة أو موقع معين أو شخص معين سوف تكون في غاية الصعوبة مالم تتوفر الادوات المساعدة على عملية البحث (Search Engines). وهنالك العديد من مراكز البحوث (أدوات البحث) في الانترنت وهي (Gopher, Wais, FTP, Telnet). ومما تجدر الاشارة اليه ان بعض أدوات البحث بدأت تتخصص شيئاً فشيئاً حيث اهتمت بعض المواقع مثل Infoseek في المعلومات الجغرافية والاطالس وركز Yahoo على الامور التربوية. واشارت دراسة قام بها معهد (NEC) للابحاث في (بريستون) في نيوجيرسي في الولايات المتحدة الأمريكية في عام 2000، ان اكثر محركات البحث لاتحمل اكثر من 16% من معلومات الشبكة العنكبوتية و34% من الشبكة بشكل عام حيث أشارت الدراسة ان محركات البحث Alta vista يحمل 5.5 من المحتويات و7.25% yahoo و excite 5% و2.5% lycos وهنالك محركات بحث صوتية تعمل على الطيف الصوتي بكل الوانه.

(47) د. السيد بخيت، الصحافة والانترنت، مصدر سابق، ص 83.

(48) محمد عارف، مصدر سابق، ص 17.

(49) احصائيات المنظمة الدولية للثقافة والفنون والآداب (اليونسكو) نشرها موقع صحافة في

.2003/1/23

www.Sahafa.com

(50) الاعلان والفضائيات وتكنولوجيا الاعلام، مقال منشور في صحيفة الاردن اليوم في 2002/7/18.

www.JordanToday newspaper.com

(51) حسين أبو شنب، الاعلام الفلسطيني، دار الجليل للنشر والدراسة الفلسطينية والابحاث، عمان، ط1، 1998.

(52) سعود صالح، الصحافة العربية في الانترنت، المجلة العربية، العدد 36، 1998، السعودية، ص27.

(53) ممدوح النجار، رأي الانترنت- اقتصاد القرن الحادي والعشرين، مجلة عالم الاقتصاد، آذار، 2000.

www.JWAMAG.com

(54) عادل السمنهوري، مستقبل الاعلام العربي، البيان الاماراتية، مارس، 1999.

(55) عدنان الحسيني، مصدر سابق، ص 28.

(56) عادل السمنهوري، مصدر سابق.

(57) .....، مستقبل النشر العربي، بحث منشور على شبكة الانترنت بتاريخ 2002/3/17 على موقع mondiploar

http://www.mondiploar.com

(58) المصدر السابق.

(59) اسامة الشريف، مصدر سابق، ص 18.

(60) المصدر السابق، ص22.

(61) صلاح الدين حافظ، مصدر سابق، ص 12.

(62) د. سلوى محمد يحيى العوادلي، مصدر سابق، ص 51.

(63) محمد الجلال، أضواء على الصحافة الالكترونية، التجربة العربية، بحث منشور على موقع bbc العربي بتاريخ 2002/2/9.

www.bbc.arabic.com

(64) المصدر السابق.

(65) فايز الشهري، مصدر سابق، ص 119.

(66) المصدر السابق، ص122.

(67) د. نجوى عبد السلام، مصدر سابق، ص 38.

(68) محمد عارف، رقمنة وعولمة الاعلام العربي، مجلس التعاون الخليجي، الكويت، ص443.

(69) مي العبد الـلـه سند، مصدر سابق، ص 40.

(70) زياد الهنار، الصحافة الالكترونية العربية، مقال منشور على الانترنت، جريدة العرب اليوم بتاريخ 2003/4/16.

(71) د. نجوى عبد السلام، مصدر سابق، ص 218.

(72) الياس هرمز، مصدر سابق.

(73) Hardt Hanno, The end of journalism, Media and Newspapers, The Public Journal of the European Institute for Communication and Culture, No.3, 1996, PP.62.

(74) محمد عارف، مصدر سابق، ص 441.

(75) اسامة الشريف، مصدر سابق، ص 20.

(76) د. عباس صادق، مصدر سابق، ص 107.

(77) سمير محمود، الحاسب الآلي وتكنولوجيا صناعة الصحف، (القاهرة: دار الفجر للنشر والتوزيع، 1997)، ص16.

(78) جزء من الملاحظات التي سجلها الباحث اثناء فترة مراقبته لاداء الصحافة الالكترونية العربية.

(79) شريف درويش اللبان، تكنولوجيا الطباعة والنشر الالكتروني، مستقبل الصحافة في القرن القادم، (القاهرة: العربي للنشر والتوزيع، 1999)، ص129.

)80) المصدر السابق، ص138.

(81) اسامة الشريف، مصدر سابق، ص 73.

(82) د. محمود خليل، مصدر سابق، ص 157.

(83) المصدر السابق، ص161.

(84) صلاح الدين حافظ، مصدر سابق، ص 11.

(85) مقابلة مع السيد عثمان العمير ناشر ورئيس تحرير جريدة ايلاف الالكترونية بتاريخ 2002/8/12 عبر البريد الالكتروني.

(86) المصدر نفسه.

(87) المصدر نفسه.

(88) مقابلة مع الدكتور علي الأعسم مدير شركة نولدج فيو بتاريخ 2002/10/6 عبر البريد الالكتروني.

(89) متابعة الباحث لأعداد الجريدة في الانترنت طيلة مدة البحث.

(90) مقابلة مع السيد محمد جبر رئيس تحرير جريدة الجريدة بتاريخ 2002/6/19 عبر البريد الالكتروني.

(91) المصدر نفسه.

(92) المصدر نفسه.

(93) متابعة الباحث لأعداد الجريدة على الانترنت طيلة فترة البحث.

(94) موقع محيط في 2002/9/9 etn.Moheet.www

(95) مقابلة مع السيد وليد الطويرقي المؤسس والمشرف العام على جريدة باب الالكترونية بتاريخ 2002/7/2 عبر البريد الالكتروني.

(96) مقابلة للباحث مع السيد عمار بكار رئيس تحرير جريدة باب بتاريخ 2002/7/6 عبر البريد الالكتروني.

(97) متابعة الباحث لأعداد جريدة باب الالكترونية على الانترنت طيلة فترة البحث.

(98) مقابلة للباحث مع السيد طارق الجزولي رئيس تحرير جريدة سودانيل بتاريخ 2002/9/30 عبر البريد الالكتروني.

(99) المصدر نفسه.

(100) المصدر نفسه.

(101) مقابلة للباحث مع السيد بدر بن المحسن رئيس تحرير جريدة اتجاهات بتاريخ 2002/12/2 عبر البريد الالكتروني.

(102) المصدر نفسه.

5

الفصل الخامس

الدراسة التطبيقية

ان نشوء الصحافة الالكترونية في فضاء الانترنت قد أوجد مضامين متعددة لنوعية العمل وشكل الصحيفة، فعلى الرغم مما لدى الصحفيين من مهارات أولية في التحرير وكتابة التقارير، والتي بقيت جزءاً اساسياً من عملية بث الاخبار الالكترونية الا أن نشر تلك الاخبار عن طريق الشبكة يقدم فرصا جديدة للصحف في طريقة تقديم الاخبار، ويمكن استخدام مجالات اتاحة اوسع للخروج من الصيغ التقليدية لنشر الاخبار في الصحف.

وان دراسة الصحف الالكترونية في جانبه التطبيقي قد لامس الجانب الشكلي اخراجاً وتصميماً أكثر من دراسة الفنون الصحفية الالكترونية حيث تشكل الصفحة الرئيسة للصحيفة هي المدخل لموضوعات الصحيفة عامة، ولذلك يركز مصممو صفحات (الويب) على استخدام اكثر مايمكن من تقنية اخراجية لتقسيم وتبويب الصفحات الرئيسة للصحف الالكترونية، وينصح دليل (Sun) بضبط العلاقة مابين الصفحة وحجم الشاشة "إذ ان الصفحات الطويلة تتطلب من المستخدم أن يركز على المعلومات التي مرّ عليها قبل أن يتحرك الى اسفل الصفحة، ويفقد المستخدم الاحساس بسياق النص عندما تكون اداة تحريك النص غير ظاهرة"(1).

ويرى دليل Amretic: "أن تجزئة الصفحات الى كتل يزيد مقروئيتها ويسهل ادارتها، ويقلل الزمن المطلوب لتحميلها، وتقسيم المعلومات الى كتل لايتطلب من القارئ تحريك الصفحة كثيراً"(2).

يقول دليل Bell: "ان، هنالك اسباباً لتقسيم المعلومات الى اجزاء ان كان ذلك في المطبوعات الورقية، أو في مواقع الشبكة لتلبية قدرات المخ البشري في متابعة وتذكر وتقسيم المعلومات الى وحدات اصغر في الشبكة يسهل ادارتها والتجوال فيها(3).

ويسهل تنظيم كتل المعلومات الصغيرة في وحدات متناغمة تشكيل قاعدة الوصلات بينها بتنظيم منسق، ويجب ان تكون هذه الكتل متوافقة مع الذوق السليم والتنظيم المنطقي.

ويتحدد التقسيم الى كتل من المحتوى نفسه ففي بعض الاحيان تفرض مادة نفسها طولاً أو قصراً وتوضع الكتل في هيكل الموقع بحسب درجة العلاقة بينها وتكون فيما بينها بنية هيكل الموقع الذي يبدأ من الوحدات الاكثر عمومية الى الاكثر تحديداً(4).

ان خلاصة هذه التوجيهات تؤكد: ان محتويات الموقع يتم تقسيمها الى وحدات تبدأ بالعناوين التي تقود الى الملخصات ثم التفاصيل، ويتم تقسيم التفاصيل الى كتل منطقية، وهذا الاسلوب له اسبابه المنطقية المذكورة، وقد توفر بعض المواقع مخزناً للنص غير المجزأ بغرض الطباعة، ويتم تقسيم ووصل وهيكلة المعلومات بما يتناسب مع هيئة المواقع في الشبكة ويسهل للمستخدم الملاحة بين الصفحات.

- عناصر تكوين الموقع:

تتنوع المواقع في اهدافها واسلوبها ومحتوياتها وتنظيمها ونوع قراءها، وينعكس ذلك على تصميمها والعناصر المكونة للتصميم، وفيما توجد مواقع تحتوي على جميع عناصر الوسائط المتعددة (Multimedia) من نصوص وصور ورسومات واصوات وفيديو ومؤثرات بصرية وصوتية بينما، تعتمد مواقع أخرى على النص فقط، وبين النوعين توجد مواقع تعتمد على الرسم واخرى على النص والرسم وثالثة على الصورة ورابعة مكرسة للبث الاذاعي وهكذا.

ولكن تضم كل هذه الانواع عناصر أساسية في تكوينها تبدأ من صفحة البدء كمكون أساسي، وهي نفسها مكونة من عناصر عديدة. ويقسم غريك برانهام(5)، صفحات الويب الى نوعين اساسيين هما: صفحات البدء وصفحات المحتوى.

1- صفحة البدء: (الصفحة الام، الصفحة الرئيسية) Home Page هي مزيج من صفحة عنوان (Title Page)، وقائمة محتويات وفهرس ومقدمة، وهي الصفحة الاولى أو الاعلى في الموقع وعادة ماتحتوي على مواد استهلالية وقائمة بالوصلات التشعبية الى جميع محتويات الموقع أو الى الاقسام الاخرى في المواقع الكبيرة.

2- صفحة المحتوى: بينما تصف صفحة البدء المعلومات التي يحتويها الموقع بقوائم أو عناوين، تحمل صفحة المحتوى (Content Page) المعلومات نفسها، ولكل صفحة محتوى وصلة عودة الى صفحة البدء أو الى الصفحة السابقة لها.

أجزاء صفحات الويب:

تتكون صفحات الوب من أجزاء ظاهرة عند عرضها بالمستعرض، واخرى غير ظاهرة، والعناصر الاساسية المكونة للاجزاء الظاهرة هي: الرأس، والجسم، والقدم.

- الرأس: يحمل الرأس عنوان النص أو الترويسة المكتوبة أو المرسومة، ويمكن ان يحتوي على وصلات تشعبية مباشرة الى الصفحات الاخرى في الموقع أو مجموعة من اشارات الامام Next أو الخلف Previous.

- الجسم: يحتوي الجسم على المحتوى الذي يشمل النص وغيره والوصلات المتشعبة التي تقود الى صفحات اخرى أو مواقع أخرى أو الى أي جزء آخر من الصفحة.

- القدم: يحتوي القدم على معلومات اساسية حول الموقع مثل تاريخ انشائه وتجديده واسم المؤلف، والعنوان الالكتروني واسم الجهة الناشرة او التي تدير الموقع، وايضاً يحمل احياناً عناوين اجزاء الموقع.

- خارطة الموقع: ان خارطة الموقع هي وسيلة لتوجيه القارئ واعطائه نظرة عامة لبنية الموقع ومحتواه، وتوفر له الوصول الى المحتويات بالنقر عليها وهي وسيلة ادارة الموقع.

ويمكن تحليل سمات العينة التي تمثل الصحافة الالكترونية في الوطن العربي استناداً الى:

1- الشكل

2- المضمون

1- الشكل:

يتمثل شكل الصحيفة الالكترونية القابل للدراسة بمجموعة الخصائص التي تميزها عن الصحافة التقليدية، وتميز كل منهما عن الاخرى ويمكن ادراج هذه الخصائص من خلال مقاييس عديدة مرتبطة بخصائص الصحافة الالكترونية(6) وهي:

أولاً: كيفية الوصول الى الموقع.

ثانياً: سرعة تنزيل صفحات الجريدة على الشاشة.

ثالثاً: لغة الصحيفة.

رابعاً: مجانية تقديم المواد الاعلامية.

خامساً: سهولة الابحار داخل الموقع.

سادساً: تحديث المعلومات.

سابعاً: استمرارية مواقع الصحف الالكترونية.

ثامناً: امكانية البحث في المعلومات.

تاسعاً: استخدام الوسائط المتعددة.

عاشراً: الخدمات الاعلامية الداعمة.

الحادي عشر: الارشيف الالكتروني.

الثاني عشر: التفاعلية.

الثالث عشر: كادر الصحيفة الالكترونية.

الرابع عشر: طرق قياس زوار الموقع

اولاً: كيفية الوصول الى الموقع:

تعتمد المواقع الاعلامية ثلاثة على وسائل للوصول اليها وهي:

أ- أدلة محركات البحث مثل Google/ Yahoo.

ب- تقدم كل وسيلة اعلامية عنوان موقعها الالكتروني عن طريقها هي مما يسهم في اعلام جمهورها الخاص بوجود الموقع.

ج- تستغل المواقع الاعلامية الروابط الالكترونية The Links بكثافة وخاصة تلك الروابط التي تقدمها المواقع الاعلامية المتخصصة، ولاننسى ان مستخدمي الانترنت يتبادلون العناوين الالكترونية فيما بينهم، وبالتالي فأن جودة الموقع تسهم في شهرته.

ويبين الجدول رقم (1) الصحف الالكترونية عينة الدراسة في أفضل المواقع العربية، حيث تم اختيار ستة مواقع عربية هي امين، باك سيك، صحافة، نسيج، عجيب، أين(7).

جدول رقم (6-1) يبين كيفية الوصول الى الموقع

اسم الموقع الصحيفة	أمين	باك سيك	صحافة	نسيج	عجيب	أين	المجموع	النسبة المئوية
الجريدة	*	*	*	*		*	6	%100
باب	*		*				3	%50
اتجاهات		*	*			*	3	%50
ايلاف	*	*		*		*	5	%83.3
سودانيل	*		*	*			3	%50
المجموع	4	3	4	3	3	3	20	
النسبة المئوية	%80	%60	%80	%60	%60	%60		

نلاحظ من خلال الجدول رقم (6-1) أن هذه الصحف الالكترونية تتواجد في أغلب المواقع العربية التي تم اختيارها بنسبة 66.7%، فقد شهد موقع أمين وصحافة تواجد صحف العينة بنسبة 80% حيث سجل غياب جريدة اتجاهات الالكترونية عن موقع أمين، فيما غابت جريدة إيلاف الالكترونية عن موقع صحافة على الرغم من كون موقع صحافة يحاول أن يستضيف جميع المواقع الاعلامية في الوطن العربي والعالم.
فيما سجلت مواقع باك سيك ونسيج وعجيب وامين نسبة 60% لتواجد صحف العينة على مواقعها، حيث غابت صحيفتا باب وسودانيل عن موقع باك سيك وصحيفتا باب واتجاهات عن موقع نسيج، وصحيفتا اتجاهات وسودانيل عن موقع عجيب وصحيفتا باب وسودانيل عن موقع آرن. وقد سجل الجدول تواجد جريدة الجريدة على المواقع العربية بنسبة 100% فيما سجلت صحيفة ايلاف تواجد بنسبة 83.3% فيما اشتركت صحف باب واتجاهات وسودانيل بنسبة تواجد على المواقع الالكترونية العرقية بنسبة 50%.

ثانياً: سرعة تنزيل صفحات الجريدة الالكترونية على الشاشة

الصحف الغنية بالصور والاحداث تتطلب وقتاً اطول لتنزيل الصفحات على شاشة الكومبيوتر، واذا استخدمت تقنية الـ PDF فأن الموقع يصبح بطيئاً في تنزيل صفحاته، وايضاً

حجم الموقع والصور له دور في درجة السرعة، فإذا كانت نوعية الصور كبيرة فأنها تؤثر في سرعة تنزيل الصفحات ونشير الى ان سرعة تحميل الصفحات ترتبط بستة عوامل رئيسة وهي:

1- نوع الكاشف/ المعدل Modem.

2- نوع الخط الذي يرتبط بالانترنت.

3- عدد الخدمات اللازمة للوصول الى الخادم Server الذي يقدم الموقع المطلوب فضلاً عن حجم المستخدم الذي يقدم صفحات الموقع، وكلما ازداد عدد الزوار ازداد بطء تحميل الموقع.

4- غنى الموقع بالوسائط المتعددة وخاصة الصور والاصوات.

5- تنزيل البرامج المساعدة بكثرة تبطئ من سرعة الحصول على المعلومات.

6- فتح اكثر من موقع في اللحظة نفسها يبطئ من سرعة تنزيل الصفحات، وتعمل الصحف على استخدام تقنية الصحف بدلاً من تقنية الصورة في عرض النصوص المكتوبة مما يجعلها اسرع من تنزيل الصفحات على الشاشة.

جدول رقم (2- 6) يبين سرعة تنزيل صفحات الصحف الالكترونية عينة الدراسة على الشاشة

سرعة تنزيل الصحيفة اسم الصحيفة	سريع	بطيء
الجريدة	*	
باب	*	
اتجاهات		*
ايلاف	*	
سودانيل		*
المجموع	4	4
النسبة المئوية	%60	%40

ويبين الجدول رقم (2-6) ان صحف الدراسة سجلت سرعة في تنزيل الصفحات على الشاشة بنسبة 60% وهي صحف الجريدة وباب وإيلاف على الرغم من أن جريدة إيلاف تستخدم الصور بكثرة، وكذلك الوسائط المتعددة حيث تعرض الاحداث بالصوت والصورة المتحركة، فيما سجلت صحف اتجاهات وسودانيل بطئاً في تنزيل الصفحات على الشاشة وبنسبة 40% حيث تستخدم سودانيل نظام PDF في عرض موضوعاتها، فيما تقوم اتجاهات باستخدام الصور بشكل يبطئ فتح الصفحات وهو عامل رئيس يقلل زيارات القراء لهذه الصحف، حيث أن بطء تنزيل الصفحة على الشاشة يعني ضياع وقت المستخدم بانتظار فتح الصفحة، وهو مايدفع القارئ الى تغيير الموقع الالكتروني وعدم متابعته.

ثالثاً: اللغة

تعد اللغة من العناصر المهمة لتحديد خصائص مضمون الموقع وتحديد خصائص جمهوره، وفي الوقت الذي اختار فيه مجال الدراسة الصحف الالكترونية العربية اللغة العربية، فقد استخدمت صحف اخرى اسلوب ثنائية اللغة حيث استخدمت اللغة الانكليزية فضلاً عن اللغة العربية في الموقع نفسه.

جدول رقم (6-3) يبين استخدام اكثر من لغة في الصحيفة

سرعة تنزيل الصحيفة اسم الصحيفة	اللغة العربية	اللغة الانكليزية
الجريدة	*	
باب	*	
اتجاهات	*	*
ايلاف	*	*
سودانيل	*	
المجموع	5	2
النسبة المئوية	%100	%40

ومن الجدول رقم (3- 6) تبين ان هناك صحيفتين فقط تستخدمان اللغة الثنائية وهما اتجاهات وايلاف حيث تستخدم كل منهما اللغة الانكليزية فضلاً عن اللغة العربية وبنسبة 40%.

وقد دفعت صحيفتا اتجاهات وايلاف الى استخدام اللغة الانكليزية الى جانب اللغة العربية أسباب متعددة، اولها كون استضافة الصحيفتين في مواقع خارج الوطن العربي حيث تصدر الصحيفتان من بريطانيا، ولولا أن بيئة الانترنت هي بيئة عالمية لامكننا القول ان صدورهما في المهجر وكذلك محاولتهما الوصول الى القارئ الاجنبي عن طريق استخدام ثنائية الصفة، ولتحقيق انتشار أوسع وخاصة بعد أن تبين أن اللغة الانكليزية هي السائدة والغالبة في الانترنت.

رابعاً: مجانية تقديم المواد الاعلامية

ان الصحف والمواقع الالكترونية في غالبيتها لاتجدي نفعاً مادياً من خلال النشر في الانترنت باستثناء بعض المواقع والصحف الالكترونية التي تحوي وصلات اعلانية، وتقوم بعض المؤسسات ببث موادها عبر الصحيفة الالكترونية كاعلانات على أمل ان يكون في المستقبل اشتراك للدخول الى الموقع الاعلامي، وهنالك بعض الصحف التي لايمكن تصفحها من دون اشتراك. لاحظ جدول رقم (6-4).

جدول رقم (4-6) يبين مجانية بث المواد في الصحف الالكترونية

اللغة الانكليزية	اللغة الانكليزية	مجانية بث المواد	نوع الاشتراك / الصحيفة
1		*	الجريدة
1		*	باب
1	*		اتجاهات
1	*		ايلاف
1		*	سودانيل
5	2	3	المجموع
	%40	%60	النسبة المئوية

يتبين من الجدول رقم (6-4) أن هنالك ثلاث صحف فقط تبث موادها مجاناً وبنسبة 60% حيث يمكن تصفح مواد صحف الجريدة وباب وسودانيل مجاناً ومن دون فرض أية رسوم على القارئ.

فيما كانت نسبة الصحف التي تفرض رسوماً مادية لبث المواد 40% حيث لم يكن بالامكان تصفح جميع ملفات صحف ايلاف واتجاهات من دون دفع رسوم اشتراك حيث أن صحيفة اتجاهات تفرض رسوماً نصف سنوية على قراء صفحاتها، ليتمكن هؤلاء من مطالعة الملفات المعدة كافة وقراءة الكتب ومستجدات الاحداث، اما صحيفة ايلاف فيمكن دفع رسوم اشتراك ربع سنوية أو نصف سنوية لقراءة بعض موادها الاعلامية وتصفح صفحاتها والاطلاع على اعلاناتها وكما هو مبين في الجدول رقم (6-5).

جدول رقم (6-5) يبين نوعية الرسوم للاشتراك

اسم الصحيفة	رسوم شهرية	ربع سنوية	نصف سنوية	سنوية
الجريدة				
باب				
اتجاهات			*	
ايلاف		*	*	
سودانيل				

ان المصدرين الرئيسيين لارباح الصحف الالكترونية هما اجور الاشتراك وكذلك الاعلان، وفي عالم الانترنت العربي فأن هذه المصادر مستخدمة بشكل ضعيف، حيث كانت أجوبة رؤساء التحرير حول عوائد الاعلانات للصحف الالكترونية سلبية(8). وقد كان هذا اثباتاً حول غياب الاعلانات وتردد المستخدمين في دفع اجور الاشتراك حيث ان عدم رغبة القراء في دفع اجور عن قراءة الصحف يعود الى عاملين رئيسيين:

اولهما: ان اغلب خدمات الانترنت هي خدمات مجانية خصوصاً في حقلي الانباء والمعلومات.

ثانيهما: الكلفة العالية للاشتراك بالانترنت في غالبية الاقطار العربية، التي تعد مرتفعة قياساً لمدخولات القراء.

ويهمنا التطرق للاعلان كجزء من مكونات النشر في الصحيفة الالكترونية من نواحي عديدة أهمها: ان المكونات الايضاحية والالوان والصور التي تظهر مع الاعلان تزيد من حيوية الموقع خاصة اذا ماكان الاعلان جيد التصميم ولايؤثر تصميمه على مواضيع الصحيفة، ولايصرف النظر عنها إذ ان المطلوب ان تكون مكونات النشر متناسقة لايغلب الواحد على الآخر(9).

كذلك فأن الاعلان منطقة نشطة(10) خاصة ذلك النوع القابل للنقر (Clickable) والذي يفتح مجالاً جديداً هو الجهة التي تقف وراء الاعلان، وينشر الاعلان في الصحف المبحوثة اما في شكل اشرطة (Banners) بعرض الصفحة وبارتفاع لايزيد عن ثلاثة سنتمترات تقريباً في اعلى او اسفل الصفحة او في شكل مربع على جانبي الصفحة لمنتجات وكتب ومواقع اخرى او دعاية انتخابية لمرشحين، ويكاد ينعدم الاعلان الترويجي لمحتويات مواقع الصحف(11).

وعلى الرغم من كون الصحف الالكترونية لاتضم عدداً كبيراً من الاعلانات في صفحاتها حيث لايزيد عدد الاعلانات في افضل حال على ثلاث اعلانات كما هو الحال في الاتجاهات والجريدة واعلانيين فقط في صحيفة باب وايلاف، الا اننا لم نرصد ان هنالك تحديداً لحجم الاعلان في مساحة معينة، فكل مرة نجد ان حجم الاعلان متغير، وغير محدد في كل الصحف التي تنشر الاعلانات على صفحاتها الالكترونية.

ويبين الجدول رقم (6-6) أن الصحف الالكترونية بشكل غالب تستخدم الاعلان التجاري والاعلان الخدمي حيث كانت نسبة استخدام الاعلان التجاري 80% حيث استخدمته جميع الصحف الالكترونية، عدا صحيفة سودانيل فيما بلغت نسبة استخدام الاعلام الخدمي 60% حيث استخدمته صحف الجريدة، اتجاهات وايلاف فيما سجل الاعلان المبوب نسبة 40% إذ تستخدم صحف اتجاهات وايلاف الاعلان المبوب حيث تجد عند قراءتك للصفحة الاولى لصحيفة ايلاف مثلاً أن هذه الصحيفة تحرر بالاشتراك مع وكالة انباء رويترز و(أ.ف.ب) كوكالات عالمية مشهورة.

وأوضح الجدول أن صحيفتي اتجاهات وايلاف تستخدمان أنواع الاعلان بنسبة 60% أما جريدة الجريدة فتستخدم 40% من انواع الاعلان فيما استخدمت باب 20% من أنواع الاعلان ولم يسجل الجدول لصحيفة سودانيل أي استخدام لانواع الاعلانات كافة.

جدول رقم (6-6) يبين نوع الاعلان المنشور في الصحف الالكترونية

نوع الاعلان اسم الصحيفة	رسمي	تجاري	خدمي	مبوب	أخرى تذكر	المجموع	النسبة المئوية
الجريدة		*	*			2	40
باب		*				1	20
اتجاهات		*	*	*		3	60
ايلاف		*	*	*		3	60
سودانيل						صفر	صفر
المجموع		4	3	2	-	9	
النسبة المئوية	صفر	%80	%60	%40			

أما فيما يخص موقع وشكل الاعلان المنشور في الصحف الالكترونية فقد تبين أن هنالك 60% من الصحف المبحوثة تستخدم الاعلان الثابت في موقع محدد ومعهم صحف الجريدة واتجاهات وايلاف، فيما سجلت الصحف الالكترونية استخدام الاعلان المتغير الموقع بنسبة 80% وهم صحف الجريدة، باب، اتجاهات، إيلاف. فيما كانت نسبة استخدام الاعلان التحريري 20% حيث استخدمته صحيفة ايلاف فقط(12).

وتبين من الجدول رقم (6-7) أن جريدتي الجريدة واتجاهات تستخدم صيغة الاعلان الثابت والمتغير في الوقت نفسه، فيما استخدمت صحيفة ايلاف فضلاً عن ذلك الاعلان التحريري الذي هو عبارة عن مادة مكتوبة تشير الى كونها اعلاناً مباشراً. وكما مبين في جدول رقم (7).

جدول رقم (6-7) يبين شكل وموقع الاعلان المنشور في الجريدة الالكترونية

اسم الصحيفة	اعلان ثابت في موقع محدد	اعلان متغير موقعه	اعلان تحريري	المجموع
الجريدة	*	*		2
باب		*		1
اتجاهات	*	*		2
ايلاف	*	*	*	3
سودانيل				
المجموع	3	4	1	8

خامساً: سهولة الابحار داخل الموقع

من اهم مميزات الصحيفة الالكترونية هو سهولة الابحار داخلها لكي لايستغرق وقتاً طويلاً على مستخدم الانترنت، وحتى لايسبب الملل للمستخدم، ومدى سهولة الابحار داخل الموقع مرتبط بصفحة الاستقبال بالدرجة الاولى، فهي كالفهرس تتضمن محتويات الصحيفة لذلك يجب ان تكون صفحة الاستقبال شاملة لكل ماهو موجود في الموقع، لكي يأخذ القارئ فكرة عنه وينجذب للموضوع الذي يريد، وتستخدم بعض الايقوناتu للوصول الى تلك الموضوعات.

ومن خلال متابعة الباحث وملاحظته لمواقع صحف العينة، وجد ان هنالك قاسماً مشتركاً بين تلك الصحف لتقديم التسهيلات للقراء للوصول الى الموضوعات التي يودون قراءتها، فجريدة الجريدة مثلاً تقدم بعض الايقونات ورؤوس الموضوعات بشكل مؤثر لجلب انتباه القراء حيث يتم ربط جميع الموضوعات بعناوين مختصرة جداً تكون ممراً لتفاصيل الموضوعات، وتقدم اتجاهات الخبر المتحرك والعنوان المتغير لتقديم تسهيلات للقراء حيث في اللحظة التي يؤشر فيها القارئ على الموضوع يتم فتح نافذة الموضوع تلقائياً من دون أن يتحول القارئ الى صفحة جديدة وليبقى متجولاً في الصفحة الرئيسة Home Page.

أما صحيفة ايلاف فانها تحرص على أن تضم الصفحة الرئيسة لها جميع تفاصيل موضوعات الصحيفة ونادراً مايتحول القارئ الى صفحة جديدة حينما يريد قراءة موضوع ما على الصفحة الاولى، ولذلك شكلت الصفحة الرئيسة في ايلاف اطول صفحة رئيسة من بين صحف العينة، أما صحيفة باب فانها تضع امام القارئ مجموعة خيارات متعددة للوصول الى الموضوع المطلوب والوصول من خلاله كذلك الى الموضوعات المشابهة.

فيما لاحظ الباحث إن صحيفة سودانيل لاتقدم السهولة التي تمكن القارئ من الاطلاع المباشر على محتوياتها والابحار داخل موقعها الا بعد أن يطلع اولاً على الصفحة الرئيسة التي تشير الى اسماء الصفحات وبعد ذلك يتم اختيار الصفحة ثم اختيار الموضوع المطلوب.

سادساً: تحديث المعلومات

من اهم العوامل التي تساعد في انجاز الصحيفة الالكترونية هي مدى سرعة تحديث الاخبار والتقارير والمعلومات الموجودة في صفحاتها.

ومن الملاحظ ان الصحف الالكترونية للعينة المختارة يتم تحديث معلوماتها واخبارها بشكل آني مما اعطاها ميزة مضافة لمتابعة المستجدات والاحداث اولاً بأول، وهي بذلك تنافس ليس الصحافة الورقية فقط بل المحطات الفضائية التلفزيونية.

وفيما يخص تحديث المواد الصحفية في الصحف الالكترونية المبحوثة فأن هذه الصحف مجتمعةً تقوم بتحديث مادتها بما في ذلك الاخبار كل ساعة، وهي ميزة تدل على ان الصحيفة في حالة حركة وانها متصلة Online بقرائها على الدوام، وهي ميزة للصحف المعروفة عكس الصحف التي لديها طبعة ورقية حيث انها تحدث موضوعاتها بعد اربع وعشرين ساعة وتكون مطابقة لاخبار الصحيفة الورقية.

اما النوع الثاني وهو الذي يتم تحديث مادته وفقاً للمتغيرات المختلفة على مدار اليوم وتنشر الاخبار والصور الاخبارية، وتجري اللقاءات السريعة فيتركز على مجموعة الصحف التي نشأت في الانترنت ولاتسندها اسماء صحفية معروفة، وتعتمد على جهاز تحرير مستقل ومراسلين يمدون الصحيفة بالاخبار التي تنشر من مواقعهم، أو على خدمات وكالات الانباء او

على ماتنشره الصحافة المتوفرة في شبكة الانترنت، أو باستخدام نظم جلب الاخبار الالية بمزيج من الوسائل المختلفة المذكورة.

سابعاً: استمرارية مواقع الصحف الالكترونية

ان استمرارية الصحيفة الالكترونية واحدة من العناصر التي تحافظ على ثقة القارئ بالصحيفة وبخاصة اذا كانت هذه الصحيفة تلبي حاجات القراء.

ان استمرارية الموقع عامل مهم للحصول على المعلومات ومتابعة الموقع ومن العوامل التي تعرقل الدخول الى الموقع الازدحام في وقت الذروة، أو يقوم الموقع بتغيير عنوانه الالكتروني، مثلما حدث خلال مدة بحثنا حيث تم تغيير عنوان موقع جريدة الجريدة أكثر من مرة ولاسباب فنية تخص تصميم وبناء موقع جريدة الجريدة الالكترونية وتطويره. بينما لم يحدث ذلك لبقية الصحف المبحوثة(13).

وتحاول الصحف الالكترونية الحفاظ على استمراريتها من خلال اهتمامها بالموقع ومتابعته دائماً واضافة كل مايمكن من عوامل تقنية متطورة ومحاولة الاستفادة من الامكانيات التي يوفرها الانترنت في هذا المجال.

ثامناً: امكانية البحث عن المعلومات

يمثل وجود وسيلة للبحث عن المعلومات في الموقع الاخباري اهمية قصوى للحصول على الاخبار والمعلومات المختلفة بسرعة وتجنب عبء تقليب الصفحات الذي يأخذ وقتاً الى ان تقع عين المستفيد على حاجته، وربما لايحصل عليها بهذه الطريقة وان الصحف التي تستخدم طريقة الصورة في عرض مادتها الصحفية لايمكن البحث فيها، لا في النصوص ولا في العناوين. زائداً ان جزءاً من الصحف التي لاتوفر آلة بحث تستخدم نظام الوثائق المحمولة فآلة البحث البسيطة في النصوص توجد في ابسط برامج تصميم المواقع.

وتبين من خلال متابعة الباحث وجود أداة البحث في جميع الصحف الالكترونية عينة الدراسة سواء كان البحث في داخل الصحيفة أو في اطار الانترنت بشكل عام حيث يتم استخدام مجموعة من محركات البحث مثل Yahoo, Google.

تاسعاً: استخدام الوسائط المتعددة

الوسائط المتعددة هي عبارة عن امكانية المزاوجة بين الصوت والصورة الثابتة والنص المكتوب، وهنالك ايضاً امكانية استخدام الصور المتحركة وتعد الوسائط المتعددة ميزة مهمة تتيحها الانترنت، وهي مهمة بالنسبة لمواقع الصحف الالكترونية.

ولاتهتم الصحف المبحوثة بالوسائط المتعددة الا في نماذج قليلة من ضمنها جريدة ايلاف الالكترونية التي تقدم المادة الاذاعية المسموعة، ولقطات فديوية لاحداث جارية وآخر نشرات الاخبار وبعض الافلام المسجلة ففي عام 2003 قدمت الصحيفة قطعاً صورياً لاهم احداث العام المنصرم(14).

وتمثل المادة الصورية الحية جزءاً من الخدمة المميزة التي تقدمها ايلاف فيما عدا ذلك يندر تقديم مواد يتكامل فيها الصوت والصورة، وفي مرات قليلة تقوم بعض المواقع ومنها باب التي تعرض صوراً لاهداف في مباريات لكرة القدم اثناء وصف المباراة بالنقر على رسم للكاميرا مثبت داخل النص يتم عرض صورة الهدف، ويبين جدول رقم (6-8) استخدام الصحف للوسائط المتعددة.

جدول رقم (6-8) يبين استخدام الصحف الالكترونية للوسائط المتعددة

اسم الصحيفة	استخدام الوسائط المتعددة	ضعف استخدامها
الجريدة		*
باب		*
اتجاهات		*
ايلاف	*	
سودانيل		*
المجموع	1	4
النسبة المئوية	%20	%80

الدراسة التطبيقية 253

أما الصورة الصحفية بمختلف انواعها وموضوعاتها فلا تستخدم في 40% من مواقع الصحف المبحوثة الالكترونية مما يغيب عنصراً أساسياً من عناصر النشر ومن المعروف في الصحافة الورقية ان هنالك صحفاً تقل فيها الصور وتعتمد على النصوص واخرى تنشر الصور والنصوص بقدر متساوٍ وثالثة تعتمد على الصور كمكون اساسي، والنوع الاول نادر جداً ولايشكل نسبة عالية مثلما في حال صحافة الانترنت وهنالك ارتباط بين حجم الصور المنشورة ونوع الموضوعات، وقد توفرت ادوات معالجة الصور ونقلها واصبحت عنصراً اساسياً في نقل الاخبار وتوضيح الحقائق ولايمكن تصور صحيفة في الانترنت بلا صور، وبين الجدول أن 60% من صحف العينة استخدمت الصورة الصحفية.

وهذا الواقع ينسحب ايضاً على الصور التي تنشر ضمن صفحات الصحف التي تستخدم صيغتي الصورة والوثائق المحمولة، وهي في هذه الحالة لايمكن التصرف فيها من ناحية التصميم والقص واللصق ونقلها والاحتفاظ بها إذ أنها في هذه الحالة تكون جزءاً من النص الثابت وتحتاج الى وقت حتى تظهر على الشاشة وتعرض الصور في بعض الاحيان بتدرجات الالوان المختلفة بحسب الصحيفة وصيغة النشر على الانترنت.

ويظهر الجدول رقم (6-9) ان صحيفتي الجريدة وسودانيل لا تعتمدان كثيراً على الصورة في تغطية الاحداث، بل ان النص هو الغالب ويستعاض عن ذلك بتصميم الموضوعات واستخدام الالوان والعناوين المتحركة وخاصة في الصفحة الاولى من الصحيفتين، حيث بين الجدول نفسه أن 40% من صحف العينة لاتستخدم الصورة.

أما صحف باب واتجاهات وايلاف فهما تكثران من استخدام الصور مع الاحداث وتنفرد ايلاف في تغطية لبعض الاحداث والموضوعات، ويرافق ذلك استخدام الصوت مع الصور، مما يعطي تأثيراً أكبر في القارئ. وكانت نسبة استخدام الصور 60%.

جدول رقم (6-9) يبين استخدام الصحف الالكترونية للصور

نوع الاعلان اسم الصحيفة	تستخدم الصور	النسبة المئوية	لا تستخدم الصور	النسبة المئوية
الجريدة		صفر	*	%20
باب	*	%20		صفر
اتجاهات	*	%20		صفر
ايلاف	*	%20		صفر
سودانيل		صفر	*	%20
المجموع	3	%60	3	%40

تمثل الصحف الالكترونية العربية التي تنشر بطريقة الصورة فقط تلك التي لديها طبعات ورقية، اذ أكدت الدراسات ان بعض الصحف في الشبكة مازال ينشر بطريقة تختلف عن الطرق المستحدثة، وان الموقع الذي ينشر بهذه الصورة هو في المحصلة غير متفاعل Inactive ولكن يمثل استخدام النص النسبة الأكبر بين جميع المواقع الالكترونية بالاعتماد على لغة النص التشعبي، وتفضل بعض الصحف استخدام الطريقتين مثل سودانيل- ايلاف، على الرغم من كونهما لاتملكات طبعة ورقية الا انهما تحاولان طرق جميع الابواب التي تمكن القارئ من قراءة الصحيفة بالشكل الذي يرتضيه، مع ان هنالك معوقات في استخدام طريقة (صورة + نص) لتأخر فتحها وصعوبة تحميلها أو نقلها.

جدول رقم (6-10) يبين طريقة العرض المستخدمة للصفحات من قبل الصحف الالكترونية

اسم الصحيفة	نص فقط	صورة فقط	نص وصورة
الجريدة	*		
باب	*		
اتجاهات	*		
ايلاف			*
سودانيل			*
المجموع	3	صفر	2
النسبة المئوية	%20	صفر	%40

عاشراً: الخدمات الاعلامية الداعمة

نعني بالخدمات الاعلامية الداعمة او المرافقة التي تقدمها الصحف الالكتروية ومن ذلك حالة الطقس، اسعار العملات، مواعيد الرحلات، البريد الالكتروني المجاني، دليل الهاتف، بطاقات التهنئة، محركات البحث.

وتستخدم الصحافة الالكترونية تلك الخدمات المرافقة لضمان قوة الموقع وبالتالي ضمان عدد الزائرين وتوفير كل مايتطلب للقارئ.

ويبين الجدول رقم (10) الخدمات الاعلامية التي توفرها الصحافة الالكترونية.

الخدمات الاعلامية اسم الصحيفة	حالة الطقس	اسعار العملات	محرك البحث	دليل الهاتف	معاجم وقواميس	قوائم بريدية	بطاقة تهنئة	المجموع	النسبة المئوية
الجريدة	*		*		*		*	4	%57.1
باب		*	*	*		*		4	%57.1
اتجاهات	*		*		*			3	%42.9
ايلاف	*	*	*		*		*	5	%71.4
سودانيل	*	*					*	3	%42.9
المجموع	4	3	4	1	3	1	3	19	
النسبة المئوية	%80	%60	%80	%20	%60	%20	%60		

جدول رقم (6-11) يبين الخدمات الاعلامية الداعمة التي توفرها الصحف الالكترونية

حيث ظهر حرص الصحف الالكترونية المبحوثة على توفير الخدمات الاعلامية الداعمة، وتوفر اربعة صحف من خمسة هم (الجريدة، اتجاهات، سودانيل، ايلاف) خدمة حالة الطقس للقراء بنسبة 80%، فيما توفر خدمة اسعار العملات ثلاث صحف بنسبة 60% وهم خدمات حرصت على تقديمها الصحافة الالكترونية منذ بدء نشوئها.

فيما حرصت 80% الصحف الالكترونية على ان يكون لديها محرك بحث خاص بها يمكن القارئ من الوصول الى غايته في بحث أي موضوع في الانترنت، واعتمدت تلك الخدمة على الارتباط بمحركات بحث معروفة مثل Yahoo, Google.

فيما انفردت جريدة باب الالكترونية بتقديمها خدمة دليل الهاتف بنسبة 20%. أما خدمة معاجم وقواميس فقد قدمتها ثلاث صحف من اصل خمسة وهي الجريدة، اتجاهات، ايلاف بنسبة 60%، وهي خدمة معقدة تختصر للقارئ الكثير من الجهد والوقت في استخدام مجموعة من القواميس والمعاجم.

وقد كررت جريدة باب انفرادها بتقديم خدمة قوائم بريدية للقراء من دون الصحف المبحوثة بنسبة 20%، فيما قدمت صحف الجريدة وإيلاف وسودانيل خدمة بطاقات التهنئة بنسبة 60%، والتي تمكن القارئ من اختيار بطاقة مناسبة وارسالها فوراً بواسطة البريد الالكتروني الخاص بالجريدة الى أي قارئ آخر او أي بريد الكتروني آخر.

وبين الجدول نفسه أن صحيفة ايلاف الالكترونية انفردت بتوفير واستخدام معظم انواع الخدمات الاعلامية الداعمة التي تحاول الصحافة الالكترونية توفيرها للقراء وبنسبة 71.4%. فيما كانت نسبة استخدام جريدتي الجريدة وباب للخدمات الاعلامية الداعمة بنسبة 57.1%، أما صحيفتا اتجاهات وسودانيل فقد استخدمتا تلك الخدمات الاعلامية الداعمة بنسبة 42.9%.

الحادي عشر: الارشيف الالكتروني

يعد الارشيف الالكتروني واحداً من العناصر التي تساهم في اغناء الصحيفة الالكترونية ففي بعض الحالات يحتاج القارئ الى الصورة لاعداد سابقة للصحيفة، لذا فأن وجود ارشيف للاعداد السابقة يسهل الحصول على مزيد من المعلومات واسترجاعها.

وان الصحف المبحوثة تتميز بوجود ارشيف للمعلومات السابقة تختلف في العمق الزمني لهذه المعلومات، فبعضها يحتفظ بارشيف كامل للمعلومات التي سبق ان نشرتها الصحيفة منذ انشائها مثل جريدة الجريدة وجريدة باب، فيما تحتفظ بعض الصحف بمعلومات لايزيد عمرها على بضعة اشهر، وكما مبين في جدول (6-12).

جدول رقم (6-12) يبين مدى وجود ارشيف ومدته الزمنية

اسم الصحيفة	استخدام الوسائط المتعددة	ضعف استخدامها
الجريدة	*	منذ تأسيسها
باب	*	منذ تأسيسها
اتجاهات	*	ستة أشهر ماضية
ايلاف	*	شهر واحد فقط
سودانيل	*	شهر واحد فقط

وتورد بعض الصحف مثل، اتجاهات، الاخبار المسترجعة من الارشيف بالترتيب الزمني بوماً فوق يوم، بينما تورد اخرى مثل الجريدة، ايلاف، الاخبار المسترجعة من ارشيفها بدون ترتيب، ولاشك ان الطريقة الاولى هي المثالية ولكن المحصلة ان هناك نسبة 100% من الصحف المبحوثة في الانترنت توفر مادة ارشيفية ستكون اذا مااحسن ارشفتها آلياً أو يدوياً في بناء قواعد معلومات عربية في الشبكة لان الصحافة تنشر كماً كبيراً من المواد يومياً.

الثاني عشر: التفاعلية

يتيح عنصر التفاعلية لقارئ الصحيفة الالكترونية امكانية التحاور المباشر مع مصممي الموقع، ومعرفة آرائه بشكل مباشر مع القائمين على الموقع أو النقاش حول قضايا معينة بين المستخدمين بعضهم بعضاً، مما يعطي امكانية التحكم بالمعلومات، وهذه الخدمة التفاعلية تضيف خدمة اخرى للصحافة الالكترونية عن الورقية.

ان مايميز الصحافة الالكترونية هو التفاعلية التي يمكن ان تحدثها مع القارئ والتواصل بينه وبين الجريدة الالكترونية، ولذلك حرصت جميع الصحف الالكترونية على ان يكون لها وسائل اتصال معلنة يستطيع من خلالها القارئ الاتصال والتواصل مع الصحيفة.

وتوجد اكثر من وسيلة للاتصال تمكن القارئ من التواصل مع صحيفته الالكترونية المفضلة، واكثرها استخداماً البريد الالكتروني حيث يوجد على صدر الصفحات الاولى لجميع الصحف المبحوثة وبنسبة 100%، وقد وضعت ثلاثة صحف هي الجريدة واتجاهات وايلاف عناوين بريدية تمكن القارئ من ارسال مايريده مكتوباً الى الصحيفة وبنسبة 60% وكذلك وضعت ثلاث صحف ارقام هواتفها امام القراء للاتصال بها وهي صحف الجريدة، باب وبنسبة 60%. وكما مبين في جدول رقم (6-13).

جدول رقم (6-13) يبين نوع وسائل الاتصال بالجريدة

اسم الصحيفة	عنوان بريد الكتروني	فاكس	عنوان بريدي	تلفون	المجموع	النسبة المئوية
الجريدة	*		*	*	3	%75
باب	*			*	2	%50
اتجاهات	*		*		2	%50
ايلاف	*		*	*	3	%75
سودانيل	*				1	%25
المجموع	3		3	3	11	
النسبة المئوية	%100	صفر	%60	%60		

وقد أوضح الجدول أن جريدتي الجريدة وإيلاف تستخدمان وسائل الاتصال المختلفة لتمكن القارئ من التواصل مع صحيفته وبنسبة 75%، فيما كانت نسبة وجود وسائل الاتصال في صحيفتي باب واتجاهات بنسبة 50%، فيما كانت نسبة استخدام وسائل الاتصال بين القارئ وصحيفة سودانيل 25%.

ان جميع الصحف الالكترونية المبحوثة توفر خدمات تفاعلية تمكن القارئ من ابداء رأيه بالاحداث، او المشاركة في التعبير عنها أو الاسهام في استطلاعات الرأي التي تواكب عليها صحف مثل: اتجاهات، وايلاف، وباب، والجريدة، وسودانيل وبنسبة 100% حيث يمكن

للقارئ من الاسهام في ابداء رأيه في الاستطلاع ومعرفة النتيجة اولاً بأول وبنسب محدثة آنياً ومعرفة عدد المشاركين في الاستطلاع فوراً.

وان الصحافة الالكترونية تتميز بتوفير خدمة اجراء الاستطلاعات الفورية عبر مواقعها خاصة تجاه عدد من الموضوعات والاحداث المهمة لاستطلاع رأي القراء تجاه تلك الاحداث، وان عدم توفرها لايمثل شرطاً لخصائص الصحافة في الشبكة الا انه يمثل خدمة اضافية لاشتراك القراء في الشأن العام، ومعرفة اتجاهاتهم وارائهم في القضايا واختبار مقروئية الصحيفة وهي منطقة نشطة في الصحيفة مثل ساحة الحوار وساحة التعليق.

وتجري المواقع الصحفية استطلاعات رأي تظهر نتائجها فوراً في العديد من الموضوعات، وتظهر النتائج على شكل رسوم بيانية صعوداً وهبوطاً، أو في شكل ارقام.

وكذلك تنوعت تلك الخدمات الى منتدى حوار، وان اربعة صحف من اصل خمسة لديها منتدى حوار وبنسبة 80%، فيما حرصت جميع الصحف على ان يكون لديها غرفة للمحادثة بين القراء انفسهم وهيئة التحرير تعكس التفاعلية التي تحرص عليها الصحافة الالكترونية وبنسبة 100%.

تتوافر ساحات الحوار في 80% من الصحف الالكترونية، وهي من الادوات التفاعلية في الانترنت ومقياس لمدى جدية الصحيفة وتفاعل الزوار مع مكوناته، وتمثل منطقة الحوار في الموقع منطقة نشطة Active Point مثل ساحة التعليق وادوات استطلاع الرأي وتسمح هذه الميزات للقارئ بأن يكون مشاركاً في العملية الاتصالية في الصحف وغيرها بدلاً من حالته كمراقب في الاعلام التقليدي ومستقبل فقط.

وتتنوع موضوعات الحوار التي تطرحها الصحف للنقاش أو التي يطرحها الضيوف، وعلى سبيل المثال، توفر جريدة ايلاف مجالاً للحوار والدردشة بالنص والصوت يشمل موضوعات الاقتصاد والتجارة والاعمال والبيع والشراء والفنون والادب والشعر الشعبي والمجتمع والاسلام والمرأة والكومبيوتر والانترنت واللغة العربية والتسلية والترفيه التي تشمل الموسيقى والرياضة، ويظل مقهى الحوار مفتوحاً طوال اليوم لزواره الذين يتحدثون مع بعضهم بمستويات مختلفة من مستويات الحوار، وتقدم جريدة باب حواراً مفتوحاً في موضوع محدد يضيف فيه شخصية للحوار تطرح فيه موضوعات مختلفة يشارك الزوار في طرح اسئلتها.

وتوفر اتجاهات منتدى حوار باسم المنتدى يمازج بين غرفة الحوار ومجال التعليق حيث أن مساحة التعليق على الرغم من ميزتها التفاعلية لاتجد كفايتها في الصحف الالكترونية جميعها، فيما شكلت خدمة أدلِ برأيك نسبة 80% لدى أربع صحف هي الجريدة، باب، اتجاهات، سودانيل. وكما مبين في الجدول (6-14).

جدول رقم (6-14) يبين نوع الخدمة التفاعلية التي توفرها الصحف الالكترونية

نوع الخدمة التفاعلية اسم الصحيفة	منتدى الحوار	محادثة	استطلاع رأي	أدل برأيك	المجموع	النسبة المئوية
الجريدة	*	*	*	*	4	100
باب	*	*	*	*	4	100
اتجاهات		*	*	*	3	80
ايلاف	*	*	*	*	3	80
سودانيل	*	*	*	*	4	100
المجموع	4	5	5	4	18	
النسبة المئوية	80	100	100	80		

ويتضح من الجدول نفسه أن ثلاثة صحف من أصل خمسة حرصت على توفير أنواع الخدمات التفاعلية كافة لقراء الصحافة الالكترونية وهي جريدة الجريدة وباب وسودانيل، فيما وفرت صحيفتا اتجاهات وايلاف تلك الخدمات التفاعلية للتواصل مع القراء وكسبهم بنسبة 80%.

الثالث عشر: كادر الصحيفة الالكترونية

من خلال مراسلات الباحث مع المسؤولين عن الصحف الالكترونية تبين لنا ان عدد العاملين في هذه الصحف غير كبير قياساً ببقية الصحف التقليدية المطبوعة.

فمن المعروف ان الصحف الالكترونية يكون كادرها مستقلاً حيث لايشترك المطبوع الالكتروني بأي اصدار ورقي، ولذلك كان من المفروض ان يعمل كادر تحريري وفني كبير في ادارة واستمرارية الصحيفة الالكترونية، ولكن ماظهر ان هذه الصحف التي تحرص على الاستمرارية في الانترنت لاتستخدم كادراً كبيراً لاسباب مالية حيث لاتجني هذه الصحف أية ارباح من التوزيع أو الاعلانات مما يدفع ناشريها إلى تقليص الكادر* . انظر جدول رقم (6-15).

جدول رقم (6-15) يبين اعداد كوادر الصحف الالكترونية

الكادر اسم الصحيفة	عدد الكادر الصحفي	عدد الكادر الفني
الجريدة	4	3
باب	8	5
اتجاهات	6	4
ايلاف	12	6
سودانيل	5	3

ويشير الجدول الى أن جريدة ايلاف تضم أكبر عدد من الكادر الصحفي إذ يبلغ 12 محرراً صحفياً، فيما يضم كادر ايلاف الفني 6 بين مهندس ومصمم.

فيما كان عدد العاملين من المحررين الصحفيين في جريدة باب الالكترونية 6 وعدد الكادر الفني 5، فيما أشار الجدول الى وجود 6 محررين صحفيين ككادر صحفي في جريدة اتجاهات و4 فنيين من الكادر الفني فيها.

أما في جريدة سودانيل فكان عدد الكادر الصحفي 5 فيما كان عدد الكادر الفني في سودانيل 3.

وأخيراً عمل في جريدة الجريدة 4 من الكادر الصحفي و 3 من الكادر الفني.

وإذ نستقرئ من ذلك الجدول قلة عدد الكادر الصحفي والفني في الصحافة الالكترونية فان اختلاف اعدادهم من صحيفة لأخرى ليس له علاقة بطول الصفحة الرئيسة للصحف الالكترونية أو عدد صفحاتها.

الرابع عشر: طرق قياس زوار الموقع

ان قياس عدد القراء في موقع الصحيفة الالكترونية هو احدى العمليات الاساسية لفهم سلوكيات ابحار القراء في بيئة الصحافة الالكترونية، وهنالك اتفاق على نطاق واسع في ان قياس عدد زوار موقع مازال يعد مسألة تحدٍ، لذلك ليس هنالك اتفاق في اجراءات عمل الشبكة حول الطريقة التي تمكن بها معرفة جمهور الصحيفة بشكل دقيق.

وينظر الى ادوات القياس الحالية على انها لاتقود الى شيء دقيق كونها مرنة ومطاطة اكثر مما يجب او ينظر اليها بوصفها ادوات قياس غير متكاملة.

ولكي نحدد كيف يتعامل الناشرون مع هذه المسألة، فقد تم الطلب من الناشرين ذكر العدد التقريبي لزوار الصحيفة يومياً، وطلب منهم تثبيت كيف يحسبون ويتتبعون عدد قراء الصحيفة.

وقد اشارت احصائيات الصحف الالكترونية الى ان صحيفة الجريدة، سودانيل، تستخدم طريقة العد أو الحساب، اما صحف ايلاف واتجاهات وباب، فهما تعتمدان على الخادم ليوفر لهما الاحصائيات اولاً بأول عن زوار الموقع، وعن طريقه يمكن معرفة عدد القراء ويظهر الجدول (6-16) ان جريدة ايلاف تعد من اكثر الصحف الالكترونية اقبالاً من القراء، وتأتي بعدها جريدة باب واتجاهات والجريدة وسودانيل.

جدول رقم (6-16) يبين عدد قراء الصحف يومياً تقريباً

عدد القراء/طريقة الحساب اسم الصحيفة	عدد القراء يومياً	طريقة الحساب*
الجريدة	262040	عد/ حساب
باب	481632	احصائيات عن عدد الضربات من الخادم
اتجاهات	324310	احصائيات عن عدد الضربات من الخادم
ايلاف	935600	احصائيات عن عدد الضربات من الخادم
سودانيل	194320	عد/ حساب

والجدير بالذكر ان القاسم المشترك الذي تحرص عليه المواقع الالكترونية عموماً والصحف الالكترونية خصوصاً هو مدى جاذبية بناء الجريدة الالكترونية كموقع الكتروني يتم الاستفادة من خلاله بالمميزات التي توفرها الشبكة العالمية حيث الالوان وتدرجاتها، واستخدام الحركة سواء في العناوين أو الاعلانات او حتى تغير الصور وغير ذلك، ومن ملاحظة الصحف الالكترونية تبين انها تحرص على ان تكون متناسقة وجذابة ليستطيع القارئ من الانشداد والتفاعل مع الجريدة ويمضي وقتاً اطول في رحابها لقراءة اكبر عدد ممكن من الموضوعات والاخبار، وتصفح الصفحات العديدة التي تحتويها الجريدة حيث تشكل الصحف المتناسقة والجذابة نسبة 80% الى المواقع الاعتيادية التي تشكل نسبة 20% وهو غير ماظهرت به جريدة الجريدة في الاعداد الاولى لصدورها ولكن يظهر للمشاكل والمعوقات الفنية السبب الرئيس في عدم تطور موقع جريدة الجريدة بشكل افضل.

وان الصحف الالكترونية موضوع البحث تنفي أي علاقة لها مع الدولة أو أن تكون لسان حال حزب معين، ومن خلال مقابلة المسؤولين في تلك الصحف اكدوا أنها مستقلة، وهذا مايدفع بها نحو التحرك بحرية اكبر . حيث يقول أن من الخطأ تكرار تجربة الصحافة المطبوعة حيث التقييدات والخطوط ûحسب قول العمير الحمراء عندما تكون الصحيفة لسان حال الدولة او الحزب.

ويقول السيد محمد جبر رئيس تحرير جريدة الجريدة ان الخط العريض المستقل يعطي تحركاً صحفياً واسعاً من دون ان تكون قد حسبت حساب موقف الدولة او الحزب، حيث يمكنك مناقشة جميع القضايا بمهنية عالية وحرية مطلقة.

اما رئيس تحرير جريدة اتجاهات فيقول ان مايميز صحيفتنا ان اصدارها يكون خارج نطاق المحلية، حيث نعد الصحافة الالكترونية صحافة دولية وعالمية نبتعد قدر الامكان من قطاع الدولة او الحزب او ماشاكل ذلك.

2- المضمون:

تطرح الصحافة الالكترونية مضامين مماثلة تقريباً لما ينشر في نظيرتها الورقية لكن الاختلاف في الشكل قاد الى اختلاف حتمي في طريقة طرح المضامين وكذلك في الفنون الصحفية المستخدمة، وامكانيات هذه الوسيلة الاعلامية وقدرتها في التفوق او عدم التفوق أزاء الصحافة الورقية.

وأظهرت نتائج التحليل أن الصحافة الالكترونية تولي للصورة الصحفية اهتماماً يتقدم فيه على غيره من الفنون الصحفية، فقد احتل استخدام الصورة المساحة الابرز بين هذه الفنون، أذ بلغت اعداده 10647 صورة بنسبة 46.8% من مجمل الفنون الصحفية المستخدمة، وهو أمر طبيعي لما تقدمه الصورة من أهمية في التقنيات التكنولوجية التي تستخدمها الصحافة الالكترونية.

ويشير الجدول رقم (6-17) الى أن الخبر جاء في المرتبة الثانية، فبلغ نسبة 21.2% الامر الذي يؤشر مدى أهمية الاخبار في الصحافة الالكترونية بوصفه يمتلك خاصية الآنية والفورية في التغطية الاخبارية للاحداث، وهي ميزة جعلت القراء يتابعون تطور الاحداث أولاً بأول عن طريق الانترنت من خلال المواقع الالكترونية للصحف الالكترونية.

واحتل فن المقابلات الصحفية المرتبة الثالثة حيث بلغت نسبته 16.4% كمؤشر على مكانة هذا الفن الصحفي، وعلى مايقدمه للقراء من متابعات وتفصيلات، خاصة في مجال المقابلات المختلفة.

وتلاه في الأهمية التقرير الصحفي حيث بلغت نسبته 9.9% من مجمل الفنون الصحفية المستخدمة في الصحافة الالكترونية، وتعكس هذه النسبة مدى اهتمام الصحافة الالكترونية بالتقرير الصحفي في التغطية الاخبارية.

أما الاعلانات الالكترونية فقد جاءت نسبته تعكس حجم استخدام الاعلانات في الصحافة الالكترونية كونه نمطاً جديداً على الصحافة، ومواكباً لنشوء الصحافة الالكترونية فقد بلغت نسبته 2.3% من حجم المادة الصحفية واحتل المرتبة السادسة قبل المقابلات الصحفية والتحقيق الصحفي.

اما المقال الصحفي فقد أخذ حيزاً لابأس به من اهتمام الصحافة الالكترونية حيث بلغت نسبة استخدام المقالات الصحفية 1.8% كون هذا الفن الصحفي شارك فيه القراء والصحفيون على حد سواء.

وتشير النتائج الى أن التحقيق الصحفي قد جاء في المرتبة السابعة بنسبة 1.6% من مجمل الفنون الصحفية المستخدمة في الصحافة الالكترونية، وهي نسبة لابأس بها على الرغم من كونها متدنية اذا ماأخذنا بنظر الاعتبار أن نسبة الصور كانت مرتفعة جداً وشكلت 46.8% من الفنون الصحفية المستخدمة.

جدول رقم (6-17) يبين الفنون الصحفية المستخدمة في الصحف الالكترونية (صحف العينة)

الفنون الصحفية	التكرارات	النسبة
1) الصور	10647	46.8
2) الاخبار	4857	21.2
3) المقابلات	3749	16.4
4) التقارير	2267	9.9
5) الاعلانات	527	2.3
6) المقالات	414	1.8
7) التحقيقات	376	1.6
المجموع	22837	%100

أما فيما يتعلق بالصور في كل صحيفة منفردة فقد عادت الصورة الصحفية لتحتل المرتبة الاولى بين الفنون الصحفية في صحيفة (اتجاهات) الالكترونية بنسبة 58.4%، في حين احتل الخبر الصحفي مكانته بنسبة 17.4% تلته المقابلة الصحفية التي جاءت في المرتبة الثالثة بنسبة 13.8% ثم التقرير الصحفي بنسبة 8.7% وتقاسمت الفنون الصحفية والتحقيقات والمقالات) المرتبة الخامسة والسادسة بنسبة 0.9%. أنظر الجدول رقم (6-17).
وجاءت النتائج لجريدة ايلاف الالكترونية مشابهة تقريباً لجريدة اتجاهات حيث استحوذت الصورة الصحفية على المرتبة الاولى بنسبة 63.4% وهي اعلى نسبة لاستخدام الصورة الصحفية في جميع صحف العينة لما تمتاز به صحيفة أيلاف من استخدام متميز للوسائط المتعددة Multimedia، حيث بلغت نسبة استخدام الصورة الى الفنون الصحفية 63.4% ثم جاء استخدام الخبر الصحفي في المرتبة الثانية بنسبة 15.9% وفن المقابلة الصحفية 10.5% ثم التقارير الصحفية بالمرتبة الرابعة بنسبة 7.7% وجاءت المقالات والتحقيقات بالمرتبة الخامسة والسادسة بنسبة 1.4% و1.1% على التوالي.

جدول رقم (6-18) يبين الفنون الصحفية المستخدمة في كل من صحف الدراسة منفردة

الصحف	الجريدة		باب		اتجاهات		ايلاف		سودانيل	
الفنون	التكرارات	النسبة	التكرارات	النسبة	التكرارات	النسبة	التكرارات	النسبة	التكرارات	النسبة
الاخبار	1006	35.7	697	21	960	17.4	1353	15.9	841	38.5
التقارير	336	11.9	218	6.5	484	8.7	641	7.7	588	26.9
الصور	-	-	2043	61.6	3216	58.4	5388	63.4	-	
المقابلات	1321	47	184	5.5	736	13.8	895	10.5	613	28.3
التحقيقات	76	2.6	84	2.9	54	0.9	97	1.1	65	2.9
المقالات	78	2.8	86	2.5	53	0.9	122	1.4	75	3.4
المجموع	2817	%100	3321	%100	5503	%100	8496	%100	2182	%100

أما في صحيفة سودانيل فقد أظهرت النتائج تقدم الخبر الصحفي على الفنون الصحفية من حيث الاستخدام بنسبة 38.5% وهي نتيجة أصبحت طبيعية في ظل انعدام الصورة الصحفية في جريدة سودانيل، وجاءت المقابلة الصحفية بنسبة 28.3% في المرتبة الثانية ثم التقرير الصحفي في المرتبة الثالثة بنسبة 26.9% واحتل فنا المقالة الصحفية والتحقيق الصحفي المرتبة الخامسة والسادسة على التوالي بنسبة 3.4% و2.9%.

في كل صحيفة من صحف الدراسة منفردة، فقد احتلت المقابلات الصحفية وفيما يتعلق بالفنون الصحفية المرتبة الاولى في صحيفة (الجريدة) بنسبة 47%، تلاه استخدام الخبر الصحفي ليحتل المرتبة الثانية بنسبة 35.7% ثم جاءت التقارير الصحفية ثالثاً بنسبة 11.9% فيما احتلت المقالات الصحفية المرتبة الرابعة بنسبة 2.8% ثم التحقيق الصحفي بنسبة 2.6%.

أما صحيفة باب الالكترونية فقد أحتل استخدام الصورة الصحفية المرتبة الاولى لما تضفيه الصورة من مميزات للصحيفة الالكترونية، حيث بلغت نسبة استخدامها 61.6% من مجمل الفنون الصحفية المستخدمة، ثم جاءت الاخبار بالمرتبة الثانية وبنسبة 21% ثم التقارير في المرتبة الثالثة وبنسبة 6.5% والمقابلة الصحفية بالمرتبة الرابعة وبنسبة 5.5% ثم التحقيق الصحفي وبنسبة 28% وأخيراً المقال الصحفي وبنسبة 2.5%.

وقد أوضح الجدول رقم (6-19) أن هنالك تبايناً في استخدام الاعلان في كل صحيفة منفردة فالاعلانات في جريدة ايلاف الالكترونية قد احتلت المرتبة الاولى حيث بلغت نسبة الاعلانات قياساً الى مجموع الاعلانات في صحف العينة 32.5% وهو مؤشر يدل على أن جريدة أيلاف في دورها لاحتراف الاعلان الالكتروني فيما احتلت جريدة اتجاهات المرتبة الثانية وبنسبة مقدارها 27.3% ثم جريدة الجريدة بنسبة 22.4% وأخيراً جريدة باب الالكترونية بنسبة 17.8% فيما لم يكن هنالك مؤشر على ان الاعلان قد وجد له حيزاً في جريدة سودانيل على الرغم من تأكيد السيد طارق الجزولي(15) رئيس تحريرها بأن المستقبل القريب سيشهد الاستعانة بالاعلان الالكتروني كأحد مصادر تمويل جريدة سودانيل.

جدول رقم (6-19) يبين نسب الاعلانات المستخدمة في كل من صحف الدراسة منفردة

اسم الصحيفة	عدد الاعلانات	النسبة	عدد الاعلانات المتحركة	النسبة	عدد الاعلانات المتحركة	النسبة
الجريدة	123	23.3	51	22.4	72	24
باب	96	18.4	40	17.8	56	18.6
اتجاهات	142	26.9	62	27.3	80	26.6
ايلاف	166	31.4	74	32.5	92	30.8
سودانيل	-	-	-		-	
المجموع	527	%100	227	%100	300	%100

أ- مصادر الاخبار:

أوضح الجدول رقم (6-20) اعتماد الصحف الالكترونية على وكالات الانباء العالمية في الحصول على الاخبار والموضوعات الصحفية المختلفة، لتؤكد تفوق وكالات الانباء العالمية على مقدار تدفق المعلومات من الشمال الى الجنوب.

جدول (6-20) يبين مصادر الاخبار المستخدمة في الصحف الالكترونية

الفنون الصحفية	التكرارات	النسبة %
مندوبون ومراسلون	981	20.1
وكالات انباء عالمية	1618	33.3
صحف	708	14.5
وكالة انباء عربية	720	14.8
مصادر غير محدودة	830	17.3
المجموع	4857	%100

فقد بلغ مجموع التكرارات للموضوعات التي عرضتها الصحف من خلال وكالات الانباء العالمية (1618) تكراراً بنسبة (33.3%) تلاها المراسلون والمندوبون بالمرتبة الثانية بمجموع تكرارات بلغ (981) تكراراً ونسبة (20.1%) ثم المصادر غير المحدودة التي بلغت تكراراتها (830) تكرارات بنسبة (17.3%) ثم وكالات الانباء العربية التي أشارت تكرارات موضوعاتها الى (720) تكراراً بنسبة (14.8%) واخيراً شكلت الصحف المصدر الاخير لموضوعات الصحف الالكترونية حيث بلغت تكراراتها (708) تكراراً وبنسبة (14.5%).

ومن ذلك نستنتج ان الصحف الالكترونية تعتمد على ماتبثه وكالات الانباء العالمية بالدرجة الأولى، حيث الصحفية المختلفة من وكالات الانباء العالمية نلمس وبشكل واضح وجود كم هائل من الاخبار والموضوعات التي تبث اخبارها وموضوعاتها بشكل دائم يومياً، وهذا مايفسر اتجاه جريدة ايلاف الالكترونية الى التعاون المباشر في اصدار الجريدة مع وكالتي انباء عالميتين هما (رويتر وأ.ف.ب).

وعلى الرغم من قلة كادر الصحيفة الا أن هنالك اتجاه الى الاعتماد على المراسلين والمندوبين بشكل جيد، مع أن هنالك نسبة كبيرة من المصادر غير المحددة التي تشكل ظاهرة جديدة في الصحافة عموماً حيث يتم نشر الاخبار والموضوعات في مختلف الفنون الصحفية من دون أية اشارة الى مصدرها الحقيقي، وهو مؤشر مهني سلبي ليصبح ظاهرة واضحة في الصحافة عموماً.

يقول عثمان العمير رئيس تحرير جريدة ايلاف الالكترونية أن الصحف العربية والعالمية هي المصدر الرئيس لموضوعاتنا في الوقت الحاضر، ولكن المستقبل سيكون للكادر الخاص بالصحيفة الالكترونية اذا نشدت النجاح الدائم لها(16).

وفيما يتعلق بمصادر الاخبار في كل صحيفة من صحف الدراسة فقد أوضحت النتائج حسب الجدول رقم (6-21) ان جريدة الجريدة تعتمد بالمرتبة الاولى وكالات الانباء العالمية بنسبة 58.3 تأتي بعدها بالمرتبة الثانية المصادر غير المحددة بنسبة 12.7%، وجاءت بالمرتبة الثالثة المندوبون والمراسلون بنسبة 10.4%، تليها الصحف العربية بنسبة 9.6%، واخيراً جاءت وكالات الانباء العربية بنسبة 9%. أما صحيفة باب فقد كان اعتمادها بالمرتبة الاولى على وكالات الانباء العالمية كمصادر لاخبارها بنسبة 26.8%، جاءت بعدها المصادر غير المحددة

لتحتل المرتبة الثانية بنسبة 25.9%، يأتي بعدها المندوبون والمراسلون بالمرتبة الثالثة بنسبة 24.1%، تليها المرتبة الرابعة التي احتلتها وكالات الانباء العربية بنسبة 11.9%، وجاءت الصحف لتحتل المرتبة الخامسة والاخيرة بنسبة 11.3%.

في المرتبة الاولى على وكالات الانباء العالمية أما في صحيفة اتجاهات فقد كانت تعتمد في مصادر اخبارها بنسبة 32.9%، يأتي بعدها المندوبون والمراسلون بنسبة 24.4% لتحتل المرتبة الثانية، وجاءت وكالات الانباء العربية بالمرتبة الثالثة بنسبة 16.1%، واحتلت المصادر غير المحددة المرتبة الرابعة بنسبة 14.3%، واخيراً جاءت الصحف بنسبة 12.3%.

أما في صحيفة سودانيل فقد جاءت وكالات الانباء العالمية بالمرتبة الاولى بنسبة 29.8%، وجاءت المصادر غير المحددة بالمرتبة الثانية بنسبة 26.6% وبعدها تأتي المرتبة الثالثة يحتلها المندوبون والمراسلون بنسبة 18.9% تليها الوكالات العربية بالمرتبة الرابعة بنسبة 13.4%، واخيراً جاءت الصحف بنسبة 11.3%.

أما صحيفة ايلاف فقد كانت الصحف فيها تحتل المرتبة الاولى بنسبة 26.2% وبالمرتبة الثانية يأتي المندوبون والمراسلون بنسبة 23.3%، واحتلت الوكالات العربية المرتبة الثالثة بنسبة 22.5%، وجاءت بعدها الوكالات العالمية بالمرتبة الرابعة بنسبة 17.6% واخيراً جاءت المصادر غير المحددة بنسبة 10.4%. أنظر الجدول رقم (6-21).

جدول رقم (6-21) يبين مصادر الاخبار المستخدمة في كل صحيفة من صحف العينة

الصحيفة / مصادر الاخبار	الجريدة		باب		اتجاهات		سودانيل		ايلاف	
مندوبون ومراسلون	12	10.4	234	24.1	232	24.4	138	18.9	265	23.3
وكالات انباء عالمية	628	58.3	260	26.8	312	32.9	218	29.8	200	17.6
صحف	102	9.6	108	11.3	117	12.3	83	11.3	298	26.2
وكالة انباء عربية	97	9	116	11.9	153	16.1	98	13.4	256	22.5
مصادر غير محدودة	137	12.7	251	25.9	133	14.3	193	26.6	16	10.4
المجموع	1076	%100	969	%100	947	%100	730	%100	1135	%100

ب- الخبر الصحفي:

الخبر الصحفي ركن من أركان الصحافة، وأحد أهم فنون الكتابة الصحفية، التي نالت من البحث والدراسة الشيء الكثير، وهو بمثابة العمود الفقري للوسائل الاعلامية كافة، وقد تحددت تعاريفه وعناصره، وقيمه الاخبارية، باختلاف المدارس الصحفية، كما تنوعت طرق كتابته الى أن اصبحت صناعة قائمة بذاتها. وكان لتكنولوجيا الاتصال دور كبير، في نقل الاخبار بسرعة مذهلة، واصبح بمقدور القارئ اليوم، قراءة الاخبار من خلال الصحيفة الالكترونية التي تعمل بحسب الطلب ولاتكتفي بنشرات محددة الزمان والمكان.

وأظهرت النتائج المتعلقة بالتوزيع الجغرافي للاخبار في الصحف الالكترونية عينة الدراسة أن الاخبار العربية قد احتلت المرتبة الاولى بالتوزيع الجغرافي وبتكرار (1881) أخبار وبنسبة 38.7%، فيما احتلت الاخبار المحلية المرتبة الثانية وبتكرار (1508) اخبار وبنسبة (31.3%) فيما جاءت الاخبار الدولية بالمرتبة الثالثة بتكرار (1468) اخبار وبنسبة (30.2%).

وعلى الرغم من احتلال الاخبار العربية المرتبة الاولى في الاخبار التي تنشرها الصحافة الالكترونية، الا أن ذلك لايعني الا تأكيد المسؤولين على الصحف الالكترونية الهوية العربية للصحيفة على الانترنت بوصفها وسيلة اعلامية عالمية، وهو مايفسر اتجاه بعض الصحف الى الاغراق في نشر الاخبار المحلية والعربية بشكل اكبر من الاخبار العالمية.

جدول رقم (6-22) يبين التوزيع الجغرافي للاخبار في الصحف الالكترونية

التوزيع الجغرافي	التكرارات	النسبة ٪
أخبار محلية	1508	31.1
أخبار عربية	1881	38.7
أخبار دولية	1468	30.2
المجموع	4857	%100

وأظهرت نتائج التحليل أن صحف الجريدة وسودانيل اعطت للاخبار المحلية الحجم الاكبر في مجال نشر الاخبار، فيما احتلت الاخبار العربية المرتبة الاولى في صحيفتي باب واتجاهات، فيما احتلت الاخبار العالمية والدولية المرتبة الاولى في اهتمام نشر اخبار جريدة ايلاف.

جدول رقم (6-23) يبين جغرافية الاخبار في كل صحيفة منفردة

الصحف	الجريدة		باب		اتجاهات		ايلاف		سودانيل		المجموع
الفنون	التكرار	النسبة	التكرار	النسبة	التكرار	النسبة	التكرار	النسبة	التكرار	النسبة	
شؤون محلية	552	54.8	193	27.6	216	22.5	124	9.2	423	50.3	1508
شؤون عربية	338	33.5	320	45.9	418	43.51	586	43.3	219	26.1	1881
شؤون دولية	116	11.7	184	26.5	326	34	643	47.5	199	23.6	1468
المجموع	1006		697		960		1353		841		4857

ويتبين من نتائج الجدول رقم (6-23) الذي يوضح جغرافية الاخبار في كل صحيفة من صحف العينة، ان الشؤون المحلية في جريدة الجريدة تحتل المرتبة الاولى بنسبة 54.8%، أما الشؤون العربية فقد احتلت المرتبة الثانية بنسبة 33.5%، واخيراً جاءت الشؤون الدولية بنسبة 11.7%.

أما في صحيفة باب فقد احتلت الشؤون العربية المرتبة الاولى ضمن جغرافية الاخبار بنسبة 45.9%، وتأتي بعدها الشؤون المحلية بالمرتبة الثانية بنسبة 27.6%، وأخيراً جاءت الشؤون الدولية بنسبة 26.5%.

وفي صحيفة اتجاهات احتلت الشؤون العربية المرتبة الاولى بنسبة 43.5%، وجاءت الشؤون الدولية بالمرتبة الثانية بنسبة 34%، واخيراً احتلت الشؤون المحلية نسبة 22.5% من جغرافية الاخبار.

أما في صحيفة ايلاف فقد جاءت الشؤون الدولية بالمرتبة الاولى بنسبة 47.5%، واحتلت الشؤون العربية المرتبة الثانية بنسبة 43.3%، واخيراً جاءت الشؤون المحلية بنسبة 9.2%.

أما صحيفة سودانيل فقد احتلت الشؤون المحلية المرتبة الاولى بنسبة 50.3%، واحتلت الشؤون العربية المرتبة الثانية بنسبة 26.1%، واخيراً احتلت الشؤون الدولية نسبة 23.6%.

جـ- المقابلة الصحفية:

تعددت الاسماء التي اطلقها الباحثون على هذا النوع من الفنون الصحفية، فمنهم من أسماه (الحديث) ومنهم من اطلق عليه تسمية (المقابلة) وآخرون أشاروا الى (الاستجواب)، ومهما يكن من أمر فان جميع هذه التسميات تصب في قالب واحد يعتمد الحوار طريقاً اساسياً للوصول الى المعلومات والآراء.

واحتلت المقابلة الصحفية مرتبة متقدمة بين الانماط الصحفية في الصحافة الالكترونية، حيث تتبوأ المرتبة الصحفية بعد الصور والاخبار، وتوزعت المقابلة الصحفية على أنواع رئيسة ثلاثة هي المقابلة الثالثة في الفنون الاخبارية، ومقابلة الرأي، ومقابلة الشخصية.

ومن الجدول رقم (6-24) تبين ان الصحف الالكترونية المبحوثة تعتمد ثلاثة أنواع من المقابلة بشكل أساسي، فتأتي المقابلة الاخبارية بالمرتبة الاولى بنسبة 42.9% من اهتمام هذه الصحف.

اما المقابلة الرأي فتحتل المرتبة الثانية بنسبة 32.3% واخيراً تأتي المقابلة الشخصية بنسبة 24.8%.

جدول (6-24) يبين أنواع المقابلات الصحفية في الصحافة الالكترونية

نوع المقابلة الصحفية	التكرارات	النسبة
اخبارية	1612	42.9
رأي	1207	32.3
شخصية	93	24.8
المجموع	3749	%100

أما فيما يتعلق بأنواع المقابلات الثلاثة في كل صحيفة الكترونية من الصحف المبحوثة فقد تبين من الجدول رقم (6-25). ان جريدة الجريدة تركز بالمرتبة الاولى على المقابلة الاخبارية بنسبة 46.4%، وتأتي بالمرتبة الثانية مقابلة الرأي بنسبة 29.1%، واخيراً جاءت المقابلة الشخصية بنسبة 24.5%.

أما جريدة باب فقد احتلت مقابلة الرأي المرتبة الاولى فيها بنسبة 48.5%، وبالمرتبة الثانية جاءت المقابلة الاخبارية بنسبة 39.3%، واخيراً احتلت المقابلة الشخصية نسبة 12.2%.

وفي صحيفة اتجاهات، كانت المرتبة الاولى للمقابلة الاخبارية بنسبة 41.5%، والمرتبة الثانية احتلتها المقابلة الشخصية بنسبة 32.8%، واخيراً جاءت مقابلة الرأي بنسبة 25.7%.

وفي صحيفة ايلاف الالكترونية احتلت المقابلة الاخبارية المرتبة الاولى بنسبة 50.1%، وجاءت المقابلة الشخصية بالمرتبة الثانية بنسبة 27.6%، واخيراً جاءت مقابلة الرأي بنسبة 22.3%.

وأخيراً في صحيفة سودانيل احتلت مقابلة الرأي المرتبة الاولى بنسبة 37.6%، تلتها المقابلة الاخبارية بالمرتبة الثانية بنسبة 36%، واخيراً جاءت المقابلة الشخصية بنسبة 26.4%.

جدول رقم (6-25) يبين أنواع المقابلات الصحفية في كل صحيفة

الصحيفة	الجريدة		باب		اتجاهات		ايلاف		سودانيل	
نوع المقابلة	التكرار	النسبة	التكرار	النسبة	التكرار	النسبة	التكرار	النسبة	التكرار	النسبة
اخبارية	361	46.4	287	39.3	321	41.5	406	50.1	233	233
رأي	226	29.1	354	48.5	198	25.7	181	22.3	248	248
شخصية	190	24.5	89	12.2	253	32.8	224	27.6	174	174
المجموع	777	%100	730	%100	772	%100	811	%100	659	659

جدول رقم (6-26) يبين موضوعات المقابلة في الصحافة الالكترونية

موضوعات المقابلة	التكرارات	النسبة %
1- سياسية	840	22.4
2- اقتصادية	372	9.9
3- ثقافية	415	11.3
4- اجتماعية	580	15.4
5- رياضية	478	12.7
6- دينية	450	12
7- شؤون خدمية	614	16.3
المجموع	3749	%100

من الجدول رقم (6-26) الذي يبين موضوعات المقابلة في الصحافة الالكترونية تبين ان الموضوعات السياسية تحتل المرتبة الاولى بين موضوعات المقابلة بنسبة 22.4%، وجاءت بعدها موضوعات الشؤون الخدمية بالمرتبة الثانية بنسبة 16.3%، واحتلت الموضوعات الاجتماعية المرتبة الثالثة بنسبة 15.4%، أما الموضوعات الرياضية فقد احتلت المرتبة الرابعة بنسبة 12.7%، تلتها الموضوعات الدينية بالمرتبة الخامسة بنسبة 12%، وفي المرتبة السادسة جاءت الموضوعات الثقافية بنسبة 11.3%، واخيراً احتلت الموضوعات الاقتصادية نسبة 9.9%.

جدول رقم (6-27) يوضح موضوعات المقابلة الصحفية في كل صحيفة منفردة

الصحيفة	الجريدة		باب		اتجاهات		ايلاف		سودانيل	
موضوعات المقابلة	التكرارات	النسبة	التكرارات	النسبة	التكرارات	النسبة	التكرارات	النسبة	التكرارات	النسبة
سياسي	176	22.6	98	13.4	198	25.6	223.	27.4	145	22.2
اقتصادي	84	10.8	96	13.3	72	9.3	82	10.4	38	5.8
ثقافي	93	12	70	9.6	118	15.5	64	7.9	70	10.6
اجتماعي	122	15.7	130	17.8	94	12.1	144	17.7	90	13.6
رياضي	92	11.8	130	17.8	110	14.2	61	7.5	85	12.8
ديني	53	6.8	101	13.8	86	11.2	94	11.5	116	17.6
شؤون خدمة	175	20.3	105	14.3	94	12.1	143	17.6	115	17.4
المجموع	777	%100	730	%100	772	%100	811	%100	659	%100

أما بالنسبة لموضوعات المقابلة الصحفية في كل صحيفة الكترونية بصورة منفردة فقد أظهر الجدول رقم (6-27) ان صحيفة الجريدة ركزت بالمرتبة الاولى على الموضوعات السياسية بنسبة 22.6%، وجاءت موضوعات الشؤون الخدمية بالمرتبة الثانية بنسبة 20.3%، واحتلت الموضوعات الاجتماعية المرتبة الثالثة بنسبة 15.7%، اما الموضوعات الثقافية فقد احتلت نسبة 12% وبذلك تكون في المرتبة الرابعة، واحتلت المرتبة الخامسة الموضوعات الرياضية، بنسبة 11.8%، تلتها الموضوعات الاقتصادية بالمرتبة السادسة بنسبة 10.8%، واخيراً جاءت الموضوعات الدينية بنسبة 6.8%.

أما في صحيفة باب فقد احتلت الموضوعات الاجتماعية والرياضية المرتبة الاولى بنسبة 17.8% لكل منهما، بينما جاءت موضوعات الشؤون الخدمية بالمرتبة الثانية بنسبة 14.3%، واحتلت الموضوعات الدينية المرتبة الثالثة بنسبة 13.8%، تلتها الموضوعات السياسية بالمرتبة الرابعة بنسبة 13.4%، جاءت بعدها الموضوعات الاقتصادية بفرق قليل بالمرتبة الخامسة بنسبة 13.3%، واخيراً جاءت الموضوعات الثقافية بنسبة 9.6%.

وفي صحيفة اتجاهات احتلت الموضوعات السياسية المرتبة الاولى بنسبة 5.62% تلتها بالمرتبة الثانية الموضوعات الثقافية بنسبة 15.5%، واحتلت الموضوعات الرياضية المرتبة الثالثة بنسبة 14.2%، جاءت بعدها الموضوعات الاجتماعية والشؤون الخدمية لتكون بالمرتبة الرابعة بنسبة 12.1% لكل منهما، وبالمرتبة الخامسة جاءت الموضوعات الدينية بنسبة 11.2%، واخيراً احتلت الموضوعات الاقتصادية نسبة 9.3%.

وفي صحيفة ايلاف كانت الموضوعات السياسية تحتل المرتبة الاولى بنسبة 27.4%، تلتها الموضوعات الاجتماعية بالمرتبة الثانية بنسبة 17.7% واحتلت الموضوعات الشؤون الخدمية المرتبة الثالثة بنسبة 17.6% وبالمرتبة الرابعة جاءت الموضوعات الدينية بنسبة 11.5%، واحتلت الموضوعات الاقتصادية المرتبة الخامسة بنسبة 10.4%، وجاءت الموضوعات الثقافية بالمرتبة السادسة بنسبة 7.9%، وأخيراً جاءت الموضوعات الرياضية بنسبة 7.5%.

واخيراً في صحيفة سودانيل احتلت الموضوعات السياسية المرتبة الاولى بنسبة 22.2%، وجاءت الموضوعات الدينية بالمرتبة الثانية بنسبة 17.6% واحتلت الموضوعات الشؤون الخدمية المرتبة الثالثة بنسبة 17.4%، وتلتها الموضوعات الاجتماعية بالمرتبة الرابعة بنسبة 13.6%،

وجاءت الموضوعات الرياضية بالمرتبة الخامسة بنسبة 12.8%، وبالمرتبة السادسة الموضوعات الثقافية بنسبة 10.6%، واخيراً جاءت الموضوعات الاقتصادية بنسبة 5.8%.

ج- التقرير الصحفي:

أصبح التقرير الصحفي وأصول اعداده بوابة الدخول الى فنون الصحافة الاخرى كما يقول بعض الباحثين في الدراسات الصحفية كونه خبراً موسعاً تسرد فيه التفاصيل وتورد فيه المعلومات التي لم يتسع لها الخبر، وقد تم تقسيم التقرير الصحفي الى أنواع عديدة منها التقارير الاخبارية والتقارير المصورة والتقارير الشاملة(17).

من بيانات الجدول رقم (6-28) نلاحظ ان الصحف الالكترونية العينة تستخدم نوعين من التقارير الصحفية وهي الاخبارية وتقارير الرأي، فكان التقرير الاخباري يحتل المرتبة الاولى في تلك الصحف بنسبة 57.6%، وجاء التقرير الرأي بالمرتبة الثانية بنسبة 42.4%.

جدول رقم (6-28) يبين أنواع التقرير الصحفي المستخدم في الصحافة الالكترونية

نوع التقرير الصحفي	التكرارات	النسبة%
تقرير اخباري	1306	57.6
تقرير رأي	961	42.4
المجموع	2267	%100

أما فيما يتعلق بأنواع التقرير في كل صحيفة الكترونية فقد تبين من الجدول رقم (6-29) أنه في صحيفة الجريدة جاء التقرير الاخباري ليحتل المرتبة الاولى بنسبة 55.6%، يأتي بعده التقرير الرأي بنسبة 44.4%. أما في صحيفة باب فقد جاء تقرير الرأي ليحتل المرتبة الاولى بنسبة 52.1% وجاء في المرتبة الثانية التقرير الاخباري بنسبة 47.9%.

وفي صحيفة اتجاهات احتل التقرير الاخباري المرتبة الاولى بنسبة 60.5% وجاء تقرير الرأي بالمرتبة الثانية بنسبة 39.5%.

أما في صحيفة سودانيل فقد جاء التقرير الاخباري المرتبة الاولى بنسبة 54.3%، واحتل تقرير الرأي المرتبة الثانية بنسبة 7.54%.

اما في صحيفة ايلاف فقد كان التقرير الاخباري يحتل المرتبة الاولى بنسبة 64%، وجاء تقرير الرأي بالمرتبة الثانية بنسبة 36%.

جدول رقم (6-29) يبين انواع التقرير الصحفي في كل صحيفة

الصحيفة	الجريدة		باب		اتجاهات		ايلاف		سودانيل	
نوع التقرير	التكرارات	النسبة	التكرارات	النسبة	التكرارات	النسبة	التكرارات	النسبة	التكرارات	النسبة
تقرير اخباري	280	55.6	174	47.9	309	60.5	155	54.3	388	64
تقرير رأي	223	44.4	189	52.1	201	39.5	130	45.7	218	36
المجموع	507	100%	363	100%	510	100%	285	100%	606	100%

نلاحظ من جدول رقم (6-30) ان الشؤون الدولية احتلت المرتبة الاولى في جغرافية التقرير الصحفي بنسبة 56.6%، أما الشؤون العربية فجاءت في المرتبة الثانية بنسبة 43.4%.

جدول رقم (6-30) يبين جغرافية التقرير الصحفي

جغرافية التقرير	التكرارات	النسبة%
شؤون عربية	1306	57.6
شؤون دولية	961	42.4
المجموع	2267	100%

الدراسة التطبيقية

د- المقال الصحفي:

يتصف المقال بعدد من الخصائص والصفات التي أسهمت في نجاحه وزيادة فعاليته وتأثيره على القراء، بحيث تبوأ مكانة في الصحافة حتى وصل الى مرحلة لايمكن فيها الاستغناء عنه بأي نوع من الفنون الصحفية الاخرى، الامر الذي يؤكد ان صحافة الرأي والمقال لن تنتهي على الرغم مما يقوله البعض أن صحافة المستقبل هي صحافة المعلومات الاخبارية فقط(18).

جدول رقم (6-13) يبين انواع المقالات المستخدمة في الصحف الالكترونية ضمن العينة، فقد احتل العمود الصحفي المرتبة الاولى بنسبة 57.6%، وجاء المقال المنوع ليحتل المرتبة الثانية بنسبة 25.8%، واخيراً احتل المقال التحليلي نسبة 16.6%.

جدول رقم (6-31) يبين انواع المقالات في الصحف الالكترونية

انواع المقال	التكرارات	النسبة%
العمود الصحفي	238	57.6
المقال التحليلي	69	16.6
المقال المنوع	107	25.8
المجموع	414	%100

جدول رقم (6-32) يبين انواع المقال في كل صحيفة

الصحيفة	الجريدة		باب		اتجاهات		ايلاف		سودانيل	
نوع المقال	التكرارات	النسبة	التكرارات	النسبة	التكرارات	النسبة	التكرارات	النسبة	التكرارات	النسبة
العمود الصحفي	42	66.6	56	48.6	47	61.8	28	53.8	65	60.1
المقال التحليلي	13	20.6	22	19.3	7	9.3	11	21.2	16	14.8
المقال المنوع	8	12.8	37	32.1	22	28.9	13	25	27	25.1
المجموع	63	%100	115	%100	76	%100	52	%100	108	%100

أما فيما يتعلق بأنواع المقال الصحفي في كل صحيفة الكترونية منفردة فقد وضح الجدول رقم (6-32) حيث تبين ان صحيفة الجريدة تعتمد على العمود الصحفي بالمرتبة الاولى بنسبة 66.6%، يأتي بعده المقال التحليلي بالمرتبة الثانية بنسبة 20.6%، واخيراً يحتل المقال المنوع نسبة 12.8%.

أما في صحيفة باب فقد احتل العمود الصحفي المرتبة الاولى بنسبة 48.6% جاء بعده المقال المنوع بالمرتبة الثانية بنسبة 32.1%، واخيراً جاء المقال التحليلي بنسبة 19.3%.

أما في صحيفة اتجاهات في المرتبة الاولى جاء العمود الصحفي بنسبة 61.8%، يليه المقال المنوع بالمرتبة الثانية بنسبة 28.9%، واخيراً احتل المقال التحليلي نسبة 9.3%.

وفي صحيفة سودانيل احتل العمود الصحفي المرتبة الاولى بنسبة 53.8%، اما المقال المنوع فقد احتل المرتبة الثانية بنسبة 25%، واخيراً جاء المقال التحليلي 21.2%.

أما في صحيفة ايلاف فقد جاء العمود الصحفي بالمرتبة الاولى بنسبة 60.1% يليه المقال المنوع بالمرتبة الثانية بنسبة 25.1%، واخيراً جاء المقال التحليلي بنسبة 14.8%.

جدول رقم (6-33) يبين جغرافية المقال الصحفي في الصحافة الالكترونية

جغرافية المقال	التكرارات	النسبة%
شؤون محلية	97	23.3
شؤون عربية	204	49.2
شؤون دولية	113	27.5
المجموع	414	%100

من بيانات الجدول رقم (6-33) تبين ان الشؤون العربية تحتل المرتبة الاولى بنسبة 49.2% ضمن جغرافية المقال الصحفي في الصحافة الالكترونية، وجاءت الشؤون الدولية لتحتل المرتبة الثانية بنسبة 27.5%، واخيراً احتلت الشؤون المحلية نسبة 23.3% من جغرافية المقال الصحفي.

أما جغرافية المقال في كل صحيفة الكترونية ضمن صحف العينة فقد جاء جدول رقم (6-34) ليبين ان الشؤون العربية في صحيفة الجريدة احتلت المرتبة الاولى بنسبة 52%، وجاءت الشؤون المحلية بالمرتبة الثانية بنسبة 30.2، واخيراً جاءت الشؤون الدولية بنسبة 17.8%.

وفي صحيفة باب احتلت الشؤون العربية المرتبة الاولى بنسبة 42.9% من جغرافية المقال، تأتي بعدها الشؤون المحلية بالمرتبة الثانية بنسبة 29.7%، واخيراً جاءت الشؤون الدولية بنسبة 27.4%.

أما في صحيفة اتجاهات جاءت الشؤون العربية لتحتل المرتبة الاولى بنسبة 53.1%، وبعدها احتلت الشؤون الدولية المرتبة الثانية بنسبة 30.5%، واخيراً تأتي الشؤون المحلية بنسبة 16.4%.

أما صحيفة سودانيل فقد احتلت الشؤون العربية فيها المرتبة الاولى بنسبة 35.8% من جغرافية المقال، وجاءت الشؤون المحلية بالمرتبة الثانية بنسبة 40.4%، واخيراً جاءت الشؤون الدولية بنسبة 23.8%.

وفي صحيفة ايلاف احتلت الشؤون العربية المرتبة الاولى بنسبة 58.6%، وجاءت الشؤون الدولية بالمرتبة الثانية بنسبة 33.8%، واخيراً احتلت الشؤون المحلية نسبة 7.6%.

جدول رقم (6-34) يبين جغرافية المقال في كل صحيفة

سودانيل		ايلاف		اتجاهات		باب		الجريدة		الصحيفة
النسبة	التكرارات	النسبة	التكرارات	النسبة	التكرارات	النسبة	التكرارات	النسبة	التكرارات	جغرافية المقال
7.6	8	40.4	27	16.4	13	29.7	27	30.2	22	شؤون محلية
58.6	61	35.8	27	53.1	42	42.9	39	52	38	شؤون عربية
33.8	35	23.8	16	30.5	24	27.4	25	17.8	13	شؤون دولية
100%	104	100%	67	100%	79	100%	90	100%	73	المجموع

هـ- التحقيق الصحفي:

يعد التحقيق الصحفي أحد أهم الفنون الصحفية الذي أولته وتوليه الصحافة أهمية بالغة، لكونه من أحدث فنونها الذي من شأنه تمييز هذه الصحيفة عن غيرها من الصحف الاخرى، ويستمد التحقيق الصحفي اهميته في انه لايكتفي بالاعلام عن القضايا التي يتناولها، بل يدرسها ويحللها ويفسرها، للمساعدة في الوصول الى حلول واستنتاجات واضحة ومحددة.

جدول رقم (6-35) يبين التوزيع الجغرافي في لفن التحقيق الصحفي في الصحافة الالكترونية

التوزيع الجغرافي للتحقيق الصحفي	التكرارات	النسبة ٪
شؤون عربية	182	48.4
شؤون دولية	194	51.6
المجموع	376	%100

من الجدول رقم (6-35) تبين ان التوزيع الجغرافي لفن التحقيق الصحفي في الصحافة الالكترونية يتضمن الشؤون العربية والشؤون الدولية وكالآتي: تحتل الشؤون الدولية النسبة الاعلى فكانت نسبها 51.6%، تأتي بعدها الشؤون العربية بنسبة 48.4%.

جدول رقم (6-36) يبين جغرافية التحقيق في كل صحيفة

الصحيفة	الجريدة		باب		اتجاهات		ايلاف		سودانيل	
جغرافية التحقيق	التكرارات	النسبة	التكرارات	النسبة	التكرارات	النسبة	التكرارات	النسبة	التكرارات	النسبة
شؤون عربية	56	73.6	30	32.7	21	38.8	41	63.1	34	35.1
شؤون دولية	20	26.4	54	64.3	33	61.2	24	36.9	63	64.9
المجموع	76	%100	84	%100	54	%100	65	%100	97	%100

أما فيما يتعلق بجغرافية التحقيق لكل صحيفة الكترونية ضمن صحف العينة وكما موضح في الجدول رقم (6-36)، تبين ان صحيفة الجريدة تركز على الشؤون العربية في تحقيقاتها فجاءت في المرتبة الاولى بنسبة 73.6%، وجاءت الشؤون الدولية بالمرتبة الثانية بنسبة 26.4%.

أما في صحيفة باب فقد احتلت الشؤون الدولية المرتبة الاولى بنسبة 64.3%، وتأتي الشؤون العربية بالمرتبة الثانية بنسبة 32.7%.

وفي صحيفة اتجاهات كانت الشؤون الدولية تحتل المرتبة الاولى بنسبة 61.2%، وجاءت الشؤون العربية بالمرتبة الثانية بنسبة 38.8%.

أما في صحيفة سودانيل فقد احتلت الشؤون العربية المرتبة الاولى بنسبة 63.1%، وجاءت الشؤون الدولية بالمرتبة الثانية بنسبة 36.9%.

أما صحيفة ايلاف فقد جاءت الشؤون الدولية بالمرتبة الاولى بنسبة 64.9%، وتأتي بعدها الشؤون العربية بنسبة 35.1%.

جدول رقم (6-37) يبين انواع التحقيق الصحفي في جميع الصحف الالكترونية

انواع التحقيق الصحفي	التكرارات	النسبة%
تحقيق موضوعي	119	31.6
تحقيق تفسيري	80	21.2
تحقيق تحري	91	24.4
تحقيق مصور	86	22.8
المجموع	376	%100

يوضح الجدول رقم (6-37) أنواع التحقق الصحفي في جميع الصحف الالكترونية ضمن العينة فتبين أن التحقيق الموضوعي يحتل المرتبة الاولى باهتمام الصحف الالكترونية بنسبة 31.6%.

واحتل تحقيق التحري المرتبة الثانية بنسبة 24.4%، اما التحقيق المصور فقد جاء بالمرتبة الثالثة بنسبة 22.8%، واخيراً احتل التحقيق التفسيري نسبة 21.2%.

يتبين من جدول رقم (6-38) ان تركيز الصحف الالكترونية على أنواع التحقيقات الصحفية في كل صحيفة الكترونية ضمن العينة يكون كالآتي:

في صحيفة الجريدة كان تحقيق التحري يحتل المرتبة الاولى بنسبة 32.8% واحتل التحقيق الموضوعي المرتبة الثانية بنسبة 28.9%، جاء التحقيق التفسيري بالمرتبة الثالثة بنسبة 23.6%، واخيراً جاء التحقيق المصور بنسبة 14.7%.

أما في صحيفة باب فقد جاء التحقيق الموضوعي فيها بالمرتبة الاولى بنسبة 33.3%، واحتل التحقيق المصور المرتبة الثانية بنسبة 28.7%، وجاء تحقيق التحري بالمرتبة الثالثة بنسبة 21.4%، واخيراً جاء التحقيق التفسيري بنسبة 16.6%.

وفي صحيفة اتجاهات كان التحقيق المصور يحتل المرتبة الاولى بنسبة 42.5%، واحتل المرتبة الثانية تحقيق التحري بنسبة 31.4%، يأتي بعده التحقيق الموضوعي بالمرتبة الثالثة بنسبة 14.8%، واخيراً جاء التحقيق التفسيري بنسبة 11.3%.

أما في صحيفة سودانيل فقد احتل التحقيق الموضوعي المرتبة الاولى بنسبة 35.3%، وجاء التحقيق التفسيري بالمرتبة الثانية بنسبة 27.6%، يليه التحقيق المصور بالمرتبة الثالثة بنسبة 24.6%، واخيراً جاء تحقيق التحري بنسبة 12.5%.

وفي صحيفة ايلاف كان التحقيق الموضوعي يحتل المرتبة الاولى بنسبة 39.3% يأتي بعده بالمرتبة الثانية التحقيق التفسيري بنسبة 24.7%، وجاء تحقيق التحري بالمرتبة الثالثة بنسبة 23.7%، وأخيراً كان التحقيق المصور بنسبة 12.3%.

جدول رقم (6-38) يبين انواع التحقيق الصحفي في كل صحيفة

الصحيفة	الجريدة		باب		اتجاهات		ايلاف		سودانيل	
موضوعات التحقيق	التكرارات	النسبة	التكرارات	النسبة	التكرارات	النسبة	التكرارات	النسبة	التكرارات	النسبة
موضوعي	22	28.9	28	33.3	8	14.8	23	23	38	39.3
تفسيري	18	23.6	14	16.6	6	11.3	18	18	24	24.7
تحري	25	32.8	18	21.4	17	31.4	8	8	23	23.7
مصور	11	14.7	24	28.7	23	42.5	16	16	12	12.3
المجموع	76	%100	84	%100	54	%100	65	65	97	%100

النتائج والتوصيات

بحث هذ الكتاب في تطور التقنيات وتأثيرها على وسائل الاعلام بشكل عام والصحافة بشكل خاص، والوقوف على واقع التقنيات الحديثة في الوطن العربي مقارنة بما يحدث في العالم، وتعمق في بحث الصحافة الالكترونية في الوطن العربي وتأصيل مفهوم الصحافة الالكترونية، وتحديد سماتها وخصائصها والوقوف على نشأة الصحافة الالكترونية في العالم والوطن العربي وعلاقتها مع الصحافة المطبوعة واساليب تحريرها الفنية واستكشاف مقروئية الصحف الالكترونية من خلال الوسيط الجديد.

واستندت الدراسة الميدانية على الاساس النظري:

اولاً: نتائج البحث النظري

1- أتاح التطور التقني في اساليب الاتصال فرصة جمع وتخزين واسترجاع وتجهيز ونشر ونقل حجم هائل من المعلومات والبيانات على نطاق واسع من الدقة والسرعة وبما اتاح الاتصال باتجاهين.

2- ان تقنيات الاتصال الجديدة لاتلغي وسائل الاتصال القديمة، ولكنها تطورها وتغيرها بشكل كبير مما أثر على اساليب التحرير والاخراج والانتاج بشكل عام.

3- أوجدت الثورة المعلوماتية والتقنية جمهوراً جديداً متميزاً يعتمد على الانترنت وشبكات نقل المعلومات الالكترونية في تلقي فيض هائل من المعلومات الذي أصبح متاحاً للجميع، وبالتالي سارعت الصحافة العصرية الى استقطاب هذا الجمهور الجديد عن طريق اضافة شبكة المعلومات الى وسائلها التقليدية.

4 - أن مفهوم الصحافة الالكترونية لم يكن محلاً للافتراق بشكل حاد بشأن حدوده ومتغيراته إذ نظر اليه الباحثون بطرق مختلفة تتفق في مواضع وتختلف في اخرى بوصفه مفهوماً حديثاً أوجدته تقنيات الاتصال والمعلومات وانتشار استخدام الانترنت كوسيط اعلامي.

5- لايعني تحول الصحافة الالكترونية مجرد استبدال المطبوعة المقروءة على صفحات جرائد ومجلات الى مادة الكترونية، ويتم التعامل معها في اطار شاشة بل إن المسألة

تتجاوز ذلك بكثير حيث مست التحولات اطراف العملية الاتصالية الصحفية كافة لتشمل الوسيلة والرسالة والمرسل والمستقبل والتغذية المرتدة بل ونمط التسويق أيضاً.

6- ان الصحافة الالكترونية ظهرت وتطورت كنتاج لشبكة الانترنت التي تقف رمزاً واضحاً لثورة المعلومات التي يشهدها العالم في الوقت الراهن.

7- ان الاندماج بين الصحافة الالكترونية والصحافة المطبوعة سيزداد لاسباب اقتصادية كون دور النشر العالمية تتجه الى تنويع نشاطاتها الاعلامية، وذلك بدخول مجالات الراديو والتلفاز والمطبوعات المتخصصة واستغلال أمثل للانترنت.

8- أتاحت الصحافة الالكترونية الفرصة للتعامل مع جمهور القراء كجمهور متنوع وغير متجانس حيث يمكنها ارضاء مستويات مختلفة من اهتمامات الجمهور بقدر تنوع جمهور الصحيفة ذاته.

9- هناك جهود عربية تبذل لتحسين البنية الاساسية في مجال الاتصالات وتوسيعها، وتحسين خدمات الانترنت، وتوسيع مجالات التدريب، وتحسين مستوى التعامل مع اللغة العربية في الشبكة لتوسيع قاعدة استخدام الانترنت في الوطن العربي.

10- يزداد عدد الصحف اليومية العربية على شبكة الانترنت يوماً بعد يوم، وبذلك يتسع النطاق اللغوي لمفهوم الصحافة الالكترونية مع العلم أن مفهوم الصحافة الالكترونية لم يتم استيعابه بعد بالقدر الكافي من قبل الناشرين العرب.

11- تطورت التقنيات التي تستخدمها الصحف العربية على الانترنت واصبحت مواقع الصحف الالكترونية تتضمن مواقع للدردشة والبحث والتوثيق وخدمات البحث عن وظائف والحوار مع القراء فضلاً عن الصور والمخططات والرسوم المتحركة والخرائط.

ثانياً: نتائج الدراسة التطبيقية

1- تتواجد الصحف الالكترونية في اغلب المواقع العربية بشكل عام على الانترنت، وتحاول ان توجد لها موطئ قدم فعلياً في محركات البحث والادلة والمواقع المعروفة مثل صحاف الاستراتيجية وغيرها.

2- الصحف الالكترونية العربية لاتجني نفعاً من خلال النشر في الانترنت حيث كانت نسبة استخدام الاعلان الالكتروني ضعيفة مما أثر على جانب تمويل الصحيفة، لينعكس ذلك على عدد الصحف الالكترونية العربية في الانترنت.

3- تحرص الصحافة الالكترونية على تحديث اخبارها آنياً لتواكب الحدث أينما يقع لتحاول منافسة الفضائيات التلفزيونية لكسب القراء الذي يزورون موقعها بما يحقق لها استمرارية التواجد المؤثر على الساحة الاعلامية.

4- تبين أن جميع الصحف الالكترونية تقدم خدمات اعلامية للقراء من محركات بحث واستخدام الوسائط المتعددة كالصوت والصورة المتحركة فضلاً عن الخدمات الاعلامية الداعمة مثل حالة الطقس واسعار العملات ودليل الكشف والمعالجة والقواميس وغيرها.

5- تحرص الصحافة الالكترونية على تقدم خدمات تفاعلية لتوثيق علاقتها مع القراء، وليكون تفاعل القراء مباشراً من خلال منتدى الحوار، محادثة، استطلاعات الرأي وغيرها.

6- ان الصحافة الالكترونية تولي الصورة الصحفية اهتماماً يتقدم على غيره من الفنون الصحفية، وكذلك شكل الخبر الصحفي اولوية في الفنون الصحفية المستخدمة في الصحافة الالكترونية لتستغل احدى ميزات الانترنت في تقديم الخبر الآني للقراء ولتكون احد الاسس الرئيسية لتوفر كم هائل من المعلومات بين يدي القراء.

7- تبين أن هنالك تبايناً في استخدام الاعلان الالكتروني في الصحف الالكترونية بشكل غير فعال حيث تستخدم الصحف الالكترونية الاعلان التجاري والاعلان الخدمي.

8- تبين أن الصحف الالكترونية تعتمد على وكالات الانباء العالمية بشكل رئيسي وبنسبة 33.3% في الحصول على الاخبار والموضوعات الصحفية المختلفة تلاها المراسلون والمندوبون كمصدر رئيسي لاخبار وموضوعات الصحافة الالكترونية.

9- اتضح ان الصحافة الالكترونية تولي نشر الاخبار العربية والمحلية المراتب الاولى في اولوية اهتمامها لتؤكد هوية الصحيفة في فضاء عالمي.

10- تستخدم الصحافة الالكترونية أنواع من المقابلة الصحفية بشكل أساسي لتأتي المقابلة الاخبارية في المرتبة الاولى ومن ثم مقابلة الرأي والمقابلة الشخصية.

11- تهتم الصحافة الالكترونية بالموضوعات السياسية أثناء اجراء المقابلات الصحفية ثم موضوعات الشؤون الخدمية.

12- الصحافة الالكترونية تستخدم نوعين من التقارير الصحفية وهي الاخبارية وتقارير الرأي واحتل التقرير الاخباري فيها المرتبة الاولى وبنسبة 57.5%.

13- احتل العمود الصحفي المرتبة الاولى في انواع المقالات المستخدمة في الصحافة الالكترونية وبنسبة 57.6% تلاه المقال المنوع ثم المقال التحليلي.

14- تهتم الصحافة الالكترونية بنشر التحقيقات الصحفية التي تتناول الشؤون الدولية بالمرتبة الاولى وبنسبة 51.6% ثم الشؤون العربية، فيما احتل التحقيق الموضوعي المرتبة الاولى ضمن انواع التحقيقات الصحفية ثم تحقيق التحري والمصور والتحقيق التفسيري على التوالي.

التوصيات:

من جملة النتائج المختلفة التي توضح خصائص الصحافة العربية في الانترنت ومدى استفادتها من تطبيقات النشر الالكتروني في الشبكة يمكن ان نوصي بالآتي:

1) ان الصحافة العربية في الإنترنت لايمكن أن تنشأ وان تتطور بمعزل عن حزمة من المؤثرات والتطورات في البنى التحتية للاتصالات والكومبيوتر عربياً. ولذلك فانه يجب أن تتطور هذه البنى بما يسمح بإنشاء صحافة إنترنت عربية تتماشى مع خصائص وتقاليد هذا النوع من النشر الصحافي.

2) ان الصحافة العربية في الإنترنت لايمكن أن تنشأ بدون هدف، وبدون جذور، وبدون فهم لطبيعة النشر الصحافي في الشبكة، فلابد من التخطيط لانشاء الصحيفة بشكل متكامل تتضح من خلاله اهداف الصحيفة وغايتها.

3) أنه مع تقدير دوافع القائمين على أمر الصحافة العربية في الإنترنت بأن وجود صحافتهم حالياً هو من اجل الوجود أولاً في الشبكة فلابد من اعتبار أن هذه مرحلة انتقالية لبناء صحافة إنترنت حقيقية.

4) أن تكون فكرة إنشاء صحيفة الإنترنت العربية بعيدة من عقلية النشر الورقي، بل يجب أن تكون لها استقلاليتها في الجهاز التحريري والفني إن كانت تتبع لمؤسسة صحافية ذات اسم أو هي نشأت في بيئة الإنترنت.

5) ان الصحف التي بادرت بإنشاء مواقع لها وهي تقوم بتجديد مادتها بعد مرور يوم كامل أن تنشئ قسماً خاصاً ينشر الأخبار الجارية إلى أن تتحول الى صحيفة إنترنت تتمتع بميزة التحديث المستمر لمادتها وارشفة معلوماتها والميزات التفاعلية وبناء جسر متصل بالقراء.

6) إن صحيفة الانترنت العربية في تقديري هي التي تتميز بالآتي:

بالقدرة على تحديث مادتها ومعلوماتها باستمرار.

وهي الصحيفة المدعومة بارشيف الكتروني خاص.

وهي القادرة على إيراد المعلومات ذات الصلة بالمواد المنشورة.

وهي القادرة على إيراد المواقع ذات الصلة بالمواد المنشورة.

وهي القادرة على الاستفادة من الميزات التفاعلية من ساحات للحوار وغيرها.

وهي القادرة على استخدام إبلاغ مادتها بالوسائل التي تتميز بها الإنترنت من وسائط متعددة وصور متجددة وايضاحيات بما يفيد النشر ولايضر بالمحتوى.

هي التي لايجد قارئها صعوبة في التجول بين صفحاتها والحصول على مايرغب من معلومات.

7) لقد أدخل العرب الإنترنت واستخدموها بعد أن قطعت شوطاً في الحياة العامة في منشئها وقد تأسس التعامل معها عربياً بسرعة وبدون تدرج طويل المدى مثلما حدث في الولايات المتحدة مثلاً وادى ذلك الى استعجال الوجود الصحافي العربي في الانترنت بأي شكل كان، لذلك لابد من التقاط الأنفاس ومراجعة الخطوات والبدء في مراجعة مستوى التواجد ومشكلات النشر الالكتروني العربي في أوجهه المختلفة.

8) يتوجب نقل وتوطين التكنولوجيات الخاصة بالانترنت والنشر الالكتروني بما يلبي

الاحتياجات والملائمة مع الظروف وإلا تكون الفكرة الأساسية هي مجرد استيراد للتكنولوجيا بل يجب النظر في مدى الاستفادة منها بما يخدم النشر الالكتروني وصحافة الانترنت. وهذا يتطلب إدراكاً بعمق الفارق بين جهة تنتج المعلومات وجهة تستهلكها.

9) يتوجب بأن تكون عملية التحديث التكنولوجي في العالم العربي متصلة ومستمرة باحلال التكنولوجيات المتخلفة بالمتقدمة اولاً بأول حتى لايحدث فراغ تكنولوجي.

10) يجب الاستفادة من تجارب الدول التي تشبه ظروفها ظروف الدول العربية التي استفادت من التطورات المتسارعة في هذا المجال.

11) يجب الإسراع نحو اتفاق عربي لمعيار موحد للحروف العربية تتراضى عليه الجهات العربية الحكومية والخاصة والمنظمات العربية المشتركة.

12) أن تهتم كليات الاعلام بتدريس النشر الالكتروني وصحافة الانترنت بما يسهم في اعداد صحافيين قادرين على التعامل مع هذه الصحافة الناشئة.

13) أن يحدث تشجيع مستمر لعمليات النشر الالكتروني للمعلومات العربية بالوسائط المتعددة ونشر الموسوعات والكتب الجامعية والمدرسية والمحاضرات الجامعية وغيرها.

14) يجب الاستفادة من ميزات الانترنت ومايمكن أن يقدمه هذا الفضاء الواسع من خلال زيادة عدد الصحف الالكترونية النخبة بما يؤمن إيصال الرسالة الاتصالية الى كل مكان وفي اسرع وقت واقل كلفة.

الهوامش

(1) مود اصطفان هاشم، منهجية ومقاييس تقييم الموقع على الشبكة العالمية (ويب)، الجامعة اللبنانية، بيروت، 2001، ص435.

(2) المصدر السابق، ص 401.

(3) حسناء محجوب، دراسة تحليلية لمواقع الناشرين العرب على شبكة الانترنت، قسم علوم المكتبات والمعلومات، مكتبة كلية الاداب، الجامعة الامريكية، بيروت، 2002، ص393.

(4) مود اصطفان هاشم، مصدر سابق، ص 412.

(5) غريك برانهام، الصفحات الالكترونية على مواقع الانترنت، مطابع المعارف الحرة، تونس، 2003، ص206.

(6) تم اعتماد مجموعة المقاييس لمعرفة خصائص الصحافة الالكترونية من خلال وضع اختيار بعض هذه المقاييس وعرضها على مجموعة خبراء للاتفاق عليها في العراق وخارج العراق.

أ.د. هادي الهيتي، د. عباس مصطفى، أ.د. مظفر مندوب، أ.د. حسن النجار، أ.م.د. عبد الرزاق النعاس، أ.د. لقاء مكي شفيق، أ.م.د. علي حسين طوينه.

(7) هناك مجموعة كبيرة من المواقع العربية على الانترنت التي توفر استضافة لمواقع عديدة ومنها الصحف والمواقع الالكترونية ولايمكن اعطاء رقم محدد لهذه المواضع لانها بازدياد متسع وتم اختيار أفضل هذه المواقع من خلال متابعة الباحث ورصده للاستبيانات والمسوحات المعروضة في الانترنت والتي تؤكد بأن هناك أفضل عشرة مواقع عربية في الانترنت تستضيف مواقع البوابات والصحف الالكترونية.

(8) أشارت أجوبة رؤساء تحرير الصحف الالكترونية المبحوثة بأن عائدات الاعلانات هي قليلة أو معدومة لعدم استخدام الاعلان الالكتروني بشكل واسع بما يضع موارد الاعلان في الوقت الحاضر خارج عوامل تمويل الصحيفة.

(9) محمد عارف، مصدر سابق، ص 11.

(10) أسامة شريف، مصدر سابق، ص 26.

(11) نجوى عبد السلام فهمي، مصدر سابق، ص 212.

(12) مقابلة مع رئيس تحرير جريدة سودانيل السيد طارق الجزولي عبر البريد الالكتروني بتاريخ 2003/8/12.

* الايقونة: عبارة عن رمز تصويري او صورة على شاشة يمثل في قائمة مصورة يتم هذا الاختيار بالضغط بواسطة الفأرة.

(13) متابعة الباحث لموقع الجريدة

www.aljareeda.com.

(14) متابعة الباحث لموقع جريدة ايلاف

www.elaph.com

* ظهر ذلك من خلال اجابات رؤساء التحرير من خلال الرسائل البريدية عبر البريد الالكترونية، فيما يخص الكادر.

* احصائيات الصحف الالكترونية.

* عثمان العمير: ناشر ومؤسس ورئيس تحرير جريدة ايلاف.

(15) مقابلة الباحث مع السيد طارق الجزولي رئيس تحرير جريدة سودانيل بتاريخ 2003/8/2.

(16) مقابلة أجريت عبر البريد الالكتروني بتاريخ 2002/9/2.

(17) أنظر:

1- محمود أدهم، الاسس الفنية للتحرير الصحفي العام، ص162.

2- فاروق أبو زيد، فن الكتابة الصحفية، ص142.

3- عبد اللطيف حمزة، المدخل في فن التحرير الصحفي، ص298.

(18) تحرير نبيل الشريف، التحري الصحفي، (عمان: مركز الافق الاعلامي، 1996)، ص11.

المصادر

أولاً: الكتب العربية

1. اسامة الخولي، القرارات التكنولوجية وأثرها في وسائل الاعلام، (الاسكندرية: دار النهضة العربية، 2000).

2. اسامة الشريف، الصحيفة الالكترونية والصحيفة المطبوعة، (بحوث الندوة العلمية للمؤتمر التاسع لاتحاد الصحفيين العرب)، عمان: دار الكتب المصرية، 2000.

3. السيد بخيت، الصحافة والانترنت، (القاهرة: العربي للنشر والتوزيع، 2000).

4. الطيب الجويلي، البث الاعلامي عن طريق الاقمار الصناعية، (بيروت: دار الميسرة للصحافة والنشر، 1991).

5. انشراح الشال، الاعلام الدولي عبر الاقمار الصناعية دراسة الشبكات الالكترونية، (القاهرة: دار الفكر العربي، 2002).

6. بهاء شاهين، شبكة الانترنت، ط2، (القاهرة: دار العربي، 1996).

7. جابر المطلك، الاعلام والمعلوماتية الثقافية، مجلة دراسات اعلامية، (الكويت: دار الكتاب الحديث، 2000).

8. جان جبران كرم، الاعلام العربي الى القرن الواحد والعشرين، (بيروت: دار الجيل، 1999).

9. حسن الساعاتي، معجم العلوم الاجتماعية تصدير ومراجعة د. ابراهيم مذكور، (اليونسكو، الهيئة المصرية العامة للكتاب، 1975).

10. حسن عماد مكاوي، تكنولوجيا الاتصال الحديثة في عصر المعلومات، (القاهرة: الدار المصرية اللبنانية، 1993.

11. حسين ابو شنب، الاعلام الفلسطيني، (عمان: دار الجليل للنشر والدراسات والابحاث الفلسطينية، 1998).

12. حقي ابراهيم الشطي، النشر الالكتروني، حضارة الحاسوب والانترنت.

13. رأفت رضوان، تكنولوجيا المعلومات والصحافة الحديثة في القرن 21، (بيروت: دار الشرق للنشر والتوزيع، 2002).

14. سعد الغريب، الصحيفة الالكترونية والورقية، دراسة مقارنة في المفهوم والسمات الأساسية، (القاهرة: دار الكتاب العربي، 2000).

15. سعيد محمود، الحاسب الالي وتكنولوجيا صناعة الصحف، (القاهرة: دار الفجر للنشر والتوزيع، 1997).
16. سمير محمود، الحاسب الآلي وتكنولوجيا صناعة الصحف، (القاهرة: دار الفجر للنشر والتوزيع، 1997).
17. شريف درويش اللبان، تكنولوجيا الطباعة والنشر الالكتروني، ثورة الصحافة في القرن القادم، (القاهرة: العربي للنشر والتوزيع، 1999).
18. صابر فلحوط، العولمة والتبادل الاعلامي الدولي، (دمشق: منشورات دار علاء الدين، 2000).
19. صالح خليل أبو أصبع، تحديات الاعلام العربي، دراسة في الاعلام، (عمان: دار الشروق للنشر والتوزيع، 1999).
20. صلاح الدين حافظ، تكنولوجيا الاتصال وحرية الصحافة والفكر، (تونس: المنظمة العربية للتربية والثقافة والعلوم، 1991).
21. عبد الحي زلوم، نذر العولمة، (بيروت: المؤسسة العربية للدراسات والنشر، 2000).
22. عبد الستار جواد، فن كتابة الاخبار، عرض شامل للقوالب الصحفية واساليب التحرير الحديثة، (عمان: دار مجدلاوي، 1999).
23. عبد المجيد شكر تكنولوجيا الاتصال، الجديد في انتاج البرامج، (القاهرة: دار الفكر العربي، 1996).
24. عبد الملك ردمان ألدناني، الوظيفة الاعلامية لشبكة الانترنت، (القاهرة: دار الفجر للنشر والتوزيع، 2003).
25. علاء عبد الرزاق السالمي، تكنولوجيا المعلومات، (عمان: دار المنهاج للنشر والتوزيع، 2000).
26. عواطف عبد الرحمن، الاعلام المعاصر وقضايا العولمة، (القاهرة: العربي للنشر والتوزيع، 1999).
27. عيسى العسافين، المعلومات وصناعة النشر، (عمان: دار مجدلاوي للنشر والتوزيع، 2001).
28. فاروق أبو زيد، مدخل الى عالم الصحافة، (القاهرة: عالم الكتب، 1986).
29. فاروق أبو زيد، مقدمة في علم الصحافة، (القاهرة: مركز جامعة القاهرة للتعليم المفتوح، 1999).
30. فاروق حسين، الانترنت، الشبكة الدولية للمعلومات، (بيروت: دار الراتب الجامعية، 1997).

31. فيكي عبد الستار، الالفية الثالثة، عصر المنجزات من ثورة غونتبرغ الى غزو الانترنت، (بيروت: دار الصياد انترناشيونال، 2000).

32. مجد الهاشمي، الاعلام الدولي والصحافة عبر الاقمار الصناعية، (عمان: دار المناهج للنشر والتوزيع، 2001).

33. مجد الهاشمي، الاعلام الكوني وتكنولوجيا المستقبل، (عمان: دار المستقبل للنشر والتوزيع، 2001).

34. محمد سعد ابراهيم، الصحافة والانترنت، تكنولوجيا الاتصال الواقع والمستقبل، المؤتمر العلمي الخامس لكلية الاعلام، جامعة القاهرة، 1999.

35. محمد عارف، الانترنت وعولمة الاعلام العربي، (مجلس التعاون الخليجي، الكويت، 2002).

36. محمد عارف، تأثير تكنولوجيا الفضاء والكومبيوتر على اجهزة الاعلام العربية، سلسلة محاضرات عن مركز الامارات للدراسات والبحوث الاستراتيجية، 1997.

37. محمد عبيدات وآخرون، منهجية البحث العلمي، ط2، (عمان: دار وائل للنشر والتوزيع، 1999).

38. محمد مهدي طلبة، الانترنت والطريق السريع للمعلومات، (القاهرة: مطابع المكتب المصري الحديثة، 1996).

39. محمد نور فرحات، مستقبل الصحافة في ظل ثورة المعلومات والتكنولوجيا، القاهرة من مطبوعات الاتحاد العام للصحفيين العرب في المؤتمر العام التاسع، تشرين الاول 2000.

40. محمود السيد، الصحيفة المعلوماتية والاعلامية وآثارها، بحث مقدم لندوة الدولة وتحديات العولمة، (دمشق: مركز الدراسات والبحوث الاستراتيجية، 2001).

41. محمود خليل، الصحافة الالكترونية، اسس بناء الانظمة التطبيقية في التحرير الصحفي، (القاهرة: العربي للنشر والتوزيع، 1997).

42. محمود علم الدين ومحمد تيمور عبد الحسيب، الحاسبات الكترونية وتكنولوجيا الاتصال، (القاهرة: دار الشروق، 1997).

43. محمود علم الدين، تكنولوجيا المعلومات وصناعة الاتصال الجماهيري، (القاهرة: العربي للنشر والتوزيع، 1990).

ثانياً: الكتب المترجمة

1. أي. آر. بوكتان، الآلة قوة وسلطة التكنولوجيا والانسان منذ القرن السابع عشر حتى الوقت الحاضر، ترجمة: شوقي جلال، (الكويت: سلسلة عالم المعرفة، 2000).

2. ملفينال دليفر وساندرا بول روكيش، نظريات وسائل الاعلام، ترجمة: كمال عبد الرؤوف، (القاهرة: الدار الدولية للنشر والتوزيع، ط2، 1999).
3. الفين توفلر، حضارة الموجة الثالثة، ترجمة: عصام الشيخ قاسم، (بنغازي: الدار الجماهيرية للنشر والتوزيع والاعلان، 1990).
4. ميتسشيو كاكو، رؤى مستقبلية، كيف سيفيد العلم حياتنا في القرن الواحد والعشرين، ترجمة: سعد الدين خرفان، (الكويت: سلسلة عالم المعرفة، المجلس الوطني للثقافة والفنون والآداب، 2001).
5. بوب غايلز، الصحافة في عصر شبكة الانترنت، (جامعة مشيغان: مؤسسة تيسمان للصحافة، 2000).
6. ستيفن اينزلابير وآخرون، لعبة وسائط الاعلام، السياسة الامريكية في عصر التلفزيون، ترجمة: د. شحدة فارع، مراجعة: فاروق منصور، (عمان: دار البشير للتوزيع والاعلام، 1998).
7. روبرت وجاك بلاك، القواعد الاخلاقية لوسائل الاعلام الالكترونية، مجلة كولومبيا جورناليزم ريفيو، ع7، س9، ايلول 2001.
8. انجيلو اغويستني، ثورة الانترنت، آيار 2001.
9. ولتر ريستون، افول السيادة، كيف تحول ثورة المعلومات عالمنا، (عمان: دار النسر للنشر والتوزيع، 1992).
10. الفين توفلر، تحول السلطة، ترجمة: حافظ الحيالي، (دمشق: منشورات اتحاد الكتاب العرب، ط2، 1991).
11. انتوني ديبونز وآخرون، علم المعلومات والتكامل المعرفي، (القاهرة: دار القباء للطباعة والنشر والتوزيع، 2000).
12. جون ماكدينز، احتكار الاعلام وتدفق المعلومات، ترجمة: ميشيل طوني، (بيروت: دار المسار للطباعة والنشر، 2001).
13. بيل غيتس، المعلوماتية مابعد الانترنت، ترجمة: عبد السلام رضوان، (الكويت: المجلس الوطني للثقافة والفنون والآداب، 8919).
14. فريدريك فينيو، الصحيفة الالكترونية سلاح الاعلام المكتوب في ثورة الاتصالات، جريدة النهار البيروتية في 1998/10/20.
15. جون ماكسويل، جورج أ. كريمسكي، صناعة الخبر في كواليس الصحف الامريكية، ترجمة: احمد محمود، (القاهرة: دار الشرق، 2000).

16. جيرالد بيتهام، الاعلان الالكتروني، المجلة الالكترونية في وزارة الخارجية الامريكية، آيار، 2001).

17. مايكل كنيدي، الكتابة في فضاء الانترنت، (دبي: الملتقى العربي لصحافة تقنية المعلومات، 2003).

18. بيتر دايسون، الف باء الانترنت، ترجمة: مركز التعريب والترجمة، (بيروت: الدار العربية للعلوم، 1998).

19. رينشر جاروسلوفسكي، المعايير المهنية للانترنت، موقع جريدة الجزيرة، 2001/8/12.

20. روبرت ستيل وجاك بلاك، القواعد الاخلاقية لوسائل الاعلام الالكترونية، (نيويورك: الجمعية الامريكية لمحرري الصحف، 1998).

21. مايكل جولدن، استراتيجيات الاعلام الحديث، (زيورخ: المؤتمر العالمي للصحف، 2003).

22. جان شليفر، الصحافة في الولايات المتحدة الأمريكية اليوم، (واشنطن: مركز الصحافة المواطنية، 2003).

23. ميلفن مينتشر، الاخبار في الصحافة والاذاعة والتلفزيون، (دمشق: المكتبة الاعلامية، 1992).

24. اولريكا ويس، عادات القراءة الالكترونية، (زيورخ: المؤتمر العالمي للصحافة، 2004).

25. فيليب تايلور، قصف العقول، ترجمة: سامي خشبة، (الكويت: منشورات اتحاد الكتاب العرب، 1991).

26. باولو ارميني، الانترنت أداة للتعليم، معهد بحوث الأمم المتحدة للتطور الاجتماعي، 2001.

ثالثاً: الأطاريح

1. سهام المؤمن، الوظيفة التفاعلية للانترنت، رسالة ماجستير غير منشورة، بيروت، الجامعة الامريكية، كلية الاعلام والاتصال، 2001.

2. عائشة عبد الله، التفاعل الاتصالي بين الجمهور والصحافة، رسالة ماجستير غير منشورة، جامعة القاهرة، كلية الاعلام، قسم الصحافة، 1994.

3. عبد الحكيم طارش، استخدامات الانترنت في وسائل الاعلام، رسالة ماجستير غير منشورة، جامعة بغداد، كلية الاعلام، 2002.

4. فايز عبد الله الشهري، تجربة الصحافة العربية على شبكة الانترنت، اطروحة دكتوراه منشورة على موقع فايزنت على الانترنت، المملكة المتحدة، جامعة شيفيلد، كلية الصحافة، 1999.

رابعاً: الانترنت

1. احمد ابو الهيجاء، واقع المعلوماتية في الوطن العربي، بحث منشور على الانترنت، مقدم للمؤتمر الخامس لتقنيات المعلومات في 16 شباط 2002.

2. الياس هرمز، كيف تؤسس موقعاً على الانترنت، موقع اسلام اون لاين.

3. حازم احمد حسين، المعلوماتية والعولمة رؤية من الجنوب، موقع أسلام اون لاين ، 2001/10/13.

4. سعود صالح، هل الصحافة الالكترونية في طريقها الى الانقراض موقع Google، بحث (صحافة الكترونية).

5. شاكر لعيبي، تهافت اللغة على شبكة الانترنت، موقع الاستراتيجية، 2002/5/18.

6. طارق كمال، الانترنت واستخدامه في الصحف المصرية، بحث منشور على شبكة الانترنت على موقع Google بتاريخ 2001/8/12.

7. وجدي الواصل، الصحافة الالكترونية، وليد مؤثر، موقع اسلام اون لاين.

خامساً: الدوريات

المجلات:

1. احسان محمود العساف، الصحافة الالكترونية الوليدة، المجلة المصرية لبحوث الاعلام، العدد 15، نيسان 2002.

2. احمد علي البلوشي، الصحافة المكتوبة في عصر الوسائط المتعددة، بحث منشور على الانترنت لمؤسسة الامارات للاعلام.

3. ادمون غريب، الاعلام الامريكي والعرب، مجلة المستقبل العربي، العدد 260، 2001.

4. اسامة الشريف، رئيس تحرير الشبكة العربية، اربيا اون لاين، بحث مقدم (الندوة العلمية عن مستقبل الصحافة العربية، اتحاد الصحفيين العرب (القاهرة، مطابع الاهرام، 2001).

5. اسامة عبد الرحيم علي، العلاقة بين فنون الكتاب الصحفية العمليات الادراكية لدى جمهور قراء الصحف الالكترونية، (جامعة القاهرة: كلية الاعلام، المجلة المصرية لبحوث الرأي العام)، المجلد الثالث، العدد الثاني، ايار، 2003.

6. الاخضر ايرروج، طريق النشر الالكتروني، بناء المجتمع الرقمي، مجلة آفاق الثقافة والتراث، السنة العاشرة، العدد 38، دبي: قسم الدراسات بمركز جمعة الماجد للثقافة

المصادر والمراجع

والتراث، نيسان 2002.

7. السيد بخيت، الاستخدامات المتخصصة للانترنت، المجلة المصرية للبحوث والاعلام، العدد التاسع، أيلول 2000.

8. المنصف وناس، العولمة الاعلامية والمجتمع العربي، مجلة الاذاعات العربية، العدد الرابع، 1998.

9. الميسر رضوان، المعلوماتية وآليات الاستيعاب، مجلة النبأ، العدد 53، كانون الثاني 2001.

10. انور بيضون، نظم المعلومات في ظل تقنية المعلومات، بحث منشور للنادي العربي للانترنت في ندوة أخلاق مجتمع المعلومات، عمان، 2002.

11. بسيوني ابراهيم حمادة، حركة الاعلام الالكتروني الدولي وسيادة الدولة المحلية المصرية لبحوث الاعلام، العدد 2، 2000.

12. جار اللـه الحافظ، الاعلام والمعلوماتية الثقافية، مجلة دراسات اعلامية، العدد الثالث، الكويت، دار الكتاب الحديث، 2000.

13. جبار محمود، الاعلام وآفاق تحديث وسائله التكنولوجية، مجلة النبأ، عدد 50، تشرين الاول 2000.

14. جمال الراشد، دور الخدمات الالكترونية في تطور الاعلام، جامعة القاهرة، كلية الاعلام، المجلة المصرية لبحوث الاعلام، العدد التاسع، ايلول 2003.

15. جميل رزم مسلم، الانترنت وسيلة أعلامية، المجلة العربية 3000، العدد 13، السنة الثانية، 2001، دمشق: النادي العربي للمعلومات، 2001.

16. حسين حسن، آفاق النشر الالكتروني، موقع Google بتاريخ 2003/3/2.

17. حمزة بيت المال وآخرون، الأعلام والكومبيوتر، مجلة الدراسات الاعلامية، العدد 61، ايلول 1990.

18. رامي اكرم شريم، الاعلام والانترنت، مجلة الاذاعات العربية، العدد الاول، 2001.

19. سامي طايع، استخدامات شبكة الانترنت في الحملات الدعائية، مجلة تلفزيون الخليج، العدد 57، السنة 18، ايلول 1999.

20. سامي طايع، استخدام شبكة المعلومات في الحملات الدعائية، مجلة تلفزيون الخليج، العدد 17، للسنة 18، ايلول 1998.

21. سعد لبيب، حرية الصحافة الالكترونية في ظل ثورة تكنولوجيا الاتصال، مجلة متابعات اعلامية، العدد 43، 1994.

22. سعود صالح، الصحافة العربية في الانترنت، المجلة العربية 3000، العدد 36، 1998.

23. سعود صالح، تجربة الصحافة في فضاء الانترنت، مجلة العربي، الكويت، العدد الثالث، آيار، 2002.
24. سلوى محمد يحيى العوادلي، التسويق الالكتروني، جامعة القاهرة، كلية الاعلام، المجلة المصرية لبحوث الاعلام، العدد 17، ايلول 2002.
25. سليمان صالح، مستقبل الصحافة المطبوعة في ضوء تكنولوجيا الاتصال، جامعة القاهرة، كلية الاعلام، المجلة المصرية لبحوث الاعلام، العدد 13، أيلول 2001.
26. شريف اللبان، الاتجاهات العالمية الحديثة في استخدامات الوسائل الالكترونية في الاخراج الصحفي، المجلة المصرية لبحوث الاعلام، العدد 7، تموز 2000.
27. شريف درويش اللبان، التطور التكنولوجي وأثره في الارتقاء بالفنون الصحفية الحديثة، الكويت: المجلس الوطني للثقافة والفنون والاداب، مجلة عالم الفكر، المجلد السادس والعشرون، العدد الثاني، ايلول 2001.
28. عارف رشاد، شبكات الاتصال في الدول العربية، مجلة عالم الكومبيوتر، العدد 88، نيسان 1995.
29. عدنان احسان، الانترنت والتلفزيون والثورة المعلوماتية، مجلة تلفزيون الخليج، السنة 21، العدد 87، 1999.
30. عصام سليمان موسى، ثورة وسائل الاتصال وانعكاساتها على مراحل تطور الاعلام، المجلة المصرية لبحوث الاعلام، العدد 27، آيار 0002.
31. فيصل الياس، صحافة العالم ومقروئية الصحف، السعودية، مجلة الانترنت والمجتمع، العدد 7، 2002.
32. لقاء مكي، الصحافة الالكترونية، دراسة في الافاق والاسس، بحث غير منشور، كلية الاعلام، جامعة بغداد، 2000.
33. لقاء مكي، تكنولوجيا الاتصال وظاهرة العولمة، التطور من اجل الهيمنة، بحث غير منشور، كلية الاعلام، جامعة بغداد، 2001.
34. محمد الجلال، اضواء على الصحافة الالكترونية، التجربة العربية، بحث منشور على موقع BBC العربي بتاريخ 2002/2/9.
35. محمد العوضي، تصميم المواقع في الصحافة الالكترونية، (الكويت، مجلة دراسات اعلامية)، العدد 16، 2002.
36. محمد خير الدين الخطيب، الفجوة الرقمية والتسابق للحاق بركب المعلوماتية موقع BBC في 3 نيسان 2001.
37. محمد شويلي، الاعلام الالكتروني ومفهوم الصحافة، مجلة النبأ، العدد السادس، آيار 2003.

38. محمود العمر، هل تفهم لغة الكتابة في الصحافة الالكترونية، مجلة العلم، العدد 309، ايار، 2003.

39. محمود علم الدين، امكانية الاستفادة من تكنولوجيا الاتصال الحديثة في الصحافة، مجلة بحوث الاتصال، تشرين اول 1993.

40. محمود علم الدين، تكنولوجيا الاتصال في الوطن العربي، مجلة عالم الفكر، المجلة 23، العددان 1-2، الكويت، 1994.

41. مرتضى معاش، المعلوماتية استباحة الفكر وتدمير الذات، مجلة النبأ، العدد 51، 2000.

42. مرتضى معاش، محركات البحث في الانترنت، مجلة النبأ، العدد 63، كانون الاول، 2001.

43. مصطفى المعموري، التجديد الحضاري في العصر الرقمي، مجلة النبأ، العدد 86.

44. ممدوح النجار، رأي الانترنت- اقتصاد القرن الحادي والعشرين، مجلة عالم الاقتصاد، آيار، 2000.

45. مي العبد الله سنو، العرب في مواجهة تطور تكنولوجيا الاعلام والاتصال، مجلة السمتقبل، العدد الرابع، 1998.

46. نبيل علي العرب وعصر المعلومات، مجلة عالم المعرفة، العدد 184، الكويت: المجلس الوطني للثقافة والفنون والاداب، 1994.

47. نبيل علي، العرب وعصر المعلومات، سلسلة عالم المعرفة، العدد 184، الكويت: المجلس الوطني للثقافة والفنون والاداب، 1994.

48. نبيل علي، العولمة والعولمة الحضارة، مجلة وجهات نظر، القاهرة، العدد 51، السنة الخامسة، نيسان 2003

49. نجوى عبد السلام فهمي، تجربة الصحافة الالكترونية المصرية والعربية، المجلة المصرية لبحوث الاعلام، العدد الرابع، جامعة القاهرة، كلية الاعلام، ايلول، 1998.

50. نصر الدين المياحي، كيف نحمي وسائل الاتصال الجماهيري، مجلة الاذاعات العربية، العدد 3، السنة 2001.

51. نوال الصفتي، مفهوم الصحافة الدولية وبنيتها على الانترنت، المجلة المصرية لبحوث الاعلام، جامعة القاهرة، كلية الاعلام، العدد التاسع، أيلول 1998.

52. نوال عبد العزيز الصفتي، القائم بالاتصال في ظل تكنولوجيا الاتصال الحديثة، جامعة القاهرة، كلية الاعلام، مجلة بحوث الاعلام، العدد 12، ايلول 2001.

53. هاني شحادة الخوري، مستقبل النشر الالكتروني، مجلة عرين، النادي العربي للمعلومات، دمشق، نيسان 2003.

الجرائد:

1. ابراهيم الشامي، الانترنت تقلب عالم الصحافة رأساً على عقب، جريدة البيان الاماراتية في 1999/11/23.

2. احمد كمال حمدي، التقنية الرقمية والصحافة، جريدة الشرق الأوسط، 14 تشرين الثاني 1995.

3. السيد بخيت، الصحافة وآفاق المستقبل، جريدة البيان الاماراتية، 6/آب/1996.

4. امجد الماجد، المواقع الالكترونية العربية والاعلان، جريدة باب 28 شباط 2003.

5. جبار محمود، الصحافة الالكترونية واتجاهات الاعلام الدولي، موقع جريدة باب الالكترونية بتاريخ 2003/8/12.

6. حقي ابراهيم الشطي، استخدام اللغة العربية في الانترنت، جريدة البيان الاماراتية في 2001/8/12.

7. خالد ابو حسن، الصحافة والامدادات الالكترونية، جريدة الجزيرة، السعودية، العدد 10426 بتاريخ 2001/4/15.

8. زياد الهناد، الصحافة الالكترونية العربية، مقال منشور على الانترنت، جريدة العرب اليوم بتاريخ 2003/4/16.

9. سعيد الغريب، في ظل مواجهات الوسائل الاخرى، الصحافة الاكثر تأثيراً والاعمق فكراً، جريدة البيان الاماراتية في تموز 2002، ثقافة البيان.

10. سليمان العسكري، الثقافة العربية في مواجهة تحديات النشر الالكتروني، جريدة البيان الاماراتية في 25/آيار/2001.

11. سمير محمود، صحافة عصر المعلومات، صحيفة الخليج الاماراتية، 2003/10/23.

12. صلاح الدين حافظ، مستقبل الكلفة المطبوعة في عصر الانترنت، وتكنولوجيا المعلومات، ندوة اقامتها جريدة السفير اللبنانية في 2000/3/28.

13. عادل السمنهوري، مستقبل الاعلام العربي، البيان الاماراتية، 22 مارس 1999.

14. عبد الرحمن الراشد، الصحافة والوضع الجديد، جريدة الشرق الأوسط، 18/تموز/2001.

15. عدنان الحسني، ثورة النشر الالكتروني، جريد الشرق الأوسط، 19 نيسان 1990.

16. عواطف عبد الرحمن، الاعلام في عصر المعلومات، جريدة الاهرام، العدد 42009، 12 أيلول 2001.
17. فالح مرو، في عصر النشر الالكتروني، العالم يدق المسمار في نعش الصحافة الورقية، جريدة البيان الاماراتية، 12/نيسان/2001.
18. محمد ابراهيم، الصحفيون وحماية حقوقهم في الملكية الالكترونية، جريدة الاهرام، العدد 41810 في 2001/5/27.
19. محمد جلال، مستقبل الصحافة الالكترونية، جريدة العرب اللندنية في 2003/8/18.
20. محمد شومان، هل تقول وداعاً للصحافة والاذاعة والتلفزيون، جريدة الجزيرة السعودية، العدد 10862 في 2001/9/27.
21. مي العبد الـلـه، ثورة وسائل الاعلام الالكترونية، جريدة الشرق الأوسط، 18 كانون الثاني 2003.
22. مي العبد الـلـه، ثورة وسائل الاعلام والاتصال، التحولات الكبرى ونتائجها، جريدة النهار اللبنانية في 2002/1/28.
23. ميرزا الخويلدي، العرب في سوق المعلوماتية، جريدة العرب اللندنية في 2003/2/2.
24. نجاح كاظم، هل مستقبل الكلفة المطبوعة مضمون في ظل الصحافة الالكترونية، جريدة الشرق الأوسط في 24 نيسان 2001.

سادساً: المصادر الأجنبية

1 .Jennifer, Mueller and David, Kamerer, Reader Preference for Electronic Newspaper, Newspaper Research Journal, Summer, 1995 .

.2Haper, Christopher, Online Newspapers going somewhere or going nowhere, Summer, 1999 .

Garr ,Bruce .3i .1997 ,Summer ,Newsrooms 1995Internet in ,Services ,son

Prospects for electronic publicat ,Shamp .Scott A .4i ,Summer ,A survey of potential users :on in communication .1999

Public rela ,nns WilcoxDi .5t New ,ions strategies and tacticsYor ,kHaper& Rowpub, 1986.

6. Michael, Smythe, Online services in communication technology update/ edited by August, E., Grant-4 Ed., Boston, Focal Press, 1995.

7. Breacher Maury M. Newspaperof the future. www.columbia.edu/cn

8. Shirley, Kuiper, Report writing with microcomputer applications, Dallas, South Western Publishing Co., 1992 .

.9Bruder, Robert and Hacker, Michael, Communication technology-N, Y, Delmar Publishers Inc., 1999 .

.10Hardt Hanno, The end of journalism, Media and Newspapers, The Public Journal of the European Institute for Communication and Culture, 1996 .

سابعاً: المواقع الالكترونية

net.faiz.www//:http

httpcom.arabic.bbc.www//:

com.mondiploor.www//:http

2001/Issues/com.chnewsandte.www//:http

/:http/ com.islamonline.www

a.www//:httplnahar.com

http://www.alkaleegnewspaper.com

http://www.columbia.edu/cu/6215tc/issue

http://www.albayan.com

http://www.alJazeeranewspaper.com

http://www.nua.i.e/surveys/how.manyonline/Index

http://www.iub.net

http://www.Google.com

http://www.bab.com

http://www.asharqalawsat.com

http://www.alahram.com

http://www.aroob.com

http://www.alJareeda.com

http://www.alstratecheea.com
http://www.Slash.com
http://www.alkapassnewspaper.com
http://www.itknowledge.com/public-archive
http://www.Usic.org
http://www.aJeep.com
http://www.Domenstet.com
http://www.sahafa.com
http://www.JordenTodaynewspcom.aper
com.Jwamag.www//:http
mondiplo.www//:httpacom.r
com.elaph.www//:http
com.sudanile.www//:http
com.itijahat.www//:http
Saudine.www//:httptnet.s
com.geocities.www//:http
http://www.Shabab.org
http://www.alittihad.co.ae
http://www.arabia.com
http://www.alriyadh.com

ثامناً :المقابلات عبر البريد الالكترونيe-mail :

.1مقابلة مع السيد محمد جبر مؤسس ورئيس تحرير جريدة الجريدة الالكترونية بتاريخ19/6/2002 ، .28/7/2004

.2مقابلة مع السيد عثمان العمير ناشر ورئيس تحرير جريدة ايلاف الالكترونية بتاريخ 12-2002/8/17.

3. مقابلة مع السيد علي الاعسم مدير شركة نولدج فيد المستضيفة لآلاف المواقع الالكترونية ومنها موقع ايلاف بتاريخ 2002/10/16.

4. مقابلة مع الدكتور وليد الطويرقي المؤسس والمشرف العام على جريدة باب الالكترونية بتاريخ 2002/7/2، 2002/9/16.

5. مقابلة مع السيد عمار بكار رئيس تحرير جريدة باب الالكترونية بتاريخ
6-2002/7/8.

6. مقابلة مع السيدان خالد عز الدين ومحمد علي عبد الحليم مؤسسي والمشرفين على جريدة سودانيل بتاريخ 2002/9/16.

7. مقابلة مع السيد طارق الجنزولي رئيس تحرير جريدة سودانيل بتاريخ
6-2002/9/30.

8. مقابلة مع السيد بدر بن المحسن رئيس تحرير جريدة اتجاهات الالكترونية بتاريخ 2002/12/2.

9. مقابلة مع الدكتور فايز الشهري، باحث متخصص بالصحافة الالكترونية، السعودية، بتاريخ 2002/6/16، 2002/7/19.

10. مقابلة مع الدكتور عباس صادق مصطفى، المتخصص في الصحافة الالكترونية، جامعة الخرطوم، السودان بتاريخ 2001/3/26،
2002/5/23.